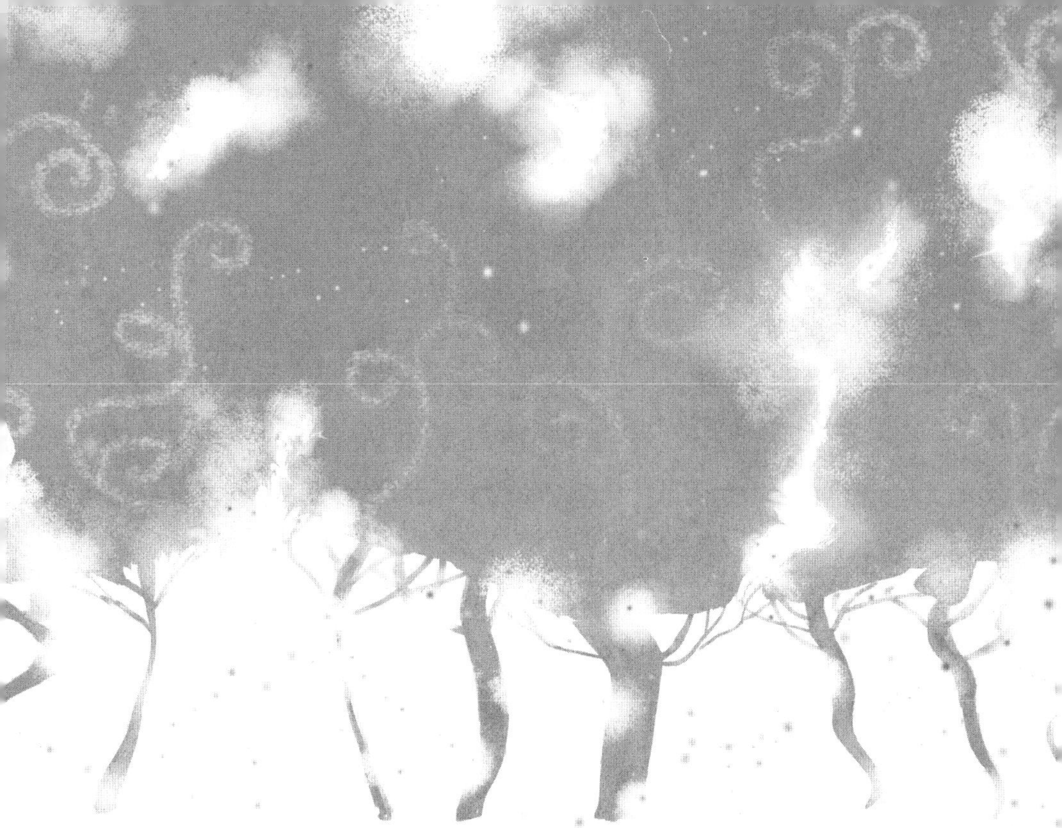

부부치료와
갈등해결을 위한

이야기치료

Narrative Practice and Exotic Lives:
Resurrecting diversity in everyday life

Michael White 저 | 최민수 역

학지사

Narrative Practice and Exotic Lives:
Resurrecting diversity in everyday life
by Michael White

추천의 글

이야기치료를 접하는 사람들에게는 공통적인 반응이 있다. 처음에는 '이야기'라는 단어가 주는 의미 때문에 흥미롭게 그러나 약간의 가벼움을 갖고 이야기치료를 접하게 된다. 그러나 이야기치료 모델의 기본이 되는 다양한 인간, 문화, 사회, 민족에 대한 온전한 존중과 신뢰, 희망 그리고 그런 가치와 태도를 실제로 치료 현장에서 어떻게 구현할 수 있는가에 대한 이론과 방법을 접하면서 모델이 갖고 있는 깊이와 섬세함에 놀라곤 한다. 이야기치료는 단순히 상담자의 지식이나 기술만이 아닌 내담자에 대한 상담자의 태도에 근본적인 변화를 요구하고 있다.

이야기치료는 '내담자가 자기 인생의 전문가'임을 인정하고 내담자들이 잊고 있었던 자신의 희망, 기대, 그들이 미처 인식하지 못했던 자신의 능력, 자신이 귀중하게 여기는 가치 등을 찾아 가도록 돕는 것이다. 상담자는 내담자 개개인이 희망하고 바라는 생활, 삶의 길을 발견하고, 그 길로 가는 여정을 함께 탐색하며 걸어가는 동반자이자 충실한 안내자의 역할을 해야 한다.

이 책은 그런 의미에서 이야기치료의 철학적 배경과 이론이 어떻게 발달하였는가 그리고 그것을 어떻게 실현할 수 있는가를 잘 설명하고 있다. 마이클 특유의 많은 은유와 풍부한 예를 통해 각각의 이론과 그 이론이 현장에서 어떻게 적용될 수 있는가를 이해하기 쉽게 설명해 놓았다.

저자 마이클은 이 책을 출판하면서 책의 맨 처음에 소개하고 있는 '부부치료, 갈등해결 그리고 이야기치료'에 대해 오랫동안 쓰려고 작정했던 주제로서 그것을 저술할 수 있게 된 것에 대해 자랑스럽게 생각한다고 하였다. 책의 제목은 『부부치료와 갈등해결을 위한 이야기치료』라고 되어 있지만, 근본적으로 가장 기초적인 사회적 단위로서의 부부 문제만 다루고 있는 것이 아니라 인간 갈등 전반의 문제를 고려하고 있다.

더운 여름에 이 책을 번역해 주신 최민수 교수님께 감사드린다. 특히 부부를 위한 이야기치료에 대한 책이 거의 없는 우리나라에서 이 책의 번역본 출판은 부부 상담을 하는 전문가들뿐 아니라 이야기치료에 관심이 있는 독자들에게 많은 도움이 되리라 믿는다.

한국 이야기치료학회 회장, 한림대학교 교수

허남순

역자 서문

임상과 훈련의 현장 속에서 오랜 시간 이야기치료를 소개하며 적용하는 가운데 매번 느끼는 것은, '수동적으로 인생을 살아갈 수밖에 없는 현대 사회에서 능동적이고 주도적인 삶을 지향하는 이야기치료의 근본이념이 시대의 흐름에 얼마나 조화로울 수 있을까?' 하는 일말의 망설임이었습니다. 그러나 자신이 선호하는 인생에 대한 풍성한 서술과 인생에 대한 새로운 이야기의 창조에 기여하는 이야기치료는 한 인간이 '행위적 주체로서의 개인' 및 '주도적인 인간'의 의미로 자신의 인생에서 능동적이고 주체적인 주인이 되어, 보다 활기찬 인생을 살아갈 것을 근본적으로 지향하고 있습니다. 그런 의미에서 이 책에서는 인생에서 자신이 주도적인 역할을 담당하고 자신이 책임질 수 있는 역량을 가진 자라는 사실을 새삼 강조하고 있습니다.

이야기치료에 끼친 마이클 화이트의 유산은 이야기치료의 핵심 원리 가운데 하나인 '부재하지만 암시적인(absent but implicit)'의 개념과 같이, 비록 그가 이 땅에 존재하지는 않지만 여전히 그의 철학과 개념이 이야기치료의 원리 속에 존재하고 있다고 생각합니다. 마이클 화이트를 비롯한 이야기치료의 원서들을 다수 번역하는 가운데 매번 새롭게 느끼는 것은 이야기치료에 끼친 마이클 화이트의 철학이 이야기치료에서 표현되었던 그의 뜨거운 열정만큼이나 깊고 풍성하다는 것입니다. 그래서 때론 마이클 화이트가 가지고 있던 그 창조적인 철학의 깊이를 다 이해할 수 없을지라도 오히려 이것이 자극이 되어 이야기치료의 철학에 대한 깊은 사색과 연구가 향후의 연구 과제로 인식될 정도입니다. 그런 면에서 이 책은 마이클 화이트가 이야기치료에 끼친 그의 철학적인 사상과 영역을 접할 수 있는 좋은 경험을 선사할 것입니다.

이야기치료에 관심과 열정을 가지고 매진하려는 많은 분에게 이 땅에 이야기치료를 보급하고 소개하고자 하는 열망으로, 최민수 이야기치료 연구소(www.choinarrative.com)를 통해서 이야기치료에 대한 본인의 임상 경험과 이론을 나누고자 하는 소망이 이 책을 번역하게 된 중요한 동기가 되었습니다. 무엇보다 이 책을 번역 출판하도록 허락하신 학지사의 김진환 사장님과 이 책의 교정을 위하여 수고해 주신 편집부 직원 분께도 깊은 감사를 드립니다. 아울러 이 책에 대한 추천서를 기꺼이 작성해 주신 한국 이야기치료학회의 큰 어른이신 허남순 회장님께 진심으로 감사 드립니다. 언제나 한결같이 본인의 인생 여정 가운데서 늘 함께하는 친구이자, 사역의 동료이자, 본인의 인생 이야기의 동반자인 아내 김정희와 제 인생의 활력소인 자녀 겸손, 산성, 예반 그리고 요한에게 잘 표현 못하는 남편이요, 아버지이지만 그래도 사랑한다는 말을 전하고 싶습니다.

2012년 어느 무더운 여름의 정점에서 해갈을 기다리며

최민수

● 독자에게 ●

이 책은 몇 년에 걸쳐서 저술하였던 다섯 편의 글을 모아 한 권으로 만든 것입니다. 저는 다양한 글을 이 책 한 권에 싣게 된 것에 대해서 매우 기쁘게 생각합니다. 특히 이 책의 제1장 '부부치료, 갈등해결 그리고 이야기치료'에 대해서 자랑스럽게 생각합니다. 부부치료는 많은 치료사들이 경험하는 일반적인 분노의 원인에 대해서 다루는 치료적 실제의 한 영역이며, 제가 오랜 시간 쓰려고 작정했던 주제이기도 합니다.

제2장 '여정의 은유'는 이야기치료에 있어서 여정과 관련된 은유적 표현의 의미에 대한 진술을 제공합니다. 이러한 은유는 우리가 상담하는 현장에서 자주 경험하는 다양성에 대한 도전적인 생각을 가지도록 도와주며, 이러한 도전을 통해서 신선한 결과를 성취하는

데 도움을 줄 수 있는 방법을 깨닫게 합니다.

제3장 '민족 심리학과 이야기치료'는 이야기치료의 다양한 실제를 '민족 심리학'이라고 언급하는 인간의 정체성과 인생을 이해하기 위한 역사적인 전통에 연결하는 작업을 추구합니다. 치료적 대화의 구체적인 기술과 문화와 역사의 탐구를 통하여 이 장에서는 민족 심리학을 통하여 인간 행동에 관한 몇 가지 이해의 재진술을 시도합니다.

제4장 '이야기치료와 정체성 결론 드러내기'는 사람들의 정체성과 관계에 관하여 치료 현장에 찾아오는 사람들이 가지고 있는 부정적인 결론을 해체하는 데 이야기치료가 어떻게 사용될 수 있는지에 대한 방식을 설명해 줍니다. 또한 이 장에서는 사람들이 가지고 있는 부정적인 결론을 대체할 수 있는 새로운 정체성과 관계에 관한 풍성한 결론을 개발함과 동시에, 사람들이 인생을 활기차게 유지해 나가기 위한 기초를 세우는 데 이야기치료가 어떻게 사용될 수 있는지를 설명하고 있습니다.

제5장 '개인의 실패 설명하기'는 최근에 기하급수적으로 증가하고 있는 개인의 실패 현상을 살펴봅니다. 이러한 개인의 실패는 사람들이 세상에서 자유롭고 적합한 존재로 인식하는 것에 대해서 실패했다고 생각하는 현상입니다. 이러한 생각은 자신의 존재가 이 세상에서 부적합하다고 인식하며 살아왔기 때문입니다. 이 장에서는

개인 실패의 극적인 전환에 연관된 현대적인 힘의 작용을 살펴보게 됩니다. 그리고 이러한 현상을 설명하는 가운데 관련이 있는 치료적인 선택을 제공합니다.

이 책을 저술하면서 바랐던 것이 있다면, 이 책의 독자들이 여기서 설명하는 내용을 통해 치료적 대화의 상황 가운데 발생할 수 있는 놀라운 가능성에 대한 탐구를 지속해 나가면서, 여러분이 필요로 하는 내용을 제공받는 것입니다.

원서 제목인 『부부치료와 갈등해결을 위한 이야기치료: 매일의 삶 속에서 활력을 회복하기(Narrative Practice and Exotic Lives: Resurrecting diversity in everyday life)』는 한동안 제 작업에 상당한 영향력을 미쳤던 사회과학자이며 철학자인 피에르 보르디오(Pierre Boudieu)가 제안한 생각과 연결되어 있습니다. 보르디오는 우리가 살아가는 이 세상에 대해서 연구하기를 원했고, 우리가 가지고 있는 여러 목적 가운데 하나는 우리의 가정을 활기차게 만들어 가는 것이라고 제안하고 있습니다. 이와 관련하여 그는 다음과 같이 설명합니다.

> 가장 가깝고 친숙한 영역 가운데 자신이 살아가는 이 세상을 연구하는 것을 선택하는 사회학자들도 민족학자들이 주로 하는 것과

같이, 스스로가 너무나 당연한 것에 익숙해져서는 안 된다. 만약에 많은 사람들이 적극적인 표현을 통해서 가정의 모습을 활기 있게 만들어 가고자 한다면, 이러한 인생의 분위기 속에서 친밀함을 깨는 것은 자신에게 있어서 불행한 상태가 될 수 있다는 것을 한번쯤 생각해 볼 수 있다. 왜냐하면 사람들은 친밀함이 필요하기 때문이다. 사실 처음이나 평상시의 살아가는 모습은 무엇인가 특별하고 활기가 넘치는 세상을 향한 움직임의 과정이 되어야 한다(Bourdieu, 1988: 11-12).

가정에 활력을 주기 위한 이러한 개념은 이야기치료의 탐구를 통하여 구체화하기 위한 노력이었으며, 이러한 노력은 제게 도움을 주었습니다. '평범한 세상'의 연구가 '낯설지만 무언가 특별한 세상'을 연구하는 상태로 진행되는 과정 속에서 치료적인 질문의 형식에 공명되어 나타나는 것입니다.

가정에 활력을 불어넣기 위한 이러한 개념은 이 책에서 서술하고 있는 내용과 연결되어 있는 주제이기도 합니다. 여러 가지 다양한 요소들 가운데 이러한 글들은 세계 어디서든 적용될 수 있고 일반적으로도 서로 관련이 있으며, 또한 보편적인 사실로 고려되는 정체성과 인생에 관한 현대적인 개념을 활성화시켜 줍니다. 그리고 현대 서양 문화의 사회적으로 구성된 규준과 조화를 이루는 사람들의 인생을 위하여, 그들을 격려할 수 있는 도구로서 이러한 글은 의심의 여지가 없는 문화적인 실제로서 이런 상황을 신비롭게 다루어 나갑니다. 더구나 이러한 글은 사람들이 치료를 받기 위하여 그들이 가지고 있는 문제나 증상의 발생과 관련이 있는 상황을 재현할 수 있는 잠재성을 지닌 치료의 현장을 표현하고 있습니다.

현대의 합리성에 관한 많은 생각은 인간의 사고와 인생의 구조 안에서 다양성을 무시하거나 점차 퇴색되게 합니다. 이러한 결과로, 사람들의 인생은 점차 판에 박힌 모습으로 변하고 있습니다. '가정을 활기 있게 만드는 것'과 연관된 글들은 '사람들의 인생 속에서 독특한 것들이 무엇인가?'에 대한 치료적인 질문을 통해 현대의 합리성이 가지고 있는 위험성에 일종의 해독제 작용을 하고 있습니다. 이러한 글들에 의하여 다듬어진 질문은 진부하고 단조로운 모습으로 형상화되는 사람들의 인생에 활력을 불어넣어 줄 것입니다. 그리고 이 글에서 제공하는 치료적 질문 가운데, 알려져 있고 친숙한 것을 생산해 낼 수 있는 치료적 대화는 우리가 전혀 예상하지 못했던 독특한 목적지를 향한 여정을 제공하고 있습니다.

이러한 생각은 우리의 가정을 생동감 있게 만들기 위한 치료적 질문의 형식을 의미하는 것입니다. 사람들은 자신의 인생 가운데 일어난 사건들에 대해서 관심을 가지고 있다는 것을 발견하게 됩니다. 그리고 그동안 외면하였던 자신의 인생에 대한 호기심을 발견하거나 자신의 정체성 안에서 잠재되었던 영역에 흥미를 느끼며, 때로는 자신의 존재에 대한 반응에 대하여 일종의 경외감을 느끼기도 합니다. 그리고 우리는 치료사로서 치료적인 질문을 통하여 내담자의 인생에 대한 의식을 강화시켜 줍니다. 내담자와의 만남에서 우리는 치료사로서 우리가 추구하는 방식을 포함하여, 우리가 누구인지 그 이상의 의미를 가지도록 합니다. 이러한 의미들은 우리가 하고 있는 일과 풍성한 인생 이야기의 발전을 통하여 새로운 영감의 무한한 자원이 되기도 합니다.

저는 여러분을 진심으로 환영합니다. 그리고 제가 가지고 있는 생각이 여러분에게 동일하게 공명될 수 있다고 믿고 있습니다. 그리고 여러분에게 치료적인 탐구의 과정을 제공해 줄 수 있다고 생각합니다. 가정을 생동감 있게 만들어 나가기 위한 충분한 잠재성을 가지고 미래에 치료적인 실제의 발전에 기여할 수 있도록 이 작업에 여러분이 저와 함께할 것을 희망합니다. 그리고 이러한 작업은 결코 인생이 진부하지 않다는 생각을 구체화하는 데 도움을 줄 수 있을뿐더러 매일의 인생 속에서 새롭고 풍부한 활력을 만들어 줄 것입니다.

마이클 화이트

참고문헌

Bourdieu, P. (1988). *Homo Academicus*. California: Stanford University Press.

● 차 례 ●

05 개인의 실패 설명하기 • 254

01

부부치료, 갈등해결 그리고 이야기치료

부부치료

몇 년 전 나는 수년 동안 애들레이드를 떠나 있다가 다시 돌아와 개인 상담실을 열었던 한 동료와 이야기를 나누었다. 대화 가운데 나는 그에게 새로 연 상담실이 잘 되는지를 묻자, 그는 나에게 다음과 같이 대답을 하였다. "처음에는 열정이 넘쳤었는데 점차 그런 마음이 사라져 갔습니다. 때로는 지치기도 하고 침체되기도 했지요. 그래서 '내가 정말 이 일을 잘하고 있는 것인가?' 하는 후회도 들었습니다. 그러다가 몇 주 전, 제 인생에 전환점이 생겼습니다. 그 이후로 활력이 생겼지요. 이제는 상담실을 열기로 판단했었던 저의 결정에 대해서 참으로 잘했다는 생각이 듭니다."

나는 그의 말이 매우 흥미로웠다. 그러한 전환점은 나에게도 매우 의미 있게 와 닿았다. 무엇이 그에게 그러한 의미를 가지게 해 주었는가? 나의 질문에 대한 그의 답변은 다른 치료사가 자신의 사무실 복도 건너편에 또 다른 상담실을 세약했을 때 생겨난 것이라고 말해 주었다. 그것은 그에게 있어서 하나의 변화가 되었다고 말했다. 나는 그가 나에게 설명했던 자신의 인생에 있어서 중요한 전환점의 계기를 어떻게 가지게 되었는지 알고 싶었다. 이러한 나의 질문에 그의 답변은 한번 추측해 보라는 것이었다. 나는 그가 상담실을 시작하였다고 했을 때 단독으로 운영하는 것이 쉽지 않을 것이라는 생각을 진작부터 가지고 있었다. 이러한 어려움은 단독으로 상담실을 운영하는 상담가들이 종종 경험하는 것이었다. 그러나 '다른 상담가가 그의 상담실 근처에 새롭게 사무실을 열었던 것이 상담 현장이나 실제 안에서 그들이 직면하는 어려움에 관해 서로가 협력하기 위한 대화를 나눌 수 있는 통로를 제공해 줄 수 있지는 않았을까?' 하는 생각이 들었다. 그래서 '서로가 지지해 줄 수 있는 기회를 가질 수 있지 않았나?' 하는 것이 나의 생각이었다. 이러한 예상을 가지고 나는 그에게 물었다. "이러한 발전이 당신이 진행하는 상담에 관해서 서로가 대화를 할 수 있는 기회가 되지 않았습니까? 그리고 이러한 대화들을 통해서 서로가 실제적인 협력관계를 만들며 서로의 작업에 대한 관심도 나눌 수 있었다고 생각하지 않습니까?"

그러자 그는 다음과 같이 대답을 하였다. "아닙니다. 제가 이해하지 못했던 것은 우리가 서로 다른 상황과 생각을 가진 다양한 사람들이라는 점이었습니다." 나는 '서로에 대한 연결이 사회적이며, 시간이 흐르면서 서로의 일에 대하여 한발 뒤로 물러나 잠시 동안이라도 서로를 되돌아볼 수 있는 기회를 가져 볼 수 있지 않았을까?' 하는 점을 생각해 볼 수 있었다. 그래서 나는 다음과 같이 대답하였다. "그러한 접촉이 당신이 상담 일을 하면서 많은 사회적인 연결을 선택할 수 있는 기회를 제공해 줄 수 있었다고 생각합니다. 그래서 당신이 하고 있는 상담 일이 비록 쉽지는 않지만, 그 일에서 잠시 동안이라도 되돌아볼 수 있는 여유를 가질 수 있지 않았을까요?" "아닙니다." 그는 말했다. "인생에 대한 우리의 관점은 서로 구별되어 있습니다. 그래서 저는 우리가 서로 공통점이 있는지를 찾는 것은 힘든 일이라고 생각합니다. 우리가 서로 사회적인 연결점을 찾고, 함께 무엇인가를 조화롭게 할 수 있는 것이 쉽지 않다고 생각합니다. 게다가 우리는 서로 너무 바쁘게 지냅니다." 그는 아직까지 내가 생각하던 그 전환점에 대해서 말하지 않았다. "좋습니다. 그 다음 설명을 더 해 주십시오. 어떻게 이러한 발전이 당신에게 전환점이 되었습니까? 어떻게 당신이 하고 있는 작업에 활력을 불어넣었죠?" 그는 방긋 웃으며 다음과 같이 말하였다. "사실 그것은 아주 간단한 것이었습니다. 시간이 지나면서 그 상담가는 저에게 자신이 상담했던 한 부부를 위탁하였습니다. 그다음 그 부부를 상담하면서부터 저는 세상에 대한 다른 관점을 가지게 되었습니다."

나는 이 이야기를 더 나누기를 원하였는데, 그 이유는 심각한 갈등을 겪는 부부들을 상대로 상담을 하는 가운데 치료사들이 어려움을 경험하는 것은 이상한 일이 아니기 때문이었다. 물론 여기에 예외인 경우도 있을 것이다. 그러나 내가 생각하기에 치료사들이 진행하는 많은 대화들은 그러한 갈등이 있는 부부들을 상담하는 일에서 특별하게 긴장감을 유발한다. 때로는 그러한 경험이 치료사들을 좌절하게 만들기도 한다. 갈등이 심각한 부부들과의 상담 시 치료사들이 종종 경험하는 것은 좌절이나 낙심 그리고 탈진의 경험과 같은 혼란스러운 상황이었다.

나는 이 글에서 치료사들이 오랜 시간 동안 관계가 잘못되고 어긋났던 부부들과 상담하면서 발생할 수 있는 심각한 어려움 가운데 어떤 부분에서는 서로 관련이 있다고 생각한다. 또한 나는 많은 독자들이 이 글을 읽으면서, 나의 동료가 말했던 것과 같이 동일한 상황 속에서 부부갈등에 관하여 언급했던 그의 생각에 동의할 수 있으리라 생각한다.

나는 그로부터 얼마의 시간이 지나서 문제가 심각했던 한 부부를 만났는데, 그 부부는 서로의 행동과 정체성을 어떻게 구성하는지에 관하여 아주 최소한의 일치만 남았을 뿐이었다. 인생에 대한 서로의 이해가 아주 미세해 보였고, 그들의 관계에 대한 좌절과 실망 그리고 갈등을 해결하기 위한 서로의 공유된 책임감이 너무나 형편없어 보였다. 그러한 상황 속에서 갈등의 패턴은 상담의 초기에 빈번히 발견된다는 것이다. 이런 경우 가운데 치료사들의 진행 상태가 별로 좋지 않다고 생각하기란 아주 평범한 일이며, 심지어 악화되거나 서로를 황폐화시켜 버리기도 한다. 치료사들에게 있어서 이런 경우는 흔한 일이다. 그러한 부부들은 자신의 끔찍한 상황을 구원하여 줄 수 있는 진정한 권위를 가진 치료사들의 존재를 갈망하기도 한다. 그러면서 그들은 자신의 인생에서 결정할 수 있었던 다른 선택을 찾으려는 자기 자신을 발견하기도 한다. "좋습니다. 그러나 우리에게는 항상 선택이 필요합니다." 이러한 상황에서 치료사들이 그들과의 어려움을 경험하거나 도저히 해결할 수 없는 일처럼 느끼거나 또는 그러한 부부들과 대화를 하는 가운데 어떻게 상담을 진행해 나가야 할지 갈피를 잡지 못하고 침체되는 느낌을 경험하기도 한다. 물론 나도 그러한 어려움을 경험하였다.

나는 이러한 어려움을 악화시키는 상황이 있다고 생각한다. 이러한 어려움은 치료사와 상담하는 사람들과의 작업에서, 자신이 선호하는 입장에서 치료사들과 대치하는 사회적이고 관계적인 압력의 결과라고 말할 수 있을 것이다. 이러한 입장의 대치가 일어나게 되면 상담 현장에서 더 이상 기존의 방식대로 상담을 진행해 나갈 수 없게 된다. 이러한 때 우리는 상담을 하는 가운데 일반적으로 진행해 나가는 실제적인 기술이나 친숙한 지식에 대해서 우리 자신이 매우 힘들어하는 모습을 발견하게 된다. 이렇게 힘든 상황을 가중시키는 것은 부부와 상담하는 가운데 발생한다. 이 때 우리가 무엇을 선택하느냐에 따라 상담 과정에서 우리가 취하는 입장에 도움을 줄 수 있다. 마지막에 가서 나는 몇 가지의 압력을 살펴볼 것인데, 이러한 압력은 오랜 시간 동안 관계 갈등의 내력을 가지고 있는 부부들을 상담하는 가운데 발생하는 난관들을 유발시키는 요소가 된다. 첫 번째로 '의사소통 이론'이라고 불리는 개념과 연계되어 있는 관계적이고, 사회적인 압력에 대해서 살펴볼 것이다. 그리고 두 번째로 현대 서양 문화의 권위적이고 관계적이며 연대적인 문화의 협소함과 연계되어 있는 압력을 서술할 것이다.

부부 상담을 진행해 나가는 가운데 경험할 수 있는 난관에 일조하는 사회적이고 관계적인 압력을 살펴본 후에 한 부부와의 상담 내용을 소개할 것이다. 그들과의 상담 과정은 사회적이고 관계적인 압력의 몇 가지 인식이 내가 상담자로서 해야 할 책임감, 즉 풍성한 이야기의 발전을 위한 치료적인 관계를 세우는 것에 대해서 어떻게 영향을 미치는지 보여 줄 것이다. 그러면 여러분은 상담의 현장에서 기존의 방식대로 하는 것이 무엇인지를 알게 될 것이다. 내가 여기서 설명하고자 하는 부부 상담에 대한 접근은 오랜 시간 동안 문제를 가지고 있는 부부들과의 상담 과정에 지속적으로 도움을 주었다. 이러한 부부들은 종종 서로에 대한 자신의 이해를 나누기 위한 그들의 노력이 아무런 의미가 없고, 아무것도 할 수 없는 상태를 경험했다. 이러한 부부들은 종종 서로가 분리되어 있었다. 나는 많은 부부들과의 상담 가운데 몇 가지의 변화에 대한 관점을 가지고 이러한 접근을 시도하였다.

의사소통 이론

서양 문화에서 관계 상담은 비교적 최근에 일어났다. 이는 제2차 세계대전이 끝난 후 정보 과학 기술의 발달 이후에 개발되었으며, 제2차 세계대전 이전과 비교해 보면 새로운 기술 패러다임의 변화를 대변한다고 볼 수 있었다. 그것은 바로 비약적인 기계 기술의 발전이었다. 이러한 기계 기술의 근원적인 초점은 기계의 급속한 발전이라고 생각해 볼 수 있는데, 그것은 점차로 복잡해지고 정교해지며 작업하는 데 있어서 효과적으로 고안되었다. 이러한 조건하에서 이 시기 동안에 인간 과학에서 생각해 볼 수 있는 은유적인 표현은 기계적인 은유를 사용한다는 점과 관련이 있다. 이것을 설명하기 이전에, 제2차 세계대전 이전의 심리학은 주로 기계적인 심리학이었다. 이러한 심리학의 상황 속에서 인간의 존재란 기계적인 원리들이 적용되었던 복잡한 조직체로서 구성되었다고 보았다. 예를 들면, 많은 심리학자들은 이러한 주장과 연결되어 있었는데, 인간의 어려움에 반응해서 복잡한 인성에 대한 부분은 교체될 수도 있고 문제의 이면 가운데 가려질 수도 있다는 것이었다. 무엇이 고장 났는지를 살펴서 고장 난 부분을 수리하는 것으로 생각했다. 인생이란 발전적인 여정 가운데 하나로 인식하였던 것이다. 이러한 기계적인 심리학의 지배적인 이미지들을 살펴보는 가운데 레벤슨(Levenson, 1972)은 다음과 같이 말하였다.

> 고착과 퇴행은 시간이 멈추거나 시간이 뒤로 되돌아간다는 하나의 이미지와 같다. 기계의 나사를 통하는 것과 같이 멈추거나 또는 무의미하게 아무런 반응도 없이 늘어지는 것과 같다. 많은 시간이 지나 녹슨 기관차의 부품에 기름을 바르거나 불을 다시 점화시키거나 엔진을 작동하거나 다시 움직이게 하는 것이다. 퇴행은 심지어 기계적인 태엽장치의 이미지다. 일단 뒤로 돌리면 움직임의 방향을 수정하게 된다. 시간을 지향한다는 관점에서는 명백히 불가능한 작동이다.

제2차 세계대전 이후에 정보는 기술의 근원적인 초점이 되었다. 이것은 변화의 의미로서 정보의 진행이나 적절하고 효과적인 전달에 초점을 두는 것이었다. 이러한 정보의 창고에서 하나의 검색 방식이 나다났다. 정보에 대한 강조는 기계적인 기술의 영역 안에서 근원적인 에너지를 강조하는 것으로 대체하였다. 레벤슨에 의하면 이러한 새로운 기술은 군대에서 필요한 미사일이나 총알의 발사 과정을 효과적으로 추적하기 위하여 요구되었다(Levenson, 1972). 이러한 패러다임의 변화에 대한 기술은 다음과 같다.

첫째, 움직이는 기계의 시대가 되었다. 간단한 구조의 휠이나 작동 장치로 시작해서 내부의 복잡한 제트 엔진에 이르기까지 진행되어 나갔다. 모든 움직이는 기계들은 물리적인 노력이 수반되었다. 둘째, 정보 기술의 시대가 되었다. 정보 기술의 시대는 제2차 세계대전과 같이 시작되었다고 볼 수 있다. 이 시기에는 단순히 작동하는 기술보다는 전자 기술이 사용되었다.

기술적인 패러다임의 변화에 맞추어 인간 과학에서 제2차 세계대전 이후의 발전 가운데 자리를 잡은 많은 은유적 표현은 정보 진행과 의사소통의 은유적 표현이었다. 이제 인간 존재는 정보 매체 전달의 하나로 구성되었으며, 어떻게 인간이 컴퓨터에서 정보를 전달해 나가는지에 대한 질문이 강조되었고, 입력과 산출의 전제적인 과정 안에서 정밀함을 추구하기 위한 연구가 계속되었다. 이것은 인간 행동의 새로운 이해와 인생에서의 어려움에 대한 이해 발전에 기여하였다. 예를 들어 하나의 신경망을 인용하자면, 레벤슨은 이것을 가리켜서 "무엇인가가 되지 않는 것은 아니지만, 정보의 부족으로 적합한 방향으로 자리를 잡아 나가는 것이 실패하고 말았다."라고 말한다. 또, "치료는 피드백을 통해서 어떻게 교정시켜 나가는 것에 의존하거나 정보의 증가를 통해서 우리의 잘못된 이해를 바로 잡는 것에 달려 있다." "신경체계는 개인과 사회 또는 인간과 인간 사이에 대한 이해의 실패로서 인간 정신의 내적인 구성으로 붕괴되지는 않는다."라고 말한다(Levenson, 1972).

인간 과학에 의한 정보 기술로부터의 이러한 은유를 채택하는 가운데 의사소통이 중요한 가치로 인식되었다. 의사소통의 특별한 기술은 인간의 많은 어려운 부분을 해결할 수 있는 도구로 인식되었다. 이러한 생각은 부부관계에서 겪는 어려움의 영역에 강력하게 적용되었다. 부부관계의 어려움은 부적절한 의사소통 또는 비효율적인 의사소통 방식의 결과로 볼 수 있었다. 부부관계에서 오는 어려움의 해결책은 효과적인 의사소통 방식을 개발시켜 나가는 것으로 제시되었다. 그리고 그러한 관계를 중시하는 상담가들은 관계를 개발시키거나 또는 교정하기 위한 의사소통을 복원시키는, 일종의 '기술자'가 되고 말았다. 그들은 의사소통의 교정을 위하여 그리고 정확한 의사 전달의 차원에서 올바른 의사소통의 도식을 개발해야 한다는 일종의 소명감을 갖게 된 것이다. 이러한 도식들은 다음의 다양한 의사소통의 형태를 평가하도록 만들었는데, 이러한 평가에는 '위선적인 것' '지시적인 것' '부적절한 것' '정직하지 못한 것' 그리고 '개방적인 것' '직접적인 것' '적절한 것' '정직한 것' 등을 포함한다. 이러한 개방적이고 직접적이며, 적절하고 정직한 의사소통은 의사소통에 있어서 지향해야 하는 요소일 뿐만 아니라 '건강한 방식의 의사소통'이라는 명제를 제공해 주었다.

적법한 관계 형태의 제한성

최근 서양 문화의 역사에서 이성 간의 결혼 관계는 여러 결혼 관계의 형태 가운데 가장 중심이 되는 결혼 형식이었다. 이것은 이상적인 결혼 관계의 형태일 뿐만 아니라 이성 간의 결혼 관계 이외의 다른 결혼 관계의 형태는 지속적으로 무시당하거나 부적절하고 규범에 위배되는 취급을 당했다. 어떤 역사가들은 이러한 환경의 내력을 추적하였는데, 현대에 와서 이성 간의 결혼 형태의 경로를 살펴볼 때 이성 간의 결혼 형태에 대한 지배적인 생각은 지난 수세기 동안 권위적이고 합법적인 관계 형태의 제한적인 결과에서 비롯되었다.

예를 들면, 푸코가 기독교 초기의 헬레니즘 시대와 로마제국 시대의 모습을 설명할 때(Foucault, 1994) 역사적인 결혼 관계의 형태가 다양하게 나타났었는데, 여기에는 우정의 관계도 포함되어 있었다. 우정은 중요한 관계적인 형태의 하나로 인식되었다. 사람들에 의하여 인식되는 중요한 관계적인 성향일 뿐만 아니라 상호적인 의무나 복종도 수반되었다.

> 예를 들면, 관계의 개념을 가지는 것이다. 사람들은 중요한 역할을 담당하고 있지만 자신을 위한 엄격하지 않은 조직된 형식을 가지고 있다. 심지어 때로는 그것이 친구들 사이의 상호 계급적인 관계나 과제, 욕구, 상호적인 의무감, 복종의 조직으로 인하여 제한되기도 하였다. 나는 우리가 어떤 모델을 만들어야 한다고 생각하지는 않는다. 그러나 당신은 어떻게 그런 느슨한 조직과 유형화된 관계가 오랜 시간 동안 존재하였고, 이제는 어려운 규정들을 통해서 관계의 필요성을 지지하고 있는지를 볼 수가 있다. 당신이 두 친구들에 관한 이야기를 들었을 때, 당신은 항상 그것이 진정한 관계인지에 대

한 의심을 갖는다…….

합법적이고 제도적이며 관례적으로 인식되는 관계적 형태에 대한 제한성의 결과로 푸코는 오늘날 우리가 적법하고 사회적이며 조직적인 세상 속에서 살고 있다고 결론을 내렸는데, 이러한 세상에서는 오로지 극단적으로 간소화되거나 극단적으로 빈약한 관계만이 존재한다고 말한다(Foucault, 1994).[1] 이러한 제한된 관계 형태는 부부관계에서도 고도의 배타성을 증가시킬 뿐이다. 이러한 배타성은 '부부관계에서 배우자가 자신이 생각하는 합당한 관계 방식이란 서로에 대한 기대를 충족하는 것'으로 인식하는 것이다. 전통적인 부부관계에 대한 우선적인 관점은 배타성을 더 한층 강화시킨다든지 관계의 의미들을 줄여 나간다든지 또는 개인의 인생과 정체성 안에서 다른 관계적인 형태를 강화시킨다. 이것은 서로에게 요구되는 인생에 대한 목적과 의도의 다양한 영역과 관계해서 서로 관계 맺는 의식들을 발견하기 위한 그들의 노력을 요구하는 것이다. 이것은 개인의 인생뿐만 아니라 개인의 가치와 신념 안에서 서로 연합하는 것을 추구한다. 개인은 자신의 소원과 희망을 만족시키기 위해 부단한 의지가 필요하다. 이러한 배타성은 결혼 관계 속에서 자신의 존재를 위한 상호적인 기초를 제공하는 것에 관해서 서로가 서로에 대한 이해를 기대한다는 생각과 연관이 있다.

합법적인 권위가 인정되는 관계 형태의 제한성에 관한 이러한 주목들은 현대 사회 안에서의 관계적인 형태의 다양성에 대한 확증을 이끌어 내지는 않는다. 또한 이러한 개념은 새로운 합법성을 만들어 내거나 새로운 관계적 형태를 만들어 내기 위한 실제적인 노력과 수고가 부적합함을 말하지 않는다. 그러나 이러한 사실에 대한 주목은 권력이 함유되어 있는 사회적, 경제적, 정치적 그리고 법적인 사고의 압력에 대한 인식과 연관되어 있으며, 이러한 관계성은 다른 관계적인 형태가 그만큼 부적합하고 이상적인 기준에 미치지 못하다는 생각을 갖도록 만들었다. 그래서 이성 간의 결혼 관계만이 그들의 배타성에 해당되지 않는다는 생각을 갖게 했다. 이러한 압력은 오늘날 세상 속에서의 최소한의 규범적 가치를 유지하기 위하여 이성 간의 부부 관계가 아닌 다른 형태의 부부 관계를 취하는 사람들에게는 위험한 신호가 되었다.

부부 인생의 결과

의사소통 이론의 발생과 합법적이고 제도적인 관계 형태는 부부관계에 중요한 결과를 가져왔다.

건강한 의사소통의 촉진

정보 기술로부터 이러한 은유를 채택함으로써 부부관계에서 나오는 결과는 무엇인가? 부재하고 비효과적이며 부적합한 의사소통 때문에 발생한 부부관계의 어려움을 이해하는 데서 오는 결과는 무엇인가? 그리고 부부관계에서 경험하는 어려움을 해결하기 위한 대안이 될 수 있는 의사소통을 촉진하거나 개발시킬 수 있는 결과는 무엇인가? 이러한 결과는 다양하다. 나는 여기서 몇 가지를 살펴볼 것이다.

첫 번째로 이러한 발전은 부부가 의사소통을 통해서 문제의 협상이나 갈등해결을 근원적으로 성취하기 위한 노력을 지속시키도록 격려한다는 점이다. 이러한 노력이 결실을 맺거나 부부 사이의 황폐화 속에서 노력의 결과로서 가시적인 효과를 본다면, 의사소통이나 관계에 대한 이러한 이해는 부부가 의사소통을 통하여 문제 해결이나 갈등의 타협을 위한 그들의 노력을 새롭게 고취시켜 준다. 그래서 동일하거나 다양한 방법으로 새롭게 시도해 나갈 수 있다.

두 번째로 관계의 어려움에 대한 처방으로 의사소통에 대한 헌신은 의미를 만드는 것과 관련이 있는 의사소통의 영역까지 어렵게 만들 수 있다. 의사소통의 행위는 분명하지 않은 행위다. 관계의 어려움에 관하여 서로가 진행하는 의사소통 방식 안에서 배우자들은 서로의 정체성과 관계의 정체성을 구성해 간다. 예를 들면, 직접적인 의사소통을 통하여 어려움을 해결하기 위한 노력을 추구하는 가운데, 배우자는 서로의 정체성에 관하여 붙잡고 있는 부정적인 결론을 확증시키는 것뿐만 아니라 이러한 부정적인 정체성의 결론을 구성해 나간다. 이러한 부정적인 결론의 발전은 관계에서 부정적인 결과를 만들거나 시간이 지나면서 점점 곤란한 지경이 증가하는 복잡한 상태를 만들 수도 있다. 그러나 해결책의 처방으로서 의사소통의 개념에 의해 형성되는 의미의 결과로, 자신의 관계적인 상황 속에서만 부정적으로 남겨지기도 한다. 서로의 배우자는 그들의 관계 안에서 부정적인 상황에 대한 일종의 책임감을 본인들이 인식하는 데 어려움을 겪는다.

세 번째로 관계의 어려움을 위한 해결책으로 의사소통에 대한 강조는 부부관계가 거의 기초적인 단계에서 진행되고 있다는 사실을 무시하는 것이다. 부부관계 안에는 많은 힘의 불균형이 있다. 이성간의 결혼관계에서 이러한 많은 불균형은 성의 정치학과 관련이 있다. 이러한 힘의 차이점을 진술해 나가는 가운데 여성 배우자들이 느끼고 생각하고 말하는 것이 안전하지 않을 때도 있는 것이다. 자신의 마음을 공개하고 직접적이고 정직하게 말하는 것을 통해서 어떤 사람들은 규범에 종속되거나 그들의 배우자로부터 보복을 받을 수 있는 처지에 놓일 수도 있다.

네 번째로 정보 기술로부터의 은유에 의하여 촉진된 의사소통 스타일의 영향으로 건강한 의사소통을 위한 규준이 채택되었다. 이러한 규준은 문화적이고 사회 경제적이며, 계급적이고 핵심적인 규준이었다. 적절한 의사소통을 위한 공식들은 보편적으로 모든 사람들에게 관련이 있었으며, 모든 장소와 모든 문화, 모든 계급, 모든 사회 경제적인 환경에서 언제나 열려 있었다. 그러나 인생을 위한 모든 제안은 역사적이고 문화적인 산물이며, 특히 관계적 스타일은 현 시대에서 서구 백인 문화의 중간 계층을 대변하는 생각을 반영한 의사소통이 건강한 방식이라는 전제를 가지고 있다는 점이다. 건강한 의사소통이 무엇인지에 관한 이러한 확증을 진술하는 가운데 부부관계에서의 어려움에 대한 반응으로서, 배우자들은 현 시대 속에서 사람들에게 광범위하게 인식되고 있는 최신 문화의 다양한 스타일에 가깝게 상응하거나 아니면 문화적이거나 계급적이고 특정하면서 선호하는 문제의 타협이나 갈등해결의 다양한 실제적 방법들에 도전을 받고 있다.

관계 안에서의 경험된 어려움을 위한 해결책으로서 의사소통에 관한 현대적인 개념의 잠재적 위험성을 묘사하는 가운데 의사소통이 무조건 잘못되었다고 제안하는 것은 나의 생각이 아니다. 그리고 건강한 의사소통에 관한 현대적인 개념에 의하여 만들어진 관계적인 스타일이 잘못되었다고 말하는 것도 아니다. 그러나 의심할 여지 없이 자신의 문화적이고 사회 경제적이며, 계급적인 사고방식과 조화를 이루기 위하여 이러한 관계적 스타일을 찾는 많은 부부들이 있다. 그들에게는 자신의 관계적 어려움을 설명하는 것이 효과적일 수 있다. 그러나 논의를 보다 발전시켜 나가는 가운데 '활력과 생동감을 불어넣어 주는' 건강한 의사소통에 관한 개념을 제공하며, 이러한 생각과 연관이 있는 몇 가지 위험성을 소개하고자 한다. 비록 이러한 위험성들이 다른 시기에 다른 저자들에 의하여 강조되었을지라도 의사소통이 관계의 어려움을 해결할 수 있는 방법이라는 생각은 여전히 현대 사회에서 큰 영향력을 행사하고 있으며, 부부관계 안에서 경험되는 어려움에 대한 배우자의 반응을 형성하는 데 영향력을 미치고 있다.

관계적 형태 제한하기

합법적이고 제도적이며, 고정된 관계 형태를 제한함으로써 오는 결과는 무엇인가? 이상적인 관계 형태로 인식되는 이성 간의 결혼 관계를 주장함으로써 발생하는 결과는 무엇인가? 그리고 이러한 상황 속에서 생겨난 배타성의 결과로 생기는 것은 무엇인가?

배우자들이 자신의 인생 가운데 존재하는 목적과 의도를 가지고 서로에 대한 연대를 발견하기 위한 노력 속에서 서로를 인식할 수 있도록 그들을 선동하는 이러한 주장은 그들이 가지고 있는 가치와 신념 안에서 어떻게 서로가 의사소통을 할 수 있는지에 대한 감각을 발전시켜 나간다. 그러나 배우자들은 서로가 가지고 있는 희망과 욕구를 만족시키기 위하여 서로를 분리시키기도 한다. 이러한 의문 속에서 발생하는 관계적 형태에 관심을 기울이려는 시도는 서로에 대한 구속력을 가진다. 그리고 이러한 결과는 서로의 배우자에게 귀중한 시간이 되기도 하며, 부부 사이에 의심하는 상황 안에서 하나의 방향을 제공하기도 한다.

이러한 환경 속에서의 관계는 쉽게 실패하고 만다. 이러한 실패의 감정은 종종 배타적인 상황 속에서 일종의 배신의 감정으로 인식되는 행동과 연계해서 발생하기도 한다. 그래서 많은 행동이 이러한 방식으로 인식될 수 있는데, 예를 들면 배우자와 친밀하지 않은 관계 속에서 외부에 있는 다른 사람과 신뢰 관계에 있다면 이러한 정서적인 공유는 부부 사이에 배신감으로 인식될 수 있으며, 관계 자체를 부정적으로 생각하게 만드는 결과를 가져올 수 있다. 배타적인 상황 속에서 한 명의 배우자가 돌파구를 찾기 위하여 필요한 행동을 취할 수 있는 단계에 들어가게 되면, 이러한 개인의 경우는 부정하고 비밀스러운 행동으로 인식될 수 있으며 실패한 관계의 모습으로 남아 있게 된다. 많은 부부들은 서로의 배우자가 자신의 존재를 위한 기초를 제공하는 것이 무엇이든지 간에 서로의 진정성을 기대하는 것이 오히려 일종의 질투로 간주되는 개인적인 절망이나 고민과 같은 감정으로 경험되기도 한다.

나는 관계의 실패에 관한 결론이나 질투 그리고 배신의 현상을 분명하게 살펴보기 위하여, 먼저 이러한 배타성의 부정적인 의도나 현대적인 배타성으로 고립된 결과에 대해 살펴보았다. 이러한 결과와 구별되는 현대의 부부관계에서, 특히 이성 간의 결혼 관계가 결혼 관계의 최우선이라는 인식이 다양한 관계의 형태를 제한하는 결과를 낳았다. 이러한 배타적인 관계 속에서 배우자들은 인생 가운데 개인이 지향하는 이상적인 관계에 대해 감사하게 여기는 것과 관계 갈등의 해결책으로부터 스스로를 고립시키고 만다. 그리고 이러한 상황은 그들의 부부관계 안에서 서로 다른 관계 형태 속에서의 비협력적인 영역에 대한 가능성을 제한한다. 이러한 방식 안에서 배타성은 부부관계에서 다양성의 쇠퇴를 가져오고 말았다.

부부관계에 있어서 현대적인 배타성의 결과에 대한 몇 가지 사실을 살펴보는 가운데 이러한 배타성이 때로는 어떤 부부들에게는 적용되지 않거나 또 어떤 부부들에게는 이상적으로 적용될 수 있다고 제안하는 것은 나의 의도가 아니다. 게다가 나는 몇 가지 현대적인 배타성의 결과에 대해서 설명하였다. 이러한 설명에는 수년 동안 나에게 상담을 의뢰해 왔던 많은 부부들의 관계에서 보이는 현상이었으며, 관계 성장을 위한 과정 가운데 필요한 방법으로서 도전을 제공할 수 있다.

치료의 결과

부부 상담의 상황은 상담자의 역할이나 부부관계의 어려움에 대한 해결책과, 관계의 어려운 상황에 관한 문화적인 전제로부터 면제되지 않는다. 부부들은 종종 이러한 상황 속에서 자신의 관계를 새롭게 개선하고자 노력하게 되는데, 이러한 그들의 노력 가운데는 현대 서양 문화의 수정된 의사소통의 새로운 방식이나 치료사—상담에 임하는 부부들의 노력을 요구하는—가 보여 주는 지식에 대한 기대가 있다. 나는 수년 동안 이런 상황을 경험하며 부부들을 만났을 때 다양한 관계의 모습, 즉 "우리는 우리의 깨어진 관계를 회복하고 새로운 돌파구를 찾기 위하여 여기에 왔습니다." 등과 같은 말을 종종 듣는다.

치료사들은 부부들이 상담실에 가지고 오는 그들의 기대에 대해서 상처를 받을 수 있을 뿐만 아니라 부부관계 상담의 내력 속에서 그들의 소망에 대하여 무게감 있는 부담을 받을 수도 있다. 이러한 환경 속에서, 치료사들은 종종 그들의 도움을 구하는 내담자들과의 상담에서 자주 사용하는 방법이 무엇이든지 간에 동일한 문제를 가진 부부들이라 할지라도 무엇인가 구별된 방법을 찾아야 한다고 생각하며, 그것을 적용하거나 또는 수정된 의사소통의 방식을 통하여 관계의 어려움을 설명하려고 시도한다. 이러한 방식을 여러 부부에게 적용하는 가운데 치료사들은 의사소통과 관련하여 그들이 성취하는 것과 부부의 의사소통을 위한 생각을 가진다. 그리고 치료사들은 의사소통의 다양한 형식들 가운데 부부가 처해 있는 위치와 이러한 형식들 속에서의 간격을 줄여 나갈 수 있도록 부부를 돕기 위한 책임감을 경험한다는 사실이다.

비록 이러한 시기에 이러한 방식으로 부부가 참여할 때, 치료사들은 미래의 부정적인 정체성의 결론의 구조 안에서 자신이 의식하지 못했던 점들을 점차로 인식하게 된다. 이러한 모습은 부부관계 안에서 발전을 형성해 나가며, 배우자가 상대 배우자에 대하여 드러나지 않게 자신의 역할을 감당하는 부분이 된다. 그리고 이것은 자신의 관계를 새롭게 형성해 가는 가운데 스스로 만들어 가는 결과를 인식하며, 그들 스스로 자신의 정체성을 구성해 가기 위한 책임감을 만들어 나갈 수 있는 선택을 제한한다.

의사소통에 관한 문화적 전제는 관계 상담의 이름으로 진행되었던 강력한 영향에 대한 가능성을 내포하는 것뿐만 아니라 배타성의 전제도 내포하고 있다. 부부는 개인의 가치와 신념 안에서 연합을 위한 부부의 됨구와 개인의 인생에 대한 목적과 의도를 가지고 있다. 그리고 그러한 의도와 목적의 다양한 영역과 연결되는 연대 의식을 발견하기 위한 노력을 기울이며, 그들의 욕구와 소원을 만족시키기 위하여 시도한다는 점이다. 그들은 부부 상담이 서로의 노력을 강화시킬 수 있는 상황적인 상담으로 인식한다. 치료사들은 부부들의 이러한 기대에 상처를 받기도 한다. 관계의 어려움을 설명하는 가운데서 시간을 중시하는 그들의 생각에 상처를 받는다. 이러한 점은 부부의 문제가 관계의 어려움으로 설명하는 것에 초점을 두고 있음을 보여 준다. 치료사들이 이런 방식으로 부부들을 상대할 때 부부들은 현대의 배타성의 영향으로 말미암아 본인들도 의식하지도 못한 결과를 경험할 수 있다. 이러한 결과 가운데는 관계의 대안적인 형태를 살펴보기 원하는 배우자들에게 선택의 폭이 제한된다. 그리고 부부관계의 다양성의 발전에 기여하는 여러 관계적 스타일을 수용하려는 기회를 제한하는 경우로 나타나기도 한다. 이러한 모습은 절망과 배신의 새로운 경험으로 대치된다.

분석의 적용

치료적인 상황 속에서 관계의 어려움이나 이러한 어려움에 대한 해결책은 문화적인 전제나 잠재적인 결과에 대한 부부치료에서 어려움을 중재하려는 시도를 거부하려는 것은 아니다. 또는 다양한 방식에 관하여 서로에 대한 직접적이고 솔직한 의사소통을 위하여 부부관계 안에서 배우자들이 서로 질문하는 것에 대하여 반대하는 것도 아니다. 그러나 심한 부부갈등을 가지고 상담을 요청하게 되면 그들의 관계에 대하여 서로가 공유하는 이해의 차이가 보이는 곳에 치료사들은 수정된 의사소통 방식으로 질문하는 것이 도움이 될 수 있다. 그리고 이러한 치료사들의 자세에 대해 이번 글에서 부부관계 안에서 배타성을 강화시키는 치료적 실제와 관계의 어려움을 해결하기 위한 방법이 될 것이다.

이 장의 뒷부분에서 나는 오랜 부부관계 속에서 긴장과 갈등을 가지고 있었던 한 커플과의 상담 과정을 소개할 것이다. 이러한 과정 속에서 부부치료가 올바른 의사소통에 기초한 현대적인 생각을 반영하는 대화를 통하여, 관계의 어려움을 해결하기 위해 서로가 노력하는 모습을 보게 될 것이다. 그리고 상담의 중심이 바로 배우자 자신이 존재의 기초로서, 부부관계의 중심이 되는 모습을 볼 것이다. 비록 이야기치료의 영역이 이번 글에서 반영될 수 있을지라도 여기서 논의하는 것이 모든 것을 포함하는 것은 아니다. 이야기치료와 관련하여, 나는 특별하게 인정의식과 이러한 인정의식의 실제 상황 속에서 외부 증인 반응의 위치를 확신할 수 있는 사람인 배우자의 입장에 초점을 둘 것이다.

이러한 인정의식과 입장을 결정하는 것이 오랜 긴장과 갈등을 겪고 있는 부부들을 대상으로 진행하는 상담 과정의 성공이라는 주장에 비판적 의견이 발생할지라도, 나는 이러한 접근으로 방향을 돌리기 전에 먼저 다음과 같은 주제를 살펴볼 것이다.

인정의식

인정의식의 구조는 이야기치료의 특징 가운데 하나의 형식이다. 나는 '인정의식'이란 이야기치료의 은유를 인류학자인 바바라 마이에르호프(Myerhoff, 1982, 1986)의 생각에서 빌려 왔다. 그녀는 이러한 은유를 로스앤젤레스 베니스에 거주하는 유대인 공동체에서 자신의 정체성을 확인하려는 의식을 설명하는 가운데 소개하고 있다. 나는 이러한 은유에 대해서 집중적으로 조명한 적이 있었으며, 이것을 개인의 정체성과 관련하여 치료적 실제에 적용될 수 있음을 소개하였다(White, 1995, 1997, 1999). 나는 여기서 길게 소개하지는 않겠지만 '새롭게 수정된 인정의식을 적용한 반영팀'의 형식으로 소개하고자 한다(White, 1999).

> 인정의식에 관한 은유는 특정한 사람이 자신의 인생 이야기에 대해서 진술하려는 기회를 얻는 하나의 형식적인 모임 구조를 형성하는 것으로, 그 사람의 인생 이야기 가운데 자신을 비롯한 관계적인 정체성을 포함하는 것이다. 그리고 이러한 의식에는 청중들이 존재하며, 청중들 가운데 '외부 증인 그룹'이 있다. 이러한 외부 증인 그룹의 회원들은 진술하는 이야기를 주의 깊게 경청하며, 그들이 들은 바를 다시 말할 수 있는 기회를 가지게 된다. 시간이 지나 서로의 위치를 바꾸어서 처음에 말한 사람은 인정의식의 중앙에 위치해서 증인들이 재진술하는 이야기를 경청하게 된다. 이러한 재진술은 원래의 진술 내용을 요약하는 것이다. 그러나 이러한 방식에서 외부 증인 그룹의 재진술은 의미가 있는 방식으로, 처음에 진술했던 내용은 인정의식의 주인공이 가지고 있는 개인의 인생과 정체성을 풍성하게 해 주는 하나의 방식이 된다. 인정의식의 과정에서 나누어지는 진술은 서로가 가지고 있는 주제, 가치, 목적, 그리고 헌신을 둘러싼 사람들의 인생 이야기를 나눔으로써 인생에 있어서 여러 이야기와의 연결을 통해 서로 간에 진정한 관계가 성취되는 것이다.
>
> 이러한 재진술을 마치고 나면 외부 증인 그룹의 회원들은 청중의 위치로 다시 돌아가고, 인정의식의 원래 주인공은 다시 자신이 들은

바를 말할 수 있는 기회를 갖게 된다. 바로 이때 사람들은 두 번째 진술을 하게 된다. 이는 외부 증인이 했던 진술에 대한 재진술이 된다. 이러한 형식으로 외부 증인의 참가자들과 교차적으로 말하는 순서로 진행한다.

인정의식에 대한 은유는 사람들의 인생 속에서 독특하게 가지고 있는 사회적 위치의 이야기를 진술하는 구조를 가지고 있다. 이러한 의식 안에서 진술하고 재진술하고 또다시 재진술하는 과정이 별개로 구분되어 진행된다. 이렇게 구별되어 진술하고 재진술하는 과정의 이유는 청중의 위치에 서 있는 사람들과 재진술을 듣고 말하는 사람들과의 경계를 넘어서 진정한 관계를 연결하는 것이다. 외부 증인이 청중의 입장에 있을 때 그들은 진정한 청중의 입장이 되는 것이며, 인정의식의 주인공이 청중의 입장에 서 있게 될 때 그 사람도 청중의 입장에서 경험하는 것이다.

이러한 인정의식의 재진술은 인정에 대한 특별한 전통에 의하여 형성된 것이다. 이러한 재진술은 이미 그전에 진술했던 내용을 다시 환기시키려는 것이 아니다. 게다가 이러한 인정의 전통 속에서 외부 증인이 중요하게 강조하는 재진술은 또 다른 재진술을 위한 기초를 제공해 준다. 외부 증인의 참석자들이 이러한 인정의식에 대한 전통에 익숙하지 않을 때 치료사는 그들이 재진술할 수 있는 상황을 조성해 주어야 하는 책임감을 가지고 있다. 이러한 책임감을 고려하는 가운데 치료사들은 항상 외부 증인과의 인터뷰를 주선하게 되며, 질문의 범주를 외부 증인에게 알려줄 수 있다. 이러한 인터뷰는 외부 증인을 도와줄 수 있는 하나의 비계설정(scaffolding)을 제공해 준다.

a) 인정의식에서 주인공이 말했던 내용을 구체화한다. 이러한 내용은 외부 증인이 특별히 관심을 끌었던 내용이거나 그들의 이미지나 생각에 영향을 미쳤던 내용이며, 외부 증인에게 있어서 주인공의 인생에서 중요하게 여기는 가치나 신념을 알게 해 주는 내용이다. 이러한 표현은 특별하게 사용된 단어나 구, 절, 문장이나 감정의 표현이 될 수 있다. 주로 첫 번째 말하는 내용 속에서 외부 증인은 주인공의 인생 속에서 일반적이지 않거나 협소하지 않고 특별하게 관심이 집중되었던 사항을 말하게 된다.

b) 이러한 내용 가운데 외부 증인도 공명을 만들어 내는 이미지를 표현한다. 이러한 이미지들은 주인공의 인생에 관한 특정한 은유적인 표현이 될 수 있거나 주인공의 관계에 대한 표현이나 정체성에 관한 이미지 형식을 취할 수도 있다. 바로 이때 외부 증인은 이러한 은유적 표현이나 정신적 이미지들이 주인공의 목적이나 가치, 신념, 희망, 꿈 그리고 헌신에 관해서 무엇을 의미하는지를 말할 수 있도록 격려받는다. 외부 증인은 '만약, 아마도, 가능하게도'라는 가정법의 표현을 사용하면서 자신의 생각을 표현하도록 격려받는다.

c) 청중들이 주인공의 표현에 관심을 가지게 된 이유를 설명한다. 이 과정은 외부 증인이 왜 특정한 표현에 깊은 공감을 갖게 되

었는지에 관하여 외부 증인의 생각을 나눔으로써 진행되는 과정이다. 외부 증인이 들었던 말들은 어쩌면 그들의 인생 속에서 공감하는 어떤 특정한 표현일 수 있다. 외부 증인의 인생 경험 속에서 주인공의 표현과 공감되는 부분을 발견하면 외부 증인은 점차로 공감대를 형성해 나간다. 이것은 불확실한 관심 또는 개인적인 관심사이며, 어떤 학문적인 관심도 '탁상공론'적인 생각도 아닌 실제적이고 중요한 생각이다.

d) 인생의 이야기를 증언하는 가운데 자신에게 영향을 받았던 내용을 인정하는 시간을 갖는다. 여기서 '영향'에 해당하는 요소들은 광범위하다. 예를 들면, 외부 증인은 자신이 가지고 있는 생각과 관련해서 그들이 가졌던 경험을 말할 수 있다. 여기에는 자신의 존재에 대한 자아 성찰적인 생각, 자신이 살아가는 인생의 이해, 일반적으로 인생을 살아가는 본인들의 관점일 수 있다. 또는 자신의 인생을 이해하기 위하여 그들이 나누는 대화에 깊은 생각이나 성찰과 관련한 경험을 말할 수 있다. 또는 자신의 인생과 관계 가운데 놓여 있었던 어려움과 관련이 있는 행동의 선택에 대해서도 말할 수 있다. 이러한 인정은 어떻게 외부 증인이 영향을 받게 되었는지에 관한 진술을 제공해 주는 것이다. 그리고 외부 증인이 받았던 영향들은 주인공의 진술을 들으면서 외부 증인이 주인공의 이야기를 통해서 자신도 받았던 영향에 반응할 수 있는 기회를 갖게 된다.

외부 증인의 재진술을 통해서 치료사는 인정의식의 주인공이 되는 사람과 동일한 네 가지 질문의 범주에 따라서 인터뷰를 하게 된다. 여기서 이미지란 외부 증인의 정체성과 인생에 관한 이미지를 말하는 것이 아니다. 인정의식의 주인공은 보통 외부 증인의 재진술을 통해서 주목을 끌었던 본인의 인생 속에 표현되었던 정신적인 이미지나 은유적 표현에 관한 주제가 인터뷰의 대상이 되는 것이다.

이러한 질문의 범주에 따라서 진행되는 재진술은 인정의식의 주인공의 인생에 대한 공명의 가능성을 가진다. 이러한 공명은 주인공의 풍성한 이야기 발전에 중요한 기여를 한다. 그리고 주인공의 인생에 존재하는 가치와 강한 친밀감을 갖게 해 주며, 인생과 정체성에 관한 부정적인 결론을 감소시켜 준다. 이러한 과정은 사람들의 인생의 어려움과 문제를 설명하는 데 있어서 어려움과 문제를 해결하기 위한 그들의 노력을 사람들이 인정할 수 있는 단서로 제공해 주는 것이다.

입장 바꾸기

부부와의 인터뷰를 인정의식 방식으로 진행할 때, 치료사는 한 배우자(배우자 A)와 인터뷰를 하는 동안 다른 배우자(배우자 B)는 외부 증인으로 참석하여 진행하게 된다. 이러한 교차적인 대화 속에서 서로 역할을 바꾸며 진행한다. 즉, 먼저 인터뷰한 배우자(배우자 A)가 외부 증인의 위치로 돌아가고 나면, 다음 배우자(배우자 B)가 인터뷰하는 방식이다.

외부 증인 반응을 진행하는 데 있어서 상대방에 대하여 부정적인 감정을 가지고 있는 배우자에게는 이런 과정이 어려운 작업이 될 수도 있다. 그것은 서로에 대해서 그동안 반응해 왔던 습관적이고 전형적인 방식으로부터 탈피할 것을 요구하기 때문이다. 또한 이러한 전형적이고 습관적인 반응은 대부분 고정된 것으로 보이며, 이러한 방식은 각자의 인생 이야기에 반응하기 위하여 그들이 노력을 하는 가운데 다른 배우자를 힘들게 만드는 결과를 가져올 수 있기 때문이다.

나는 이러한 전형적이고 습관적인 반응으로부터 벗어나는 것이야말로 부부상담을 하는 과정 속에서 매우 중요하다고 생각한다. 부부 상호관계의 특징을 살펴보면서 배우자 중의 한 사람이 외부 증인이 되고, 다른 배우자가 상담자와 인터뷰를 하는 것으로 시작한다. 이러한 작업은 또 다른 배우자가 다른 입장을 취할 수 있도록 허용하면서 인정의식의 특징 때문에 발생할 수 있는 외부 증인의 과정대로 진행해 나간다.

그러므로 인정의식의 중심에 서 있는 배우자와 인터뷰를 하기에 앞서, 외부 증인의 입장에 서 있는 배우자는 인터뷰를 하는 과정에서 인터뷰의 중심에 서 있는 배우자와 다른 입장을 취하는 방식으로 인터뷰를 진행한다. 이렇게 입장을 달리하면서 인터뷰를 진행할 때 외부 증인의 입장에서 반응하는 경우에 예상될 수 있는 어려움을 직면할 수도 있다. 이러한 어려움은 그들의 보통 관계에서 습관적으로 취하고 있는 관계 방식에서 비롯된 것일 수도 있다. 또한 몇 가지의 주목된 사실은 직면할 수도 있는데, 어떤 것들은 외부 증인의 상황 속에서는 볼 수가 없는 경우다. 이런 경우는 부부관계의 상황 속에서 이루어질 수 없는 또 다른 관계의 형태가 발생한다.

입장을 바꾸어 가며 인터뷰를 진행하면서 외부 증인의 배우자(배우자 B)는 자신의 이야기를 말할 수 있도록 초청되는데, 이때 그 사람이 말하는 이야기는 인생에서 자신이 경험하였던 인정이나 동정, 수용을 받았던 상황에 관한 경험을 말하는 것이다. 이러한 이야기는 배우자 B가 위치를 바꾸어서 말할 수 있는 기초를 제공해 준다. 배우자 B는 외부 증인의 입장에 있을 때 이해했던 내용 가운데 자신의 반응을 보여주는 데 도움이 된다. 배우자 B에 의하여 선택된 경험이 배우자 A에게도 인정되고 수용되는 것은 매우 중요하다. 배우자 A는 다른 한편으로 거부권을 가질 수도 있다. 배우자 B에 의하여 선택된 생각이 혹시 배우자 A가 겪었던 부정적인 경험 가운데 하나라면 거부권을 행사하게 된다. 여기서 선택된 생각은 배우자 B의 과거 내력 가운데 하나이거나 배우자 A가 알지 못했던 생각 가운데 하나일 수도 있다. 이러한 경우에 배우자 B가 다른 입장을 취할 수 있는 기초로서 자신의 생각에 대한 선택권을 갖기 전에, 다른 배우자에 대한 좋은 감정을 가질 수 있는 기회를 갖는 것이 필요하다.

질문을 시작하기에 앞서, 배우자 B의 이야기를 인정하고 이해하며 공감이나 수용과 관련해서 배우자 A를 배제시키는 경우도 생각해 볼 수 있다. 왜냐하면 만약에 배우자 A가 선택되지 않는다면 이런 상황 안에서 배우자 A는 자신을 하찮은 사람으로 인식할 수 있는 위험성이 존재할 수 있다. 그래서 배우자 B의 인생에 있어서 배우자 A가 중요하지 않은 관계에 있는 사람으로 인식하는 곤란한 상태를 연출할 수 있기 때문이다. 또한 만약에 배우자 A를 후보로서 배제하고 진행한다면, 그 결과로 배우자 B는 나중에 배우자 A가 외부 증인이 될 때 복잡한 상황이 연출될 수도 있기 때문이다.

이러한 반응을 조절하기 위해서 치료사는 배우자 B와 인터뷰 하면서 그가 보여 주는 이해와 인정, 사랑, 공감, 그리고 수용이 점차로 풍성하게 드러나야 하고, 이러한 특징이 담겨 있는 모습을 구체화할 수 있는 단서가 있어야 한다. 처음 입장에서 배우자 B는 자신에 관한 간단한 내용에 대해서 표현하는 것이 보통이다. 그리고 이러한 경험을 자연스러운 속성이나 성향으로 한정한다. 예를 들면, 삼촌 X는 매우 동정심이 많은 사람이다. 또는 어떤 내부적인 성향으로서, "스미스 씨는 사랑이 충만한 사람이다." 등으로 표현하는 것이다. 그러나 이렇게 입장을 달리하면서 진행해 나가는 인터뷰에서 배우자 B는 특별하게 자신의 존재를 인정받을 수 있는 관계적인 기술이나 시간이 지나면서 자신과의 관계 속에서 보이는 인생의 특정한 방식, 그리고 관계를 촉진하기 위한 기초를 세워나갈 수 있는 특별한 방법들의 도움을 받는다. 배우자 B가 인터뷰를 진행해 나가는 가운데 이러한 기술이나 특별한 방식에 친숙해져 갈수록 인생의 자세와 관점에 대하여 자신이 가지고 있는 목적이나 가치 그리고 신념에 관한 사항을 풍성하게 생각할 수 있게 된다.

입장을 달리하면서 진행되는 인터뷰는 배우자 B에 있어서 강한 친밀감이 자신의 관계적 기술이나 인생의 영역 가운데 존재한다고 믿을 때 더욱더 친밀하게 진행될 수 있다. 바로 이때 배우자 A와의 인터뷰를 위한 외부 증인의 입장으로 다가갈 수 있는 준비를 하게 된다. 바로 이 순간에 배우자 A는 자신이 불편해할 수 있는 사항 즉,

인생에 대한 기술이나 방식에 대해서 거부를 표현할 수 있는 권한을 가지게 된다. 이때 치료사는 배우자 B에게 자신이 선택했던 사항, 예를 들면 우정이나 친밀감, 형제애, 자매애, 부모와 자식 간의 애정과 사랑, 동료애 등에 대해 자신이 소유하기를 원하는 사항을 붙잡기 위하여 어떻게 도움을 제공받을 수 있는지 그리고 어떻게 치료사가 개입하는 것에 관하여 배우자 B가 동의하는지에 대해서 생각하게 된다. 이것은 인정의식의 과정 속에서 배우자 A와의 관계 속으로 한층 더 진입할 수 있도록 해 준다. 더구나 배우자 B는 이러한 경우에 그들이 앞으로 진행하고자 하는 선택에 관하여 상담할 수 있는 정보들을 제공해 준다. 그들이 진행해야 할 사항은 그들이 서로의 배우자로서 서로에게 헌신할 수 있도록 도와줄 수 있는 과제들이나 그들이 표현하고자 하는 인생의 또 다른 모습을 생각하는 것이다. 그뿐만 아니라 서로를 수용하고 인정해 주는 표현의 방식과 연관된 기술에 한층 더 친숙하게 다가갈 수 있도록 해 주고, 선택된 입장에서 새롭게 다가오는 장애물을 분명하고 명확하게 인식하거나 그런 경우에 자신의 입장을 확실하게 결정할 수 있도록 해 준다. 그러므로 이런 과정을 가능하게 하는 탐구에 전념하거나 또 다른 접근에 근접하기 위한 그들의 노력을 가능하도록 도와준다.

시작점

오랜 기간 동안 심각한 갈등을 겪고 있는 부부와 상담할 때 우리의 대화를 위한 구조로서 인정의식을 진행해 나가는 것이 나의 일반적인 방식이라 할 수 있다. 인정의식의 핵심 가운데 자신의 인생을 자리매김하기 위하여 배우자가 첫 번째로 초청받는 것에 관한 질문과 관련하여 힘의 형태와 관계로 인하여 힘의 불균형이 생길 때 이것은 보통 힘의 관계 안에서 힘을 가진 주체적 입장에 있는 배우자에게서 경험될 수 있다. 이러한 불균형이 분명하게 보이지 않을 때는 풍성한 개인의 이야기를 발전시켜 나갈 수 있는 기회가 되며, 이에 치료사는 어느 배우자가 인정의식의 중앙에 위치해야 할지를 결정하게 된다.

보통 풍성한 이야기를 발전시키기 위한 기회는 갈등의 표현으로부터 발생할 수 있다. 이러한 갈등의 표현은 다양한 형태를 가지고 있는데, 불만족과 결핍의 다양한 소리들을 포함하며 보통은 거절을 동반하기도 한다. 다른 배우자에 의하여 수용되는 관계적인 모습이 더 이상 다른 배우자에게 수용이 되지 않을 수도 있으며, 자세의 직접적인 변화가 필요한 경우도 있다. 어떤 관계는 항상 불만족스러우며, 해결이 절대적으로 필요한 경우도 있다. 배우자에 대한 생각은 때로는 엉뚱한 면을 가지기도 하고, 직설적이기도 하다. 부부 사이에 자신의 역할에 관하여 한 배우자가 가지고 있는 기대감들이 부적절한 경우도 있다. 이러한 모습이 관계 속에서 변화를 보이지 않는다면 관계는 끝나고 말 것이다. 한 배우자에 대한 부정적인 행동 가운데 어떤 행동은 다른 배우자에 의하여 일종의 저항의 표현으로 평가될 수도 있다. 이러한 불만족스럽고 결핍된 거절의 표현은 그들의 인생과 정체성의 풍성한 이야기의 발전을 위해 중요한 기초가 될 수 있다.

예를 들어, 한 배우자가 자신이 더 이상 수용할 수 없거나 만족하지 못할 경우, 서로에게 엉뚱한 것 또는 서로에게 부적절한 역할을 기대하는 경우, 다른 사람들에 의하여 긍정적으로 평가된 행동이 때로는 부정적인 결과를 만들어 내는 목소리를 내는 경우에 배우자와 인터뷰를 할 수 있는 기회가 된다. 이러한 결론은 배우자가 가지고 있는 자신의 인생에 관한 인식의 결과이거나 인생의 목적, 또는 인생의 스타일이 무엇이든지 간에 그러한 인생의 스타일에 적합하거나 자신이 선호하는 인생의 존재 방식이나 개인적인 가치로 간주될 수 있다. 더구나 이러한 현실에 대한 인식은 특별한 인생의 경험에 대한 결과로서 이러한 경험은 사람들이 인생에서 가치 있는 것으로 여기는 구체적인 내용과 발전에 기여했던 것이다. 그리고 이것은 개인의 인생 이야기의 풍성한 발전에 기여하는 치료적인 질문을 위한 기초를 제공하기도 한다.

결론적으로 부부 사이의 관계에서 오는 갈등들은 풍성한 이야기의 발전을 위한 기초를 제공해 주며, 이러한 풍성한 이야기는 오랜 시간 동안 심각한 갈등을 경험하고 있는 부부들을 대상으로 이야기 치료를 이끌어 준다. 그러나 일단 시작하면 이러한 대화들은 빠르게 관계갈등으로부터 떠밀려 나가고 대신에 풍성한 진술과 배우자들의 인생을 발전시켜 나가는 서로에 대하여 인정하는 마음과, 배우자가 자신의 인생에서 중요하다고 여기는 가치와 신념 그리고 이러한 관계의 발전을 위한 가능성을 제공해 주는 것이다. 이것은 관계의 갈등이 아니다. 치료적인 탐구의 핵심에서 여전히 중요하게 인식되는 관계적인 모습이다. 나는 앞으로 보여 줄 사례를 통해서 이야기가 어떻게 가능하게 해 줄 수 있는지를 보다 구체화할 수 있을 것이라고 확신한다.

인정의식을 통한 커플치료의 실례

나는 대기실에 들어가 치료를 의뢰한 한 남성 동성애 커플에게 나를 소개하였다. 그들은 함께 자리에 앉지 않았다. 나는 그들 사이에 묘한 긴장감이 흐르는 것을 감지하였다. 그들은 자신을 소개하는 것이 무척이나 단순하였다. 이로써 나는 그들 사이에 긴장감이 존재한다는 것을 확실히 알 수 있었다. 상담실로 들어오는 이 커플은 내적으로 거북하고 부담스러워하는 것 같아, 자리에 앉자마자 그들의 마음을 진정시키기 위하여 나름대로 노력하였다. 그들은 의자를 서로 밀치는 것만으로도 서로가 약간의 거리감을 두고 싶어한다는 것을 느낄 수 있었다. 비록 내가 그 즉시 알아챈 것은 아니었지만 그들이 자리에 앉고 난 다음에 그들의 행동을 통해서 알 수 있었다. '이 커플은 상담실에 도착하기 전에 한바탕 싸움을 한 것은 아닌가?' 하는 생각도 들었다. 이런 모습은 그들을 상담하기 전에 내가 느꼈던 첫인상이었다. 이러한 상황 속에서 나는 상담을 신청하게 된 이유에 관해서 질문을 먼저 하는 것이 좋을 것 같다는 생각을 하였다. 여기에 등장하는 모든 이름은 가명을 사용하였다.

배리: 예, 솔직히 말하자면 이것은 제가 오랜 시간 동안 기다렸던 일일지도 모릅니다. 그러나 저는 지금 이것이 얼마나 도움이 될는지는 잘 모르겠습니다. 왜냐하면 내 파트너가 우리의 관계로 당신을 만나는 것에 동의할 것이라고 생각하지는 않았습니다. 그러나 결국 용기를 내어서 이렇게 오게 되었습니다. 그리고 이번 상담을 통해서 우리에게 무언가 도움이 될 만한 일이 있었으면 하는 마음이 있습니다. 저는 이런 상황을 잘 이해하고 있습니다. 그리고 오늘 여기에 오기 전에 우리 사이에 약간의 문제가 있었습니다. 펄스는 우리가 상담하는 것에 대해서 자신과 논의하지 않았다고 말할 것입니다. 머지 않아 당신은 그에게 반항적인 면이 있다는 것을 발견할 수 있을 것입니다.

펄스: 배리, 나는 당신이 그렇게 말하는 것을 참으로 이해할 수 없군요. 마이클, 저는 배리가 왜 이렇게 말하는지 알 수가 없습니다. 물론 모든 일들도 그렇지만요. 이것은 정말 나를 미치게 만들지요. 배리는 항상 이런 식이죠. 그는 항상 자기만의 생각으로 말하곤 합니다. 이러한 점이 그의 심각한 문제이기도 합니다. 저는 여러 시간 동안 제가 할 수 있는 모든 노력을 기울였습니다. 여기에는 오늘 우리가 만나는 것도 포함될 수 있을 것입니다. 그리고 배리도 이점을 잘 알고 있습니다. 당신은 배리를 잘 알아야 합니다. 마이클, 그는 정말 내가 알고 있는 이율배반적인 사람입니다. 저도 상담 약속을 잡기 위하여 그를 설득해야만 했습니다. 그렇지 않으면 그는 아마 오려고 하지 않았을 겁니다. 상담 약속을 정하기 위하여 무슨 수를 써야 하겠지만, 실제적으

로 저에게는 선택의 여지가 없었습니다. 지금 우리의 관계에서 어떤 해결책을 찾지 못한다면, 저는 아무것도 할 수 없을 것 같습니다. 배리도 마찬가지겠지만요.

배리: 내가 무엇을 말하는지 당신은 이해를 못하는군요. 나는 당신이 무엇을 말하는지 알 수 있어요. 나도 정말 당신과 이곳에 같이 온 것에 대해 좋게 생각합니다. 그러나 당신은 이상하게 말하는군요. 그렇지 않나요, 마이클? 펄스는 마치 그의 여동생 같아요. 그녀는 어느 누구와도 잘 협조하지 않거든요. 물론 자신이 좋아하는 것은 제외하고요. 모든 것이 항상 그의 뜻대로 되어야 한다고 생각하는 것 같아요. 그리고…….

펄스: 아니 잠깐만, 우리가 전에 말할 때 서로의 가족에 대해서 말한 적이 있나요? 물론 간단한 경우는 제외하고 말입니다. 그런데 당신은 왜 그런 말을 하지요? 마이클, 보세요. 배리가 지금 나의 가족에 대해서 말하고 있어요. 이것이 바로 우리가 가지고 있는 큰 문제랍니다. 왜 당신은 우리 가족에 대해서 나쁜 선입견을 가지고 있지요? 그것은 마치…….

배리: 이것은 옳지 않아요. 당신도 알다시피, 나는 당신의 가족을 언급했을 뿐이지 당신의 마음을 상하게 하려는 것이 아니에요. 당신은 내가 그들과 가까이 지내려고 얼마나 노력하였는지 잘 알고 있을 겁니다. 그리고 당신의 가족이 나에게 대하는 모습까지 받아들이려고 노력하는 것도 알고 있을 것입니다.

펄스: 보세요, 당신이 계속 이런 식으로 행동해서 이 상황이 반복된다면, 나는 이것을 해야 하는 필요성을 전혀 느끼지 못할 것입

니다. 만약에 이것이 어떻게 될지 확신할 수 없다면 나는 여기에 있지 않았을 겁니다. 이 상태로는 아무것도 할 수가 없어요.

배리: 당신은 너무 함부로 말하는군요. 마이클, 저는 펄스가 이런 사람이라고 생각합니다. 당신은 무언가 회피할 방법을 찾는 것 같아요. 이것은 당신이 원하는 방법이 아니기 때문에 어떻게든 회피할 방법을 찾고 있지요. 나는 당신의 그런 점을 받아들일 수가 없어요. 마이클, 저는 늘 이런 모습을 봐 왔지요. 그리고 상황이 나빠질 때마다 늘 이런 식이랍니다. 그러나 저는 이제 이러고 싶지 않아요. 절대로요. 이제 절대로 그러고 싶지…….

펄스: 그래서 당신이 원하는 것을 해야 한다는 것이지요? 당신이 잊은 것이 있는 것 같습니다. 나도 당신처럼 같은 생각입니다.

마이클: (망설이면서) 제가 좀 이야기해도 괜찮겠습니까? 오히려 더 상황을 나쁘게 만들지는 않겠죠?

배리: 예, 물론이죠.

펄스: 예, 괜찮습니다. 뭐든지 말씀하세요.

마이클: 먼저 당신들의 솔직한 개방에 대해서 감사를 드립니다. 당신들은 참으로 솔직하군요. 저는 당신들이 낯설다는 생각이 들지 않습니다. 그러나 당신들의 관계에 대해서 제가 모르는 부분이 많습니다. 그러나 당신들은 제가 당신들을 위해서 무엇을 해야 할지에 대해서 저를 도와줄 것 같습니다. 그리고 제가 생각하기에 당신들은 바로 그런 부분에 대해서 상담을 받기 위해 온 것 같습니다. 정말 어려운 상황이지만 여기에는 다양한 말들이 필요할 것 같습니다. 하나의 문학 작품을 완성하기 위해서는 무

수히 많은 단어들이 필요한 것같이 말입니다.

펄스: 예, 그렇습니다.

배리: 뭐가 그렇다는 말인가요?

마이클: 저는 당신들이 나누고 있는 대화 속에서 불완전한 끝맺음을 말하려는 것이 아닙니다. 당신들이 저에게 무엇을 말하든지 저는 당신들의 말을 들을 준비가 되어 있습니다. 물론 당신들이 무엇을 말하든지 그것을 생각할 것입니다. 만약에 당신들이 저에게 각자의 생각을 가지고 자신에게 유리한 말들을 한다고 할지라도, 그리고 당신들이 이미 무엇을 얻으려고 생각할지라도 말입니다. 저는 우리가 노력할 수 있는 여러 방법들이 있다고 생각합니다. 그것은 지금까지의 당신들의 방식과는 또 다른 방식이 될 수도 있을 것입니다. 어떻게 생각하나요?

펄스: 무엇이든지요. 이것보다 더한 무엇이든지요.

배리: 예, 동의합니다.

마이클: 그럼 좋습니다. 제가 제안하려는 것이 있습니다. 먼저 저는 여러분을 각자 별도로 상담하겠지만 만약 이러한 저의 제안이 당신들에게 괜찮다면 세 부분으로 나누어서 진행하고자 합니다. 먼저 당신들 가운데 한 분은 청중이 되고, 또 다른 한 분은 저와 먼저 대화를 나누는 것입니다. 대화의 내용은 인터뷰에 관한 것입니다. 그러고 나서 입장을 바꾸어 저와 대화를 나누었던 분은 청중의 입장이 되고, 먼저 청중이 되었던 분은 저와 대화를 나누게 되는 방식이죠. 그리고 당신이 들었던 내용에 대해서 인터뷰할 것입니다. 저는 이런 방식을 가리켜서 '다시 말하기'

란 이름을 사용할 것입니다. 우리의 대화가 마칠 때쯤 저는 다시 말하기의 내용에 대해서 처음 인터뷰를 하신 분에게 몇 가지 질문을 할 것입니다. 그다음, 다음 대화를 위하여 저는 청중의 입장에 있었던 분과 인터뷰할 것입니다. 그러면 또 다른 한 분이 청중의 입장이 되어서 그 이야기를 듣는 것입니다. 저는 당신들이 저와의 상담을 결정하면서 상담을 통해 기대했던 그런 내용이 아닐 수 있을 것이라고 생각합니다. 그러나 저는 이렇게 하는 것이야말로 당신들이 중요한 내용을 얻는 데 도움이 될 수 있을 것이라고 생각합니다. 어떻게 생각하나요? 한번 해 보겠어요?

펄스: 예, 좋습니다. 아주 흥미롭네요. 저는 좋다고 생각합니다.

배리: 예, 당신이 그것에 관해서 말할 때 우리는 더 이상 잃을 것이 없지요. 우리는 당신이 인도하는 대로 따를 것입니다.

마이클: 예, 그러나 그렇게 하는 것이 쉽지 않을 수 있습니다. 그래서 우리는 몇 가지 사항을 준비해야 합니다. 왜냐하면 실제로 이런 과정을 구분해서 하는 것이 중요하기 때문입니다.

펄스: 그렇군요.

마이클: 서로 분리해서 상담을 진행하자고 제안하는 것은 아닙니다. 제가 제안하고자 하는 것은 대화 시간 동안 서로가 입장을 바꾸어서 생각해 보자는 것입니다. 관계를 갖는 것보다 서로 구분해서 이야기를 들어 보는 것이 좋을 수도 있을 것입니다. 친구나 우정 등의 친한 관계에서 성취할 수 있는 많은 일들이 있습니다. 그런 관계는 꼭 관계를 가져야만 성취되는 것만은 아닐 것입니

다. 만약에 우리가 이러한 대화의 과정 속에서 서로 연관을 가지고 서로의 입장에서 생각해 볼 수 있는 시간을 갖는 것에 성공할 수 있다면, 당신들의 평상시 관계에 의하여 반응하는 방식에 서로가 영향을 덜 받을 수도 있을 것입니다. 그리고 우리가 예상할 수 없는 방식 안에서 서로에 대해서 보다 자유롭게 반응할 수 있는 기회가 더욱더 많아질 것입니다. 이러한 방식은 서로의 관계를 진전시킬 수 있는 방법을 제공해 줄 것입니다.

배리: 좋습니다. 그러면 우리가 어떻게 해야 합니까? 언제 시작하죠?

마이클: 언제 시작할지에 관하여 저에게 몇 가지 생각이 있습니다. 펄스, 먼저 배리와 인터뷰를 했으면 하는데, 괜찮겠습니까? 그 다음에는 다시 입장을 바꾸게 될 것입니다.

펄스: 예, 저는 좋습니다.

마이클: 배리도 동의하지요?

배리: 예, 좋습니다.

마이클: 예, 좋습니다. 그러나 먼저 이것을 진행하기 전에 펄스와 인터뷰하는 것이 중요합니다. 왜냐하면 이것은 배리와 관련하여 펄스와 인터뷰를 하는 것이 다른 입장을 발견하는 데 도움을 줄 수 있기 때문입니다. 펄스, 당신에게 몇 가지 질문을 하겠습니다. 이러한 질문은 다른 사람들에 의하여 당신이 인정을 받았던 생각이나 사람들에 의하여 당신이 수용 받았던 경험이 될 것입니다. 제가 배리와 대화를 나누는 것을 당신이 들으면서 약간의 복잡한 감정을 느낄 수도 있을 것입니다. 만약에 당신이 배리로부터 수용과 인정을 받았던 경험을 제외하고 다른 경험을 말한

다면 감사할 것입니다.

펄스: 좋습니다. 그러나 저는 당신이 몇 가지 질문을 한다는 것에 관해서 잘 이해가 되지 않습니다.

마이클: 좋습니다. 그렇다면 이것을 한번 생각해 보십시오.

펄스는 나의 질문에 대한 반응으로 자신이 동성애자임을 공개했던 경험을 선택하였다. 그가 19세였을 때 그의 이중적인 삶은 이제 더 이상 자신이 원하는 것을 숨기며 살아가지 못하게 하였다. 그래서 그는 자신의 이중적인 삶을 정리해야겠다고 생각했다. 이제 자신의 존재를 숨기면서 살아가는 삶에 대해 회의를 가지게 되었다. 그는 자신의 존재를 이 세상에서 숨기며 사는 것이 너무나 황폐하다고 생각하였다. 펄스는 세상에서 자신이 살아가고 존재하는 것에 대해서도 회의를 가지고 있었다. 이제 자신이 무엇을 성취해야 하는지도 모를 지경에 이르렀다. 그는 진실로 자신의 가족들을 사랑했지만 때때로 자신의 동성애 표현에 의하여 자신이 고립된 것 같이 느끼기도 하였다. 그리고 계속해서 그가 만나는 사람들, 즉 이성애적인 전제로 여겨지는 질문에 직면하였다. 이러한 질문은 "당신이 만나는 사람이 누구입니까?" 또는 "그들의 이름은 무엇입니까?" 등이었다. 그는 자신이 동성애자라는 사실에 다른 사람들이 어떻게 반응할지에 대한 고민이 너무나 힘들다고 생각하였으며, 그들의 그런 생각은 자신의 정체성이나 인생에 관해서 당연한 것처럼 여기는 것이었기 때문에 펄스에게는 힘든 과정이었다.

개인적인 위기와는 별도로 펄스는 삼촌인 데이비드에게로 화제를 돌렸다. 펄스는 그의 삼촌과 최근까지 만남을 가졌으며, 어린 시절부터 삼촌 집을 방문하였다. 삼촌인 데이비드도 정기적으로 펄스의 집을 방문하여 펄스에게 초콜릿을 주기도 했고, 그와 축구 등 운동을 같이 하기도 하였다. 펄스는 위험한 상황에 처할 때마다 삼촌을 기억하였고, 삼촌 외에는 그의 기억 속에서 특별한 사람은 존재하지 않았다. 삼촌인 데이비드는 토요일에 골프 약속을 취소하고 그를 만나기로 하였다. 그러나 목요일 아침에 펄스는 토요일까지 삼촌을 만나는 것을 기다릴 수 없다고 말했다. 결국 그의 삼촌은 자신의 또 다른 약속을 취소하면서 목요일 오후에 펄스를 만나기로 하였다.

펄스가 삼촌 사무실에 왔을 때 그의 감정은 복받쳐 있었다. 그는 모든 것을 솔직하게 고백하고 싶었다. 그는 자신의 감정을 억누를 수가 없었다. 그는 한 시간 동안 삼촌에게 쉬지 않고 말하였다. 삼촌의 반응은 어떠하였는가? 펄스의 얘기가 끝날 무렵에 삼촌은 일어섰다. 펄스의 가슴은 요동쳤다. 잠시 후 삼촌은 펄스에게 다가가 그를 안고 포옹했다. 펄스는 삼촌의 팔에 안기었고, 펄스는 계속해서 울기 시작했다. 아마 그때 흘린 눈물이 지금까지 흘린 눈물 가운데 가장 많았을 것이다. 펄스가 충분히 울고 나자 삼촌은 뒤로 물러섰고, 삼촌의 옷은 펄스의 눈물로 젖어 있었다. 삼촌은 아무런 반응도 하지 않았다. 대신에 삼촌은 펄스의 이야기에 자신의 마음이 얼마나 아팠는지 그리고 자신이 펄스에 대해서 느꼈던 감정이 그의 가족들보다 더 깊이 공감하고 있었음을 말해 주었다. 더구나 삼촌은 펄스가 원한다면 그의 동성애적인 사실을 가족들에게 비밀로 해 줄 수 있다고 말했다. 삼촌은 가족들의 반응을 조절하는 책임감이 반드시 펄스의 몫이 아니라는 점을 강조하였으며, 자신이 무엇인가를 도와줄 수 있을 것이라고 말했다. 삼촌과의 대화를 통해서 펄스의 인생이나 정체성에 대해서도 자신이 부적합한 인생을 살아가는 자라는 전제에 대해서 다시 생각해야 하며, 이러한 대화를 앞으로 계속해서 나눌 수 있을 것이라고 하였다. 이것은 펄스에게 감동을 주기에 충분한 것이었다. 펄스는 "저는 저 자신에게 아무것도 할 수 없었어요. 그리고 제가 반드시 해야 하는 것이 아니기에 좋았습니다."라고 말했다. 그 이후에 펄스는 다른 친척들을 만났고, 삼촌과 대화를 나누었던 것에 대해서 사람들과 이야기를 나눌 수 있는 기회를 갖고자 하였다. 어쩌면 이러한 대화를 통해서 그동안 펄스를 이해하지 못했던 친척들이 이제는 펄스를 진심으로 이해할 수 있는 기회를 갖게 될는지도 모른다는 생각이 들었다.

이 이야기를 듣고 난 후에 나는 펄스와 내가 느꼈던 생각에 관해서 대화를 나누었다. 배리는 이러한 대화에 함께하였다. "전에 저도 이러한 이야기를 들었습니다. 그러나 저는 여전히 마음이 흔들리고 있습니다. 저에게도 이런 삼촌이 있었으면 좋겠습니다. 그렇다면 제가 펄스를 이해할 수 있는 것이 한결 더 쉬워질 수 있을 텐데 말입니다." 그다음에 나는 펄스와 대화를 나누었다. 그와의 대화는 인생에 대한 그의 분명한 의지와 특별한 기술의 표현으로서, 그의 삼촌이 펄스에게 보여 주었던 인정과 지지를 그의 인생 가운데 다시 경험하기를 소망하며 나온 대화였다. 이러한 생각은 펄스가 배리와 내가 인터뷰를 할 때 다른 입장에서 볼 수 있도록 도와주었다. 이러한 인터뷰는 다음과 같은 형태로 진행되었다.

– 당신의 삼촌이 사용했던 단어들 중에서 어떤 단어가 특별히 당신의 마음을 끌었습니까?
– 그가 그런 단어를 사용했을 때 그의 목소리의 톤은 어떠하였습니까?
– 그의 행동이나 그가 지은 어떤 표정, 그의 자세, 모습, 그의 호흡 등에서 당신이 느낄 수 있는 감정은 어떤 것이었습니까?
– 당신이 생각해 볼 수 있는 삼촌의 표정에서 느껴지는 상황은 무엇이었습니까?
– 이러한 단어나 음정, 행동, 그리고 그 순간에 느껴지는 중요한 가치는 무엇입니까?
– 당신의 중요한 것에 대해서 삼촌이 보여 주었던 반응이나 당신이 말하지 않았던 부분에 대해서도 삼촌이 당신을 격려하기 위하여 사용했던 표현은 무엇입니까? 어떻게 이러한 반응이 당신이 인생을 살아가는 데 도움을 주었습니까? 어떻게 이러한 반응이 당신의 인생 이야기 중 당신이 중요하게 여기는 점에 대해서 도움을 주었습니까?
– 삼촌이 당신을 이해하려는 모습이 어떻게 그의 행동을 통해서 전달되었습니까?
– 당신의 이야기를 보면서 삼촌이 느꼈던 감정이 당신에게 어떻게 전달이 되었습니까? 그리고 당신의 인생이 힘들고 어려울 때 삼촌에게 말하려고 했던 사실은 무엇이었습니까?
– 삼촌이 당신에게 원했던 것이나 삼촌이 당신과의 만남을 통해서 당신에게 희망했던 사실이 당신에게 어떻게 도움이 되었습니까?

펄스의 입장을 재정리하기 위해, 나는 위의 사항에 해당하는 몇 가지 준비 작업에 대해서 펄스에게 물어보았다.[2)]

마이클: 펄스, 제가 배리와 함께 나눌 대화에 당신이 청중이 되는 것입니다. 그리고 당신은 마치 삼촌의 입장이 된다고 가정해 보는 것입니다. 괜찮은지요?

펄스: 당연하지요. 저는 할 수 있습니다. 크게 힘들 것은 없지요.

마이클: 좋습니다. 저와 배리와의 대화에 당신이 청중의 입장이라고 가정해 보고, 당신이 펄스의 삼촌인 데이비드라고 상상해 보는 것입니다. 펄스의 삼촌이 여기에 있다고 하고 데이비드가 이야기를 듣고 있다고 생각해 보는 것입니다. 당신의 삼촌 데이비드가 당신을 인정하며 지지해 주었던 분명한 특성을 생각해 봅시다. 그리고 삼촌이 당신에게 보여 주었던 노력을 생각해 보는 것입니다. 이러한 가치와 신념들이 여기서도 필요하답니다. 당신은 대화 중 배리의 파트너라는 입장에서 한발 뒤로 물러나서 생각해 보아야 합니다. 그리고 이것은 제 생각인데, 당신이 듣지 못했던 내용이나 당신이 반응하지 못했던 방식을 새롭게 경험하고 반응하는 것도 가능하다는 생각이 듭니다. 그것은 당신이 배리와의 관계에서 개선과 발전을 가져올 수 있을 것이라고 생각합니다. 그것은 아마도 당신이 배리와의 관계에서 평소에 가지고 있었던 입장에서 가능하지 못했던 결과일 수도 있습니다.

펄스: 좋습니다. 제가 이것만큼은 할 수 있으리라는 생각이 드는군

요. 한번 해 보고 싶습니다.

마이클: 배리는 어떻게 생각하나요?

배리: 저도 그 생각에 동의합니다. 그러나 저는 펄스가 그것을 잘할 수 있을지 확신이 가지 않습니다. 그는 그것을 단순하게 생각하는 것 같아서요.

펄스: 또 그런 이야기를 하네요. 그는 제 인생의 모두를 늘 그렇다고 생각하는 것 같아요. 말이 항상 그렇지요.

마이클: 배리, 당신이 생각하기에 그것이 도움이 될 것이라고 생각하나요?

배리: 좋습니다. 할 수 있을 것 같습니다.

펄스: 보세요. 제가 전에 마이클에게 말했던 것과 같이 그는 정말 잘할 수 있을지 모르겠다고 말했잖아요.

마이클: 글쎄, 그렇게 말하는 것은 도움이 안 될 것 같아요.

펄스: 예, 좋아요. 알겠습니다.

마이클: 만약에 당신이 이런 입장에 서 보는 것이 정말로 어렵다고 생각한다면 저에게 몇 가지 신호를 보내 주세요. 그러면 제가 배리와의 대화를 멈추고 잠시 시간을 갖겠습니다. 그리고 어떻게 하는 것이 더 좋은 생각인지에 대해서 대화를 나누어 보겠습니다. 그래서 만약 괜찮다면 당신이 삼촌인 데이비드의 입장에서 보는 것입니다.

펄스: 좋은 생각이군요. 좋습니다.

마이클: 좋습니다. 배리, 이제 저는 전에 당신이 말했던 것을 다시 말하고자 합니다. 그런 내용은 당신이 펄스와의 관계에서 도저

히 용납할 수 없었지만, 이제는 당신이 이해할 수 있는 가능성이 생길지도 모릅니다.

펄스: 이것은 배리에게 말하는 것이 좋을 것 같습니다. 그러나 저도 관련이 있을 수 있지요. 당신은 배리가 독립적으로 결정을 내릴 수 있다고 생각하나요? 제가 보기에는 우리가 수용할 수 있는 것과 우리의 관계에서 할 수 없는 것을 결정해야 한다고 생각합니다.

배리: 마이클, 보세요. 저는 이미 그가 할 수 없다고 말했습니다.

마이클: 배리, 저는 할 수 있다고 봅니다. 이것이 바로 저의 역할이지요. 펄스, 당신은 당신들의 관계 안에서 배리에게 그렇게 반응을 했던 것 같아요. 우리 잠깐 따로 시간을 가질까요?

펄스: 아니요. 이제 집중해서 한번 시도해 보겠습니다. 할 수 있습니다.

마이클: 좋습니다. 배리, 저는 당신에게 회복에 필요한 질문을 하겠습니다. 그것은 당신이 용납할 수 없는 것에 대해서 어떻게 하면 용납이 가능한지에 관한 것입니다. 그리고 펄스는 삼촌인 데이비드의 입장이 되어 그가 마치 여기에 함께 있어서 청중의 입장이 되어 보는 것입니다. 펄스, 가능하겠지요?

펄스: 예, 그것이 제가 해야 하는 일이지요. 맞습니다.

마이클: 배리, 이러한 관계에서 당신이 수용해야 할 것이 있습니다. 그러나 그것은 반드시 제안해야 하는 사항은 아닙니다. 인생을 어떻게 살아갈 수 있는지를 분명하게 깨닫게 해 주는 새로운 인식을 가져야 한다고 생각합니다. 그리고 그것은 아마도 당신이

이전에는 느끼지 못했지만 인생에서 당신 자신을 가치 있게 만드는 것이나 또는 당신의 개인적인 가치를 발전시켜 줄 수 있는 것이라고 생각합니다.

배리: 좋습니다. 저는 정말 이런 점에 대해서 생각해 보지 않았습니다. 그러나 이제 내가 우리의 관계에서 무엇을 원하고 있는지를 분명히 알아야 한다고 생각합니다. 그리고 이제 저는 제 자신을 가치 있는 존재로 여기는 것이 중요하다고 생각합니다. 그것은 사실입니다.

마이클: 자신을 가치 있는 존재로 여긴다는 것은 당신에게 어떤 의미가 있지요? 어떻게 자신을 가치 있는 존재로 여길 수 있습니까?

배리: 예, 그것은 자신이 가지고 있는 은사를 인식하는 것입니다. 제가 생각하기에 저는 창조적인 능력을 가지고 있고 할 수 있는 일들이 다양하게 많으며, 하고 싶은 일에 대해서 여러 가지 방법들을 발견할 수 있다고 생각합니다. 당신도 알다시피 과거의 방식에서 이제는 탈피해 보는 것입니다. 바로 그것이지요. 저는 이제 분명히 알아야 한다고 생각합니다. 그것은 제가 느끼기에 지루하거나 과거의 했던 방식을 되풀이하거나 제가 해야 하는 일로부터 멀어질 수 있는 상황조차도, 받아들이는 것도 포함될 것입니다.

마이클: 이것은 제 생각이지만, 그런 인식이 환상은 아니라고 생각합니다. 당신의 인생에서 그러한 인식에 도움을 주었던, 최근에 나타났던 변화가 있다면 말해 주겠습니까? 제가 생각하기에 그러한 변화에 대한 인식은 당신 자신을 가치 있는 존재로 여기는

데 도움을 줄 것 같습니다. 그리고 당신이 인생에서 무엇을 원하는지를 보여 줄 수 있을 것 같습니다.

배리: 예, 제가 생각하는 중요한 한 가지는 예술 학교에 등록했다는 것입니다.

마이클: 그것에 관해서 더 말해 주겠습니까?

배리: 아마 8개월 전입니다. 저는 예술 학교에서 공부를 시작하였습니다. 이것은 제가 오랜 전부터 하고 싶었던 일이었습니다. 그러나 제가 잘해 낼지 자신이 없었습니다. 저는 제가 생각하기에 그만한 능력이 없다고 생각했던 것 같습니다. 저는 스스로 약속을 했습니다. 6주가 지나서 별로 좋지 않으면 스스로 그만두기로 생각했습니다.

마이클: 그래서 어떤 일이 벌어졌습니까?

배리: 그 당시 제 결정은 정말 황당한 것이었습니다. 그러나 선생님들은 저에게 관심을 가지고 있었습니다. 저는 그 분들이 제가 무엇을 할 수 있을지에 대해서 주목하고 있다는 사실을 잘 몰랐습니다. 저도 저 자신에 대해서 신뢰할 수가 없었습니다. 그러나 몇 주가 지난 후에 나에게 다른 생각이 떠오르기 시작했는데, 그것은 '내가 나은 사람이 되기 위하여 무엇을 하는 것이 중요한 것인가?'라는 것이었습니다. 저는 제가 가지고 있는 예술적 소질의 자그마한 것이라도 생각하게 되었습니다. 이것은 저에게 매우 긍정적인 기회가 되었고, 그것에 관해서 조금씩 관심을 가지게 되었습니다. 이것은 제가 결코 상상해 본 적이 없는 것이었습니다. 제가 상상했던 것들은 저에게 좀처럼 일어나지 않

았던 일이었습니다. 만약에 사라와 로저(배리의 선생님들)의 지지와 격려가 아니었다면 저는 지금 이곳에 있지 않았을 것입니다. 저의 인생 가운데서 좋은 경험이었습니다.

마이클: 당신의 예술적 노력 가운데 당신 자신이 생각해 볼 수 있는 것은 무엇이었습니까? 당신이 한 일들을 되돌아보는 가운데 예술 학교 선생님들이 당신에게 받았던 인상들은 무엇이었습니까? 저는 당신의 예술적 기질에 대해서 선생님들이 당신에게 말했던 사항에 대해서 관심을 가지고 있습니다. 그리고 그것에 대해서 당신이 어떻게 생각하는지, 자신의 인생을 어떻게 보고 있는지, 또 당신에게 중요한 것이 무엇인지에 대해서도 관심이 있습니다.

배리: 저는 실제로 이러한 질문에 대한 몇 가지 대답들을 이야기할 수 있습니다. 왜냐하면 사라는 매우 직설적인 사람입니다. 그녀는 지난 일을 거론하지 않지요. 그녀가 말했던 것은…….

배리의 인생에서 나타난 최근의 발전된 모습이 재저술 대화의 상황 속에서 펼쳐지게 되었다. 시간이 지나자, 펄스는 오직 두 가지의 경우에서만 자신이 데이비드 삼촌의 입장에 서 보는 것에 대한 어려움을 이야기하였다. 그것은 대화의 과정 중 이 커플이 경험하는 갈등의 상세한 면들 속에서 의미 있는 발전을 보여 주는 것과 같았다. 이제 외부 증인의 진술을 듣는 시간이 필요했다. 나는 자리를 바꾸기 위하여 배리를 초청했고, 나와 펄스가 인터뷰를 하는 것을 배리가 청중으로 듣기 위하여 그를 초청하였다. 이러한 인터뷰는 내가 이미 설명했던 사항대로 네 가지의 질문 방식을 통해서 진행되었다.

마이클: 지금 이 순간부터는 배리가 청중의 자리에 앉아 나와 펄스의 대화를 들을 것입니다. 펄스, 저는 당신에게서 반드시 동의를 구하는 것은 아닙니다. 그리고 당신의 조언이나 어떠한 판단도 듣지 않을 것입니다. 그러나 저는 이러한 상황 속에서 도움이 될 수 있는 질문을 가지고 당신과 인터뷰할 것입니다. 이 과정을 이끌어 나가는 것은 저의 책임이며, 만약에 이것이 당신에게 좋게 여겨진다면 제가 생각하기에 중요하다고 여기는 질문의 수위를 높여 나갈 것입니다. 그래도 괜찮겠습니까?

펄스: 예, 좋습니다. 저는 당신이 이 과정을 잘 해내리라 생각합니다.

마이클: 좋습니다. 자, 시작하죠. 당신은 데이비드 삼촌의 입장에 서 보았고, 당신은 배리의 이야기를 듣는 청중이 되어 보았습니다. 당신이 들었던 내용 중에서 특별히 당신의 관심을 끌었던 부분이 어디에 있었습니까, 펄스?

펄스: 솔직하게 말하자면 처음에는 배리가 말한 내용을 듣는 것이 쉽지는 않았습니다. 저는 우리의 관계가 참으로 어렵다는 생각을 하였습니다. 그리고 화도 났고, 여러 가지 일들이 생각이 났습니다. 그러나 잠시 후에 삼촌도 같이 듣고 있다는 상상을 하였습니다. 그리고 그가 무엇에 관심을 가지고 있을지 생각해 보자, 점차로 이해할 수 있었습니다.

마이클: 배리의 이야기 속에서 당신이 삼촌의 입장이 되어 생각할 때 관심을 가지게 되었던 것은 무엇이었습니까?

펄스: 실제로 많은 것들이 있었습니다. 그러나 제가 생각하기에 정말 크게 와 닿았던 것은 배리의 선생님이 배리가 가지고 있는 예술적 재능에 대해서 인정할 때 그가 느꼈던 감정이었습니다.

마이클: 당신은 배리가 느꼈던 감정에 대해 생각해 보면서, 특별히 떠오르는 단어나 말들이 있었습니까?

펄스: 예, 배리는 전에 자신이 이런 생각을 해 본 적이 없었다고 말하였습니다. 그러나 단지 그것만이 아닐 것입니다. 그가 선생님으로부터 들었던 말들은 그의 선생님에게서 지지와 격려의 말들이었을 것입니다. 그 말들은 그에게도 많은 힘이 되었을 것입니다.

마이클: 당신은 삼촌의 입장에서 많은 사실을 깨달은 것같이 말하는군요.

펄스: 예, 배리가 자신의 인생에 관해서 새롭게 깨닫게 된 사실을 보고 저는 많은 것을 알게 되었습니다. 그는 이제 자신의 삶에서 무엇을 원하는지 알게 된 것 같습니다. 제 삼촌인 데이비드도 이런 생각을 했을 것이라고 확신합니다.

마이클: 저는 항상 사람들이 청중의 입장에 서서 자신이 자유롭게 경청할 수 있을 때, 사람들의 관심을 집중시키는 것에 대해서 알기를 원합니다. 그리고 이것이 사람들의 마음에 어떠한 것을 심어 주는지 알기 원하고, 사람들의 인생에서 떠오르는 이미지와 마음속에 떠오르는 심상들에 대해서도 알기를 원합니다. 당신이 상상해 볼 때 삼촌의 마음에 떠오를 수 있었던 이미지는 어떤 것이라고 생각하나요? 그리고 어떻게 당신은 그러한 이미지

에 대해서 말로 표현할 수 있습니까?

펄스: 배리의 인생에 대해서 떠오르는 이미지를 말하는 것입니까?

마이클: 예, 배리의 이야기를 통해서 생각나는 이미지에 관하여 말하는 것입니다. 당신이 삼촌의 입장에 서서 배리의 이야기를 들으면서 배리의 이야기 안에서 느껴지는 생각이 있었다면, 그것은 무엇이었습니까? 이런 입장 속에서 어떻게 이러한 생각이 배리에게 영향을 미치고 있다고 생각합니까? 배리의 인생에 관한 당신의 생각은 무엇입니까?

펄스: 예, 실제로 저는 이 점에 대해 삼촌의 입장에 서서 생각해 보았습니다. 그리고 저는 많은 이미지를 떠올려 보았습니다. 이러한 이미지들 가운데 일부는 배리가 자신을 다양한 방식으로 스스로를 가치 있는 존재로 보려는 생각이었습니다. 배리의 인생에서 그러한 시기가 어쩌면 가장 힘들었던 시간이었을 것입니다. 그러나 저는 배리가 원하는 것을 해 나갈 수 있으며, 그것이 그의 인생에서 조화를 이룬다고 말할 수 있습니다. 그리고 사라와의 관계도 매우 의미 있을 것이라고 생각합니다.

마이클: 당신은 삼촌의 입장에 서서 배리의 이야기에 대해서 많은 생각을 가지게 되었다고 말하는군요. 그리고 당신이 받았던 이미지에 대해서도 말했습니다. 당신에게 와 닿았던 특별한 단어나 말이 있었습니까? 예를 들면, 당신 인생 가운데서 직접적으로 와 닿았던 것 말입니다. 어쩌면 그것은 당신의 인생의 내력 가운데 존재하는 경험일지도 모릅니다.[3)]

펄스: 이것이 삼촌의 입장은 아니죠?

마이클: 예, 그것은 오직 당신에게만 관련된 것입니다. 저는 이제 당신이 펄스로서 질문할 것입니다. 그리고 만약에 그것이 쉽지 않다면 저는 당신이 삼촌의 입장으로 당신과 인터뷰할 것입니다.

펄스: 좋습니다. 저는 '자신을 위하여 와 닿았던 것은 무엇입니까?'라는 질문에 대해서 약간의 혼란을 느끼기도 하였습니다. 아마도 제가 느끼는 것에 대한 일종의 질투인지도 모릅니다. 배리는 자신의 인생에서 더욱더 조화로움을 찾아가는 것 같습니다. 그리고 그는 그의 선생님들과 좋은 관계를 맺어 가는 것 같습니다. 그래서 저는 이 점에 대해서 질투를 느끼는 것 같습니다.

마이클: 지금도 질투심을 느끼나요?

펄스: 아니요, 그렇지 않습니다. 제가 왜 그렇게 말을 했는지 잘 모르겠지만, 이제 질투심을 느끼지 않습니다.

마이클: 그럼, 당신은 어떻게 배리의 이야기를 당신의 마음에 와 닿는 이미지로 설명할 수 있습니까? 그것은 하나의 소원이나 희망으로도 이해할 수 있습니까?

펄스: 희망이요. 그겁니다. 그 단어가 제가 찾고자 했던 단어입니다. 저의 인생에도 영향을 줄 수 있는 그의 인생에 나타난 변화들에 대해서 말입니다.

마이클: 이런 소원을 당신도 종종 말하나요?

펄스: 실제로요. 당신이 믿지 않을 수도 있지만요. 그러나 저는 결코 전에 이런 말을 한 적이 없었습니다. 배리가 그의 인생 가운데 성취하기 원했던 소원 가운데 한 가지인 것 같습니다. 예술이 저의 모든 것은 아닙니다. 그러나 저는 배리가 그의 예술 선

생님들과 가졌던 관계도 제가 희망했던 사항이었는지도 모릅니다.

마이클: 이것이 당신에게도 그동안 소원했던 사항이었습니까?

펄스: 예, 그렇습니다. 이제 저는 그것에 관해서 생각할 수 있습니다. 제가 기억할 수 있기에 저에게도 존재했던 것이지요.

마이클: 저는 그런 경험에 관하여 말하고 싶습니다. 당신은 최근 배리의 인생에서 발생했던 변화에 대한 이야기를 들었습니다. 그리고 당신이 삼촌의 입장이 되어 배리의 이야기에 대해서 반응하였습니다. 당신은 또한 펄스의 입장이 되어서도 반응을 보여주었습니다. 어느 부분에서 당신이 그렇게 느꼈는지 말해 줄 수 있습니까?

펄스: 지금을 말하는 것입니까?

마이클: 예, 만약 당신이 배리의 이야기에 대한 청중으로서 지금 이 자리에 있지 않거나 만약 당신이 배리의 이야기에 반응할 수 있는 기회를 갖지 않는다는 것과는 상관없이 지금 당신의 생각이나 이해 또는 감정이나 인식을 말하는 것입니다.

펄스: 좋습니다. 그러나 확실하게 이러한 소원에 대해서는 말할 수 없습니다. 그리고 그것은 조금은 다른 것일 수도 있지요.

마이클: 이러한 소원을 솔직하게 인정하는 것이 당신에게 무엇과 같다고 생각합니까?

펄스: 예, 저는 지금 약간의 고통스러운 부분이 있는 것 같습니다. 이런 방식으로 저의 소원을 이야기하는 것이 저에게는 조금 상처가 될 수 있을 것 같습니다. 지금 제가 왜 이렇게 생각하는지

잘 모르겠습니다.

마이클: 이것에 대해서 당신은 후회하고 있습니까? 이런 방식으로 당신의 소원에 다가가는 것이 당신에게는 상처가 될 수 있다는 것입니까?

펄스: 아닙니다. 그보다는 저의 생각에 대해서 말한 것이 사실 이번이 처음입니다. 그리고 변화를 위해서 이런 과정이 필요하다고 생각합니다. 지금이 올바른 과정으로 가기 위한 시간, 바로 그것이 이유일 것입니다. 그리고 누가 뭐라든 이제 배리와의 어려움에서 벗어나는 것이 필요하다고 생각합니다. 당신도 알다시피 이러한 노력을 경주할 것입니다.

마이클: 좋습니다. 이제 우리가 다시 입장을 바꾸어야 할 시간이 된 것 같습니다. 이제 다시 자리를 바꾸어서 제가 배리와 인터뷰를 하겠습니다. 당신은 배리의 이야기를 들어주겠습니까?

펄스: 예, 알겠습니다.

마이클: 좋습니다. 배리, 당신이 펄스의 재진술을 듣는 가운데 당신의 관심을 끌었던 부분은 무엇이었습니까?

배리: (눈물을 지으며) 휴, 이것은 정말로 작은 충격이네요. 제가 어디서부터 시작하죠? 휴! 어떻게 펄스가 제가 만든 예술 작품에서 발견했던 기쁨을 인정할 수 있죠? 자, 보세요. 저와 선생님들과의 관계와 그리고 저의 인생에 있었던 조화로운 순간들, 바로 펄스가 말했던 것에 관해서 생각해 보길 원합니다. 펄스의 인생에서 그가 가지고 있던 소원에 관해서도요. 모든 것을 진실하게 보기를 원합니다. 그리고 이것은 당신도 알다시피 펄스가 직접

적으로 말했던 것은 아니었지만, 그것은 그의 음성과도 같은 것입니다. 저의 인생 가운데서 발생했던 일에 대해서 펄스가 진실로 행복했었다는 것이 제가 가지고 있었던 생각이었습니다. 저는 펄스로부터 이것을 들을 수 있다고 생각하지 못했습니다. 저는 정말로 잘 모르겠습니다. 휴!

마이클: 참으로 다양하군요. 저는 펄스를 위하여, 펄스에게 당신의 이야기 가운데 존재했던 이미지에 관해서 질문을 하였습니다. 펄스의 재진술이 당신이 가지고 있었던 인생의 이미지와 정체성에 관해서 당신의 관심을 끌지는 않았습니까? 그것이 당신의 인생에 대한 당신의 생각과 인식에도 도움을 주었습니까?

배리: 예, 무엇인가 분명하게 해 주었습니다. 아마 실제보다 더 깊은 인상을 주었을 것이라고 생각합니다. 제가 생각하기에 무엇인가 이러한 인식을 만들어 주었던 것 같습니다. 이것은 전에 가지고 있었던 것보다 더욱 강한 인식이었습니다.

마이클: 이러한 인식에 관해서 더 말해 주겠습니까?

배리: 그것에 관해서는 말할 것이 많이 있습니다. 저에게 시간이 필요하다고 생각합니다. 제 자신이 중요하다고 여기는 것과 사람들과 특별한 관계를 가지는 것에 관해서 말할 수 있습니다. 그리고 그것은 저에게는 매우 특별한 것입니다. 이것은 나의 어머니에 대해서도 많은 것이 생각나도록 만들어 주었습니다. 그분은 혼자 아이를 키우셨습니다. 우리는 많은 시간을 같이 있지는 않았지만 그분은 항상 제가 그분에게 특별한 아이라는 것을 알게 해 주셨습니다. 저도 항상 그녀에게 특별하였습니다. 그리고

그분은 항상 내가 누구인지에 대한 저의 존재를 알게 해 주셨습니다.

마이클: 당신은 펄스로부터 들었던 이야기를 하였습니다. 그리고 당신이 특별하게 깨달았던 인생에 대한 이미지도 말했습니다. 혹시 당신을 위하여 공명되는 부분이 있었습니까? 이것은 아마도 당신의 개인적인 내력과 조화를 이룰 수 있다고 생각합니다.

배리: 그것은 대답하기가 어렵지는 않습니다. 제가 어린 소년이었을 때 저의 인생과 미래에 대해서 꿈을 꾸곤 하였습니다. 매우 흥미로운 이야기였지요. 제가 기억하기로는 그 당시 그런 아름다운 꿈들로부터 깨어나고 싶지 않았던 것 같습니다. 그러나 청소년이 되면서 이러한 꿈들을 잃어 버렸고, 그 후에 매우 심한 외로움과 절망을 느끼게 되었습니다. 바로 그 시기에 저는 심한 비탄의 고통에 처하게 되었고, 저에게 일어나는 모든 일들이 다 절망으로 보였습니다. 그 이후에 다시 되돌아보면서 저는 무엇이 일어났는지 기억하게 되었습니다. 저는 지금 동성애의 모든 것, 바로 이러한 편협함에서 도망가고 있다는 것을 알게 되었습니다. 저는 저의 인생을 상실하고 말았습니다. 말 그대로 그렇게 살았던 것 같습니다. 많은 시간 동안 저 자신을 억누르고 살았습니다. 그것은 마치 벽을 치는 것과 같았습니다. 과거에 꾸었던 꿈들이 제인생에서 사라지고 말았습니다. 이것이 당신의 질문에 대한 저의 긴 답변입니다. 그러나 펄스의 이야기를 들으면서 저의 이러한 꿈들이 다시 살아나는 느낌을 받았습니다.

마이클: 우리가 이 대화를 마치기 전에 한 가지 질문을 더 하자면, 이

전에 제가 펄스에게 질문했던 것과 같이 전에도 그와 이러한 대화를 그와 나누었던 적이 있었습니까? 같은 질문을 당신들에게 물을 것입니다.

배리: 당신도 알다시피, 그것은 신기한 일입니다. 그러나 이것이 아주 오랜만에 찾아 온 것이라고 생각합니다. 어머니와 연결된 감정 말입니다. 그리고 저의 꿈들이죠. 이것은 저도 모르는 곳에 있었던 것이었습니다. 그것은 실제였습니다. 이것들에 관해서 말할 것이 아주 많습니다. 펄스의 말들이 저에게 언제 와 닿았는지 잘 모르겠습니다. 그러나 펄스의 말들은 제게 매우 커다란 부분을 차지하고 있습니다.

지금까지의 대화는 펄스와 배리 커플과의 여덟 번의 과정 가운데 첫 번째 과정이었다. 그들은 다음번 만남에서 펄스가 인정의식의 주인공 입장에 서 보는 시간을 가졌다. 배리는 펄스가 주인공의 입장에서 말하는 이야기를 듣고 생각하는 시간을 가졌다. 그리고 배리는 그를 지지했던 여러 선생님들 가운데 한 사람으로 사라를 선택하였다. 배리는 모임 가운데 사라가 추천했던 그에게 어울리는 복장을 착용하고 나왔다. 배리는 우리의 첫 번째 모임에서 발생했던 사건에 대해서 대화를 나누었으며, 다음 모임에서 그녀를 청중으로 초청하기를 원한다고 이야기했다. 사라는 이야기를 듣고 나서 자신에 대해 대화를 나누었던 것을 무척이나 영광스럽게 생각한다고 말했으며, 언제든 도움이 되고 싶다고 말했다. 사라의 이야기는 펄스를 통해서 구체화되었던 이야기였다.

펄스와의 상담에서 가장 중요하게 생각했던 주제는 무엇이었는가? 그것은 우리의 첫 번째 만남에서 외부 증인의 입장으로 펄스의 소원이 담겨져 있는 목소리를 듣는 것이었다. 나는 이 만남에서 몇 가지 질문을 하였는데, 이러한 질문은 펄스가 가지고 있는 소원을 이끌어 내기 위한 질문이었다. 그는 이러한 소원을 가지고 사람들과 관계를 맺고 있었으며, 이러한 질문 가운데 일부는 펄스의 인생에서 나타났던 소원이나 경험을 구체화하는 질문이었다. 이러한 질문에 반응하는 가운데 펄스는 그의 아버지에 관해서 말하였다. 펄스의 아버지는 신체적으로 건강한 사람이 아니었으며, 회계사로서 상당히 많은 일을 하고 있었다. 그의 인생은 마치 일에 중독된 사람과 같았다. 그러나 펄스가 자신의 인생에 나타난 소원을 묻는 나의 질문에 대답하는 가운데, 그는 특별히 아버지에 대한 이야기를 하였다. 나는 펄스와 그의 아버지와의 관계에 대해서 질문하는 것이 충분한 가치가 있을 것이라고 생각하였다. 그래서 펄스에게 그의 아버지와 가졌던 특별한 추억이 있었는지 물었다. 그들의 추억에는 펄스가 원하는 내용이 담겨 있으리라 생각했던 것이다. 펄스는 고등학교 졸업식을 기억해 냈고, 그때 아버지가 졸업식에 참석하였다. 아마 그때는 그들의 관계가 친밀했던 시기였던 것 같았다. 졸업식을 마친 후 펄스의 아버지는 그와 포옹했고, 눈물을 흘리면서 아들에게 아버지와 같은 일을 하지 말라고 말하였다.

시간이 흘러서 그 당시 펄스의 졸업식에서 있었던 아버지와의 경험을 말하는 것은 펄스의 인생과 정체성을 풍성하게 서술할 수 있는 재저술 대화의 진입으로 이끌어 주었다. 이러한 대화 속에서 몇 가지 생각할 부분은 펄스가 아버지와의 관계에서 그가 인정하고 선호하는 이야기에 기여할 수 있는 내용에 관한 것이었다. 즉, 펄스 아버지가 등장하는 것과 그렇지 않은 것 사이에서 펄스에게 미치는 영향에 관한 사항이었다. 이것은 또한 앞으로 상담을 깊이 있게 진행해 나갈 수 있는 동기가 될 수 있었으며, 펄스의 이야기에 대한 배리의 재진술이 평범한 것일지라도 또 다른 이야기가 되는 것이었다.

펄스와 배리는 데이비드 삼촌과 사라를 초청하였고, 그들은 다섯 번째 만남에 함께하였다. 펄스와 배리는 그들의 관계와 개인적인 인생의 발전에 관한 대화를 나누는 과정에서 데이비드와 사라가 외부 증인의 청중들로서 입장을 취하였다. 이러한 발전은 그들 모두를 만족시켜 주는 것이었다. 펄스와 배리의 관계와 관련하여 그들은 이제 서로에 대해서 더 깊이 있게 알아 갔으며, 서로 주고받는 식의 일방적인 관계가 아닌 서로 도움을 주고 베푸는 호혜적인 관계로 변했다고 말했다. 이제 갈등은 현저하게 줄어들게 되었고, 서로가 흥미로운 시간을 나누는 일들이 많아졌다. 그들은 여전히 어떠한 부분에 대해서는 일치하지 않는 부분도 있었지만, 그러한 상황 속에서도 서로가 논쟁하는 부분에 대해서 서로의 입장을 인정하고 이해하려고 노력할 수 있게 되었다. 또한 펄스와 배리는 데이비드와 사라가 그들의 인생에 끼친 영향들에 대해서도 대화를 나누었다. 데이비드와 사라가 청중의 입장에서 이야기를 할 순서가 되었을 때, 그들은 펄스와 배리의 관계에서 자신이 중요한 영향을 줄 수 있었던 사람들이었다는 사실에 대한 영광스러움을 말하였다.

우리의 상담 과정이 끝날 때 배리와 펄스의 관계가 해결할 수 없었던 만성적인 갈등의 요소들을 명확하게 파악하는 것이 필요했다. 나는 해결할 수 없는 용어들을 사용하면서까지 우리의 상담에서 갈등 해결에 초점을 두는 것은 아니라고 말했다. 나는 확실하게 우리의 만남 속에서 내 자신이 중재자로서 행동을 하거나 어떠한 갈등을 협상하고 타협하는 일에 내가 도움을 줄 수 없다는 점을 분명하게 명시하였다. 게다가 갈등 해결보다 내가 여기서 설명하고자 했던 접근이 앞으로의 갈등 해결에 기여할 수 있을 것이라고 말했다. 이러한 갈등의 해결은 커플 관계에서 파트너와의 풍성한 인생의 발전과 서로 간의 상호 의사소통의 과정을 존중히 여기는 자세를 통해서 어려움을 해결하기 위한 노력이다. 그리고 커플 관계 안에서 서로의 다양한 반응에 기여할 수 있는 관계적인 방식을 통하여 성취되는 것이다. 이러한 자세 속에서 펄스와 배리는 삼촌과 조카 또는 교사와 학생 그리고 교수와 학생—배리가 자신의 선생님들을 언급했던 것과 같이—으로 서로 협력하게 되는 것이다.

결 론

이번 글에서 나는 커플들이 오랜 시간 동안 경험하였던 갈등과 그들의 어려움을 소개하였다. 이러한 커플들과 상담을 하는 치료사들이 경험하는 어려움은 공통점을 가지기도 한다. 이러한 기원은 의사소통에 무언가 문제가 있다는 전제에서 출발하는데, 이러한 논리는 제2차 세계대전이 끝난 후 정보 기술 과학 시대에 들어와서 더욱 부각된 것이었다. 그리고 이러한 현상은 현대 서구 문화의 커플 관계에서 점점 발전되는 현상으로 인식되었다. 그 다음에 나는 오랜 시간 동안 관계 갈등을 경험하고 있는 커플들을 대상으로 하나의 접근을 소개하였는데, 그것은 이야기치료에서 '인정의식'과 '외부 증인의 입장 취하기'란 방식이었다. 이러한 과정의 접근은 전형적인 의사소통의 스타일을 대체하는 것으로, 현대 커플 관계에 대한 논의의 중지에도 기여할 수 있다고 생각한다.

나는 이러한 접근이 오랜 시간 동안 지속되어 심각한 갈등을 경험하고 있는 커플들의 문제들을 해결하는 데 도움을 제공해 줄 수 있다고 생각하였다. 나는 또한 이러한 접근이 갈등 해결을 넘어서 다른 관련성이 있다는 것을 발견하였다. 나는 지난 수년 동안 이러한 접근을 통해, 상담 과정에서 오랜 기간 동안 심각한 갈등을 겪고 있던 커플들뿐만 아니라 치료를 호소하는 모든 커플들에게도 적용하였다. 이러한 접근은 커플 관계 안에서 일반적으로 경험할 수 있는 어려움 가운데 많은 부분을 해결하는 데 효과를 보여 주기도 하였다.

참고문헌

Foucault, M. (1994). 'The social triumph of the sexual will'. In P. Rabinow (Ed.), *Michel Foucault: Ethics*. New York: Allen Lane-The Penguin Press.

Levenson, E. A. (1972). *The Fallacy of Understanding*. New York:

Basic Books.

O'Brien, M. (1981). *The Politics of Reproduction*. London: Routledge & Kegan Paul.

McNay, L. (1992). *Foucault & Feminism: Power, gender and the self*. Cambridge: Polity Press.

Myerhoff, B. (1982). 'Life history among the elderly: Performance, visibility and remembering.'. In J. Ruby (Ed.), *A Crack in the Mirror: Reflexive Perspectives in anthropology*. Philadelphia: University of Pennsylvania Press.

Myerhoff, B. (1986). 'Life not death in Venice: Its second life.'. In V. Turner & E. Bruner (Eds.), *The Anthropology of Experience*. Chicago: University of Illinois Press.

White, M. (1995). 'Reflecting teamwork as definitional ceremony.'. In M. White (Ed.), *Re-Authoring Lives: Interviews and essays*. Adelaide: Dulwich Centre Publications.

White, M. (1997). Definitional ceremony?. In M. White (Ed.), *Narratives of Therapists? Lives*. Adelaide: Dulwich Centre Publications.

White, M. (1999): 'Reflecting teamwork as definitional ceremony revisited?. *Gecko: A journal of deconstruction and narrative ideas in therapeutic practice:* #1. Reprinted In M. White, 2000: *Reflections on Narrative Practice: Essays and interviews*. Adelaide: Dulwich Centre Publications.

후주

1) 많은 여성주의의 학자들로서, 예를 들면 오브리엔(O'Brien, 1981)과 맥네이(McNay, 1992)는 남성 부권 중심의 사회 속에서 결혼과 가족 그리고 개인의 권리를 존중하는 현상의 발전과 연결시키는 작업을 하였다.

2) 다행히도 나는 첫 번째 방문을 위한 충분한 시간을 사용할 수 있었다. 그리고 이것은 배리와 펄스가 외부 증인의 입장을 취함으로써 다음 상담 시간에 대화를 나눌 수 있게 되었다. 그러나 나는 항상 이렇게 충분한 시간을 가지는 것은 아니었으며, 다음 상담이 그 다음으로 연기되는 그런 경우도 종종 있었다.

3) 나는 펄스의 재진술을 풍성하게 하는 경우에, 삼촌인 데이비드가 아닌 펄스가 배리의 표현 속에서 그가 보여 주었던 관심을 구체화하기 위하여 데이비드를 초청하는 것이 적절하다고 생각하였다. 만약에 펄스가 다음 모임에서 말할 준비가 되어 있지 않다면 나는 그가 삼촌인 데이비드의 입장이 되어 자기 자신에 대해서 생각해 보는 것이 비교적 쉬울 것이라고 생각하였다. 그리고 펄스에게 배리의 표현과 공명할 수 있는 데이비드 삼촌에 대한 펄스의 개인적인 경험에 관하여 생각할 수 있도록 격려해야 한다고 생각하였다. 이러한 과정은 삼촌인 데이비드가 펄스에게 보여 주었던 방식과 같은 것이었다.

02

여정의 은유

이번 장에서는 공동체 사역의 상황과 상담, 그리고 가르침에 대한 은유적인 의식과 카타르시스의 사용에 대한 소개를 하고자 한다. 이 글은 내가 덜위치 센터의 소장으로 참가했던, 2002년 6월 미국 애틀란타에 있는 스펠만 대학교에서 열린 국제 이야기치료 학술 대회 가운데, 저녁 강연을 하기 위하여 준비한 원고를 바탕으로 하였다. 그때 나는 전통적인 흑인 여자 대학교의 아름다운 캠퍼스에 전 세계에서 모인 많은 사람들 가운데 한 사람으로서 앞으로 어떤 경험을 할지에 대한 풍성한 기대와 예상을 가지고 있었다. 이전에는 이렇게 전통적인 흑인 여자 대학교에서 개최된 적이 없었으며, 행사의 참가자들과 주관자들 모두 지역 사회와 스펠만 대학교의 베네사 맥아담스 마흐무드의 환대를 받았다. 우리는 이 모든 일들이 무엇을 이끌어 나갈지에 대해서는 정확하게 알 수 없었지만, 우리가 여정을 함께했다는 자체만으로도 모두가 즐겁고 감사한 일이라는 것을 알고 있었다. 분명한 사실은 준비된 과정을 통해서 이러한 행사가 풍성하게 진행될 수 있었다는 점이다. 이 글에 대한 저술과 발표는 그때의 행사를 준비했던 한 부분이다. 20년이 흐른 지금 우리는 베네사 맥아담스 마흐무드, 배네사 잭슨 그리고 마쿵쿠 아킨예라가 스펠만 대학교에서 열렸던 학술대회에 우리를 초청하여 뜨거운 치유와 회복의 현장, 진심 어린 마음과 가슴 그리고 열정적인 현장을 경험하게 해 주었던 사실에 대해서 감사의 마음을 표현하고 싶다.

치료의 여정

나는 오늘 나와 상담하는 사람과의 첫 번째 만남을 앞두고 이전과 같이 기대와 이해하려는 마음과 함께 잘 될 것이라는 예상을 해 본다. 이것은 아주 오래된 여정이 아닌 무언가 새롭게 시작하는 하나의 여정과 같은 기대를 갖게 만든다. 과거와 같이 내가 전혀 예상할 수 없었던 목적지로, 나도 알지 못하는 행로를 따라 나를 데리고 가는 것과 같은 것이다. 이것은 내가 치료사로서 여행하는 환경이나 여정의 결과를 위하여 가지고 있는 책임감과 관련이 있는 이해이기도 하다. 그리고 이것은 인생에서 색다른 장소로 이동하는 것에 대한 기대의 마음을 고양시켜 줌으로써 내가 단순한 여정의 참가자 이상의 존재가 될 수 있도록 만들어 준다. 그리고 이러한 가능성은 다음과 같은 내용을 생각하도록 해 준다.

a) 항상 내가 이전과 같이 전형적으로 생각하는 것 그 이상을 생각하도록 해 준다.
b) 나의 정체성과 인생에서 고착되어 버린 이해를 다시 생각하게 해 주거나 이해의 지경을 확장시켜 준다.
c) 인생에 대한 나의 경험이 무시된 부분에 새롭게 관심을 갖도록 만들어 준다.

d) 내가 당연하게 여기는 질문과 고정된 생각에 변화를 준다.

e) 치료적인 실제를 위한 기술을 개발시켜 준다.

f) 아직 탐구되지 않았던 개인적이고 관계적이며, 공동체의 윤리적인 생각이 떠오르도록 도와준다.

보다 확실한 것은 미지의 과정 속에서 나를 예정하지 않았던 목적지로 이끌어 가는 이러한 만남의 잠재성을 설명하는 가운데, 나와 여러 문제들과 증상을 가지고 상담을 필요로 하는 사람들과의 만남은 항상 의미가 있으며, 개인적이고 전문적인 인생의 모습을 직면할 수 있도록 해 준다. 그리고 이보다 더한 것은 수년 동안 나와 상담하는 사람들이 그들의 인생을 나에게 이런 방식으로 공개해 주었을 뿐만 아니라 그들의 인생에 나를 포함시켜 주었던 것이다. 이러한 모습은 사람들이 나의 정체성의 많은 영역 가운데 등장하는 역할과 같을 것이다. 나는 그들을 나의 여행의 동반자로 간주하며, 나의 인생의 특징을 형성해 나가는 데 의미 있는 기여를 하였다고 생각한다.

내가 수년 넘게 사람들과의 만남을 통해서 얻게 된 특성을 생각해 보는 가운데, 잠시 기억할 수 있는 것은 나의 기억 속에 많은 이야기가 넘쳐 나고 있다는 점이다. 이러한 순간에 나는 헤롤드(가명)라고 부르는 한 소년을 기억할 수 있는데, 내가 1970년 애들레이드 어린이 병원에 근무할 때였다. 그 아이는 내가 상담 시간에 자전거 타는 모습을 보고, 나의 별칭을 '마이클의 자전거'라고 붙여 주었다. 헤롤드는 재빠르게 다른 아이들도 자기와 같이 따라하도록 격려하여 병원이 온통 아수라장을 방불케 하는 모습이 연출되기도 하였다. 갑자기 격리 병동이나 복도에서 '마이클의 자전거'라는 소리가 울려 퍼졌다. 이러한 소동 속에서 나는 헤롤드와 그 당시 병원에 입원해 있었던 많은 아이들에 의하여 조성된 따스한 온기와 같은 기운을 느낄 수 있었다. 나는 그 당시를 회상하면서 어떻게 이러한 모습을 통해서 병원에서도 집과 같은 온정을 느낄 수 있었는지 놀라웠다. 보통은 가정 이외의 다른 장소에서는 가정과 같은 그런 분위기가 느껴지기가 쉽지 않았기 때문이다.

헤롤드의 '마이클의 자전거' 사건은 내가 가지고 있었던 습관적이고 전형적인 사고방식의 체계를 흔들 수 있는 비형식화된 방식을 수용할 수 있도록 나에게 도움을 주었다. 나는 항상 그때의 경험을 기억하곤 하는데, 그 당시에 병원의 선임이었던 한 행정 직원이 나를 '마이클의 자전거'라고 부른 적이 있었다. 그녀의 말에 내가 깜짝 놀라자, 그녀는 재빨리 자신의 실수를 수습하고서는 정중히 사과하였다. 그녀는 다음부터 그렇게 말하지 않았다. 그때는 불편한 침묵이 흐르기도 하였으나 그러고 나서 우리는 갑자기 웃음이 터졌다. 그러나 그때 이후로 나는 그녀에게 계속해서 '마이클의 자전거'로 불리게 되었다.

가르침의 여정

여정에 대한 은유는 가족들과 상담을 했던 나의 경험과 관련된 것은 아니었다. 나는 이것이 가르침의 경험과 연관이 있다는 것을 발견하였고, 특별하게 내가 소그룹에서 가르쳤던 경험과 깊게 연관되어 있었다. 이러한 가르침의 경험은 여정을 감당하는 가운데 얻어진 나의 경험에 따라서 '내가 누구인가?'라는 질문 그 이상을 깨닫게 해 주는 기회를 제공했던 것이다. 다른 경험과 구별된 이러한 여정은 이야기치료의 의미를 알려 주는 나의 이해에 보다 풍성한 서술을 발전시켜 줄 수 있었으며, 이야기치료의 실제적인 기술이나 방식에 대해서 충분히 인식할 수 있도록 해 주었다.

그동안 덜위치 센터를 방문했던 많은 치료사들로부터 내가 얻었던 영감과 내가 생각했던 것들에 대해 고찰해 보면서 내가 알고 있었던 많은 사람들을 언젠가, 어디에서 만날 수 있는 기회가 있을 것이라고 생각하였다. 나는 사람들의 인정을 느낄 수 있었고, 우리에게 있어서 귀중한 가치와 주제를 서로 나눔으로써 우리의 인생과 작업의 이야기가 서로 연결되어 있음을 풍성하게 느낄 수 있었다. 이러한 요소들은 내가 낙심할 수 있는 여러 상황 속에서도 일을 감당할 수 있도록 만들어 주는 요인이 되었다.

공동체의 여정

여정에 대한 은유는 또한 공동체와의 상담 과정에도 적합하였다. 19세기 중반 이후 덜위치 센터의 우리는 사람들을 억누르는 다양한 문제들과 증상을 진술하기 위한 여러 노력을 기울이는 가운데, 공동체 안에서 많은 사람들과의 연대를 위하여 그들을 초청하였다. 나는 그들과 작업을 하면서, 내가 전에 상상할 수 없었던 많은 장소를 방문할 수 있었다. 예를 들면, 나는 공동체 안에 속해 있던 사람들이 가지고 있었던 그들의 경험을 목격한 증인이었다. 이러한 경험은 내가 전에 알 수 없었던 지식의 영역을 넓혀 주는 것이었다.

공동체의 구성원들은 내가 전에 결코 가져 보지 못했던 인식의 지경을 확장할 수 있도록 나를 격려하고 지지해 주었다. 그래서 내가 가지고 있었던 지경, 예를 들면 인식적 차원들과 지역적인 문화와 관련된 힘에 대한 특별한 인식이 포함되었는데, 이것은 보통 미약해서 종종 보이지 않는 것으로 간주되었던 것들이었다. 그리고 또한 이러한 경험은 새롭게 느껴지는 이상하고 흥분되는 것으로, 친숙하게 느끼는 나의 인생의 한 부분으로 나를 이끌어 갔다. 세상과 인생에 대한 나의 전제의 많은 부분을 해체하는 효과를 가지고 있었으며, 그동안 나에게 열려 있지 않았던 개인적인 경험이나 내가 소속해 있는 민족이나 문화를 기반으로 하는 새로운 관점을 갖도록 해주었다.

그리고 내가 가르침의 상황 속에서 동료들과 작업을 하는 가운데, 공동체와의 작업 속에서 예외적인 감각에 함유되어 있는 색다른 느낌들을 발견할 수 있었다. 이러한 느낌들은 내가 설명하기에 어려움을 경험했던 인생 속에서 새로운 인생을 사는 것과 같았다.

의미

사실 나의 인생에 직접적인 영향력을 미쳤던 공동체와 집단, 가족, 부부 그리고 개인과 대화를 나누는 방식에 적합한 이름을 찾기 위하여 나는 너무나 많은 노력을 기울였던 경우가 있었다. 나는 이러한 이름을 찾기 위하여 사람들이 생각하기에 적당하다고 여겨지는 의미와 연관된 경험이 항상 쉽게 달성되는 과제가 아니라고 생각한다. 종종 이러한 이름은 나와 상담을 했던 사람들과의 대화나 생각의 고찰을 통해서 나에게 주어지기도 한다. 나는 항상 이러한 의미들이 중요하다고 믿는데, 그 이유는 '이러한 경험이 어떻게 우리를 생각하게 하느냐?' '어떻게 우리가 이러한 경험의 의미를 고려할 수 있느냐?' '우리가 어떠한 자세를 취하게 되느냐?' '어떻게 우리가 반응할 수 있느냐?'에 달려 있기 때문이다. 우리의 인생에 대한 이러한 의미의 속성은 내가 생각하기에 의미 있고 중요한 책임성을 가지고 있다고 생각한다.

이러한 생각과 반영에 대한 강조와 의미의 속성에 대한 관심은, 나의 관점에서 볼 때 이야기치료의 배경이 되는 후기 구조주의의 정서와 연결되어 있다. 간단하게 말해서 이러한 입장에 따르면, 인생의 모든 표현은 의미와 경험의 단위가 된다는 것이다. 그리고 인생에 대한 이러한 표현은 우리의 인생을 구성하기도 한다. 실제로 이러한 표현은 우리의 인생을 구성해 나간다. 이러한 입장은 우리의 관심을 의미에 대한 중요성으로 이끌어 주며, 우리의 도움을 필요로 하는 사람들과의 대화 속에서 우리가 어떠한 경험을 가지고 있느냐에 따라 달라질 수 있다. 그리고 이러한 방식 속에서 우리는 이러한 경험에 대한 우리의 표현을 만들어 가며, 우리가 가지고 있는 책임감으로 우리의 관심이 집중된다. 따라서 우리는 공동체의 사역자로서 하고 있는 작업의 경험과 이러한 의미에 대하여 표현하는 방식에 대한 책임감을 가지고 의미를 찾기 위하여 노력하는 것이다.

치료적 대화의 잠재성과 필요한 책임성을 인식하는 태도는 우리가 이러한 치료적 대화의 결과에 대한 그 이상의 존재라는 사실로 이끌어 준다. 그리고 의미를 만들어 내기 위하여 우리가 가지고 있는 책임성은 점차로 윤리적 책임성으로 변하게 된다. 그 이유는 우리가 실제로 행동하는 자아와 관계적으로 구성되는 행동이 치료의 과정에 등장하기 때문이다.

그러나 나는 이런 사실을 진술함으로써 후기 구조주의의 생각이 오늘날 발전된 세상 가운데서 등장하고 있다는 사실을 인정하기를 바란다. 다른 생각이 쉽게 받아들여지는 것과는 달리, 위에서 언급한 그런 생각이 쉽게 얻어지는 것은 아니라고 생각할 수 있다. 그것은 별개의 윤리적인 사항으로 인식될 수도 있다. 아마도 자유를 높이 생각하는 현대인들의 생각에 부합할 것이다. 이러한 평범한 생각 속에서 치료적 대화는 치료의 현장에서 치료사들이 소유하고 있는 정체성과 인생의 지식에 의하여 인도되기도 한다. 이러한 인생과 정체성의 지식은 현대 합리주의자들에 의하여 전달될 수 있으며, 이것을 가리켜서 '인간 존재의 법'이라고 표현하기도 한다. 이러한 도식에 의하면, 치료적인 상황은 치료사와 상담하는 사람들을 위한 가능성을 제공하는데, 그것은 단지 그들이 누구인지가 아닌 그들이 진정 누구인지 그리고 그들이 '인간 존재'의 적절한 표현을 위하여 그들의 인생을 인정하는 것이다. 이러한 생각에 의하면 치료사는 인생과 정체성에 의한 지식의 기관과도 같으며, 모든 일들이 계획대로 진행될 때 치료사는 자신의 치료적인 현장에서 기존의 관점을 계속해서 붙잡게 된다.

후기 구조주의 인간 존재에 반대하는—보편적인 생각에 역행하는—이러한 방식에 몰두하는 것은 현대 세상에서는 매우 어려운 작업일 수 있다. 그리고 이것은 의미에 대한 일종의 틀을 만들어 내는 자원을 가질 수 있도록 함으로써 이러한 대화가 과연 우리가 누구인지에 대한 그 이상을 인식할 수 있는 가능성을 제공해 준다는 것이다. 우리가 의미를 만들어 내는 데 도움을 주는 많은 방식이 있다. 이러한 방식은 이러한 대화 속에서 우리가 경험하는 잠재성에 대하여 인정할 수 있도록 도움을 준다. 나는 여기서 다음 두 가지를 논의할 것이다. 그 두 가지는 내가 이번 글에서 표현하기 원하는 여정의 은유에 적합하다고 생각한다.

카타르시스

이러한 생각의 첫 번째는 카타르시스의 은유다. 여기서 나는 무엇으로부터 벗어나거나 해방시키는 개념으로서 카타르시스의 현대적인 의미를 설명하는 것이 아닌, 이러한 생각에 관한 고전적인 이해에 기초하여 내가 가지고 있는 생각을 말하고자 한다. 이러한 카타르시스의 이해는 인생의 드라마와 같이 강력하게 표현하는 것과 연관되어 특별히 희랍적인 비극의 개념과 관련이 있다고 말할 수 있다. 나는 이러한 카타르시스의 개념이 적절한 은유적 표현이 될 수 있다고 생각하는데, 그 이유는 우리의 치료적인 상황, 예를 들면 치료적 대화, 가르치는 현장 그리고 공동체와의 작업에서 우리가 목격하는 인생의 드라마에 대하여 우리가 가지고 있는 반응에 기인하기 때문이다.

이러한 고전적인 개념에 의한 경험이 바로 카타르시스다. 만약에 한 사람이 어떤 것에 의하여 움직이게 된다면 그것은 단지 감정적인 경험 이상이면서 그 어떤 새로운 교감이 이루어졌다는 의미가 될 수 있다.

a) 개인의 인생과 내력 그리고 정체성에 대한 새로운 관점을 갖는 것
b) 개인의 내력에서 무시된 영역에 다시 관심을 돌리는 것
c) 이전에 알고 있었던 것이 아닌 경험의 새로운 의미를 만들어 내는 것
d) 이전에는 고려되지 않았던 개인의 인생에서 본격적인 과정을 시작하는 것
e) 개인의 고정된 생각을 넘어서 그 이상을 생각해 보는 것

이러한 카타르시스의 은유 안에서 우리가 하고 있는 작업들을 생

각해 보는 가운데, 우리의 관심은 사람들이 자신의 인생에 대한 경험을 표현하는 것과 관련이 있는 강력한 요소가 무엇인지에 대하여 다음 내용을 살펴보는 것이다.

a) 우리를 위하여 공감을 불러일으켜 줄 수 있는 것
b) 우리에게 다가갈 수 있는 것
c) 우리의 상상을 사로잡을 만한 것
d) 우리의 호기심을 촉발할 만한 것
e) 우리의 매력을 환기시켜 주는 것

사람들의 표현과 연관되는 이러한 관심은 보통 사람들의 표현에 의하여 생성된 우리의 정체성이나 인생에 대한 이미지, 생각에 의하여 수반되는 것이다. 이러한 인생과 정체성의 이미지는 종종 은유적인 표현 속에서 풍성하게 나타난다. 그리고 인생의 내력 안으로 투사되기도 한다. 마치 파도의 물결과 같이 이러한 파도는 공명을 만들어 내는데, 인생 경험의 표면에 와 닿는 것과 같은 것이다. 그 안에는 우리의 인생 가운데 종종 무시된 영역이 우리와 상담하는 사람들의 경험과도 공명이 되는 것이다. 이러한 표현에 의하여 발생되는 인생과 정체성의 이미지와도 공명이 된다.[1] 이러한 경험은 기억을 불러일으켜 주는 주제를 가지고 상담을 요청하는 사람들의 인생과 연계되어 우리의 인생의 감각을 촉진한다.

게다가 카타르시스의 은유적 상황 속에서 서로에게 전달되는 감각을 우리가 인정하고 구체화하는 것을 가능하게 해 준다. 우리의 치료적 대화는 우리가 예상하지 못했던 부분까지 접근할 수 있도록 만들어 준다. 그리고 우리가 그것을 인정할 수 있도록 도와주며, 인생의 강력한 표현 속에서 설령 우리가 이러한 표현을 목격하지 못하더라도 인생과 정체성의 한 부분으로 인식할 수 있도록 해 준다.

이렇게 구체화되고 분명하게 인식할 수 있는 공명은 윤리적인 실제와 관련한 새로운 가능성을 불러일으켜 준다. 더불어 우리가 다음과 같은 경우에서 어떻게 이러한 경험을 표현할 수 있는지에 대한 탐구를 보여 준다.

a) 우리와 상담하는 사람들의 이야기를 구체화할 수 있도록 만들어 주는 것
b) 우리와 상담하는 사람들이 살아 온 경험과 인생의 도식으로 대화의 본질을 유지하는 것
c) 치료적 상황 안에서 '또 다른 사람들'로서 우리 자신을 경험하는 것을 통해서 우리가 느끼는 소외감의 감정을 줄여 나가는 것
d) 치료적인 실제에서 윤리적인 자아와 관계를 구성하는 활동의 발전에 기여하는 것

인생의 통과의례

인생의 통과의례에 대한 은유는 치료적 대화 속에서 우리가 경험하는 잠재적인 움직임 또는 움직임의 새로운 인식이라고 할 수 있는

의미를 가지도록 또 다른 틀을 제공해 준다.

그래서 내가 여기서 언급하고자 하는 것은 세 가지 지점으로 구성된 인생의 통과의례를 경험하는 것이다. 먼저는 '분리'의 지점, '처음과 중간'의 지점, 그리고 '재협력'의 지점이다(Turner, 1969). 처음의 지점은 인생에 있어서 특별한 상태로서, 친숙하게 알려져 있는 지점으로부터의 분리라고 할 수 있다. 이러한 분리의 상황 속에서 개인의 고정된 생각은 흔들리게 된다. 분명한 것은 우리에게 있어서 친숙하게 알려져 있는 것이 더 이상 없다는 것이다. 그리고 당연하게 여기는 것도 더 이상 존재하지 않는다. 이러한 분리는 다양한 상황과 계획 그리고 아무런 계획도 갖지 못하거나 사람들에게 인정을 받거나 또는 받지 못하는 것으로 생각할 수 있다.

이러한 분리는 사람들을 또 다른 지점으로 이끌어 가는데, 종종 이러한 지점은 높은 기대나 혼란의 시간들 그리고 절망적인 상황에 의하여 그 특징이 나타날 수 있다. 이때 절망이 발생하거나 희망하는 상황이 되지 못할 때 사람들은 더 이상 인내할 수 없게 된다. 이런 경우가 발생하게 되면 사람들은 인생에서 보통으로 생각하던 실제와 이전에 친숙했던 것에 다시 매달리게 된다. 그리고 옛날의 분명하고 확실했던 내용에 의존하며, 자신의 여정 가운데 미숙했던 시간들이 끝나기를 바라는 마음이 생긴다. 그러나 이러한 어려움은 인생의 통과의례로, 처음 시작하고 그 다음에 진행하는 상황으로 이해될 수도 있다. 그리고 점차로 이러한 불편함도 인내할 수 있으며, 그 자체로 여정을 즐기게 된다. 이러한 불편함의 이해는 사실에 대한 인식을 불러일으켜 주는데, 항상 친숙하고 당연하게 여겼던 지점으로부터의 분리와 새롭게 경험되는 정체성과 인생의 지점 사이에 거리가 존재하게 된다.

그리고 마지막은 재협력의 지점이 있다. 마치 사람이 새로운 지점에서 인생의 또 다른 장소에 도착한다는 마음을 가지는 것이다. 이러한 새로운 지점은 정체성과 인생의 신성한 이해나 자아에 대한 수정된 느낌, 인생의 또 다른 이해, 새로운 감각 그리고 세상을 살아가는 인생의 방향 설정과 관계가 있다. 이러한 질문을 통하여 공식적인 인정을 받거나 또는 풍성하게 알려져 있는지 상관없이 이러한 인정은 축하와 기념의 상황을 만든다. 이러한 공식적인 인정은 새로움을 위한 인내를 이끌어 내는 것이다.

복잡성

나는 카타르시스와 인생의 통과의례에 대한 은유가 후기 구조주의의 사상과 접맥할 수 있다고 제안하였다. 이러한 은유는 다음의 사항을 위한 틀을 제공해 준다.

a) 우리가 경험을 표현하는 것과 우리의 작업에 적합한 의미를 찾기 위한 가능성을 위하여
b) 우리가 진행하는 대화의 결과로서 또 다른 자신의 존재가 되기 위한 치료적 대화의 잠재성을 인식하기 위하여
c) 우리의 치료적 대화와 자아 그리고 관계를 구성하는 활동을 형

성하는 가운데, 우리가 가지는 윤리적 책임성에 접근하기 위하여

후기 구조주의의 사상에 집중하기 위하여 우리가 추구했던 방식과 분리한다면, 이러한 틀은 고정되지 않은 방식을 발견할 경우에 도움이 될 수 있다. 이러한 방식 안에서 안정감을 찾는다는 것이 처음에는 어려울 수도 있다. 우리의 인생과 작업에서 이러한 움직임에 대한 잠재성을 인식하는 것이 항상 자연스러운 것은 아니다. 이러한 경험은 항상 새로운 가능성의 느낌과 연계되는 것이 아니며 높은 기대를 불러일으키는 것도 아니고 기쁨과 연관되는 것도 아니다. 이러한 경험은 처음에는 항상 환영을 받지 못한다. 사실 이러한 분위기 속에서 우리가 매우 어려운 입장을 취하는 것을 발견하기도 한다. 그리고 우리의 작업을 구체화하는 노력에 부정적인 역할을 할 경우도 있다.

예를 들면, 때때로 인생에 관하여 우리가 하는 작업 가운데 당연하게 여기는 생각이나 고정된 생각이 존재하는 경우가 있는데, 때로는 이러한 생각에 직면했을 때 우리는 불안이나 실망, 비참함, 굴욕, 상치, 당황스러움 그리고 비탄과 괴로움의 상태에 빠지는 것을 발견할 수 있다. 이러한 경우에 우리의 즉각적인 반응은 인생에 관하여 우리가 친숙하고 당연하게 여기는 '사실'로 복귀하는 가운데 미숙한 상태로 주저한다는 사실이다. 이러한 반응 속에서 우리가 붙들기를 원하는 신념이나 가치에 반대하는 개념을 다시 불러일으키는 우리 자신을 발견하게 된다. 이러한 경우에 우리는 우리 자신에 대한

감정의 홍수에 빠지는 것을 경험한다.

또 다른 경우에 우리에게 해를 입히거나 우리 자신을 부적합하게 만드는 인생의 경험을 포함한 고통스러운 기억을 더듬어 가는 대화를 발견하게 된다. 우리가 이러한 경우에 직면하게 될 때, 우리가 할 수 있는 즉각적인 반응은 서둘러서 일을 끝내려고 한다는 것이다. 그리고 우리의 도움을 요구하는 사람들의 필요성에 대하여 부정적인 해석을 내리는 경우도 있다. 결말을 이끌어 내기 위한 우리의 노력이 성공하게 되면 그때 우리의 인생 가운데서 추구하는 새로운 시도는 서서히 자리를 잡게 된다.

쥬디

슈퍼비전을 위한 만남에서 쥬디는 자신에게 의뢰된 한 가족과 상담을 진행하면서 그녀가 발견했던 내용에 관해서 말하였다. 그 가족과의 대화 속에서 쥬디는 '부정적인 심리적 반동'으로 묘사할 수 있는 고통스러운 상태를 경험하였다. 그녀는 이것을 어떻게 이해해야 할지 잘 몰랐으며, 대화 속에서 이러한 반응에 어떠한 설명이 가능할지 도무지 인식할 수 없다고 말했다. 이런 점을 해결하기 위한 쥬디의 노력 속에서 그녀는 가족 구성원의 동기에 대한 부정적인 해석을 조절해 나가기 시작하였다. 그러나 그녀는 자신의 가치에 부정적인 의미를 줄 수 있는 행동을 하고 있다고 느꼈다. 나는 카타르시스의 은유에 의하여 제공된 의미를 경험하도록 그녀를 초청하였다. 그리고 그녀에게 다음과 같은 행동을 하도록 격려하였다.

a) 가족 구성원의 표현에 대해서 그녀가 반응할 수 있는 사항을 인식해 보는 것
b) 이러한 표현에 의하여 발생될 수 있는 정체성과 인생의 이미지를 묘사해 보는 것
c) 그녀가 살아 온 경험—공명을 만들어 낼 수 있는—의 내력에 관하여 성찰해 보는 것
d) 잠재적으로 그녀에게 감동을 줄 수 있는 방식을 고찰해 보는 것

쥬디는 자신의 반응을 생각해 보면서 그 가족 구성원이 그들의 부모에 의하여 자신이 수용 받는 경험을 하였다는 것을 알게 되었다. 여기서 떠오르게 된 이미지를 묘사하는 가운데 그러한 이미지와 공명되는 그녀의 인생의 내력을 살펴보면서, 쥬디는 어떻게 그러한 부분이 자신의 인생 속에서 또 다른 의미를 깨닫게 하였는지 알게 되었다. 그녀는 자신의 기억 속에서 부모로부터 경험했던 고통스러운 거부감의 기억이 떠올랐기 때문이다. 이러한 거부감이 그녀에게 왜 고통스러운지 그리고 그러한 고통이 이 가족과의 만남 속에서 새삼 떠오르게 된 것이 무엇인지에 대하여 질문하였다. 이러한 나의 질문에 그녀의 반응은 '인정과 수용을 위한 몸부림'이 느껴지는 애절한 목소리로 말해 주었다. 이것은 그녀가 인식적으로 느끼지도 경험하지도 못했지만, 인정과 수용에 대한 그녀의 간절한 희망이었던 것이다.

쥬디는 계속된 좌절이 있었음에도 불구하고 그러한 소원을 선호했기 때문에, 나는 그녀의 인생에서 어떻게 그녀가 희망했던 사항을 계속해서 붙잡을 수 있었는지에 대한 호기심을 갖게 되었다. 몇 가지 논의들을 마친 후에 쥬디는 자신과 학교 친구들 가운데 그들의 부모와의 관계를 회상하였다. 학교 친구들의 부모는 그들의 인생 속에서 쥬디에게 사랑과 애정을 줄 정도로 쥬디를 용납하고 수용해주었던 사람들이었다. 그러나 쥬디가 다른 도시로 가면서 갑자기 관계가 중단되었다.

쥬디는 자신이 다녔던 학교 친구들 부모의 소재를 찾는 것이 가능하다고 생각하였다. 그녀는 어린 시절에 그녀 자신을 한 소녀로서 인정하고 수용해 주었던 그분들의 행동에 대해서 매우 진지하게 생각하였다. 그녀는 그러한 행동이 자신이 가지고 있었던 소원과 열린 마음 그리고 지금의 인식을 제공해 주었다고 믿었으며, 이것은 여전히 중요한 방식으로 느끼고 있었다. 그녀는 이것을 인정하기 위한 방법을 구상해 보았고, 적절한 방식으로 새롭게 자신에게 의뢰된 가족 구성원에게 인생에서 가져 보았던 경험의 방식으로 접근하기로 생각하였다.[2)]

나는 '카타르시스의 은유'와 '인생의 통과의례의 은유'가 힘들고 어려운 경험이 될 수 있지만, 여전히 지지해 줄 수 있는 상황을 제공할 것이라고 생각한다. 다음 은유를 생각해 보는 것은 다음 사항에 기여할 수 있을 것이다.

a) 고통스러운 경험 가운데서도 우리에게 요구되는 의식의 존재

b) 참을 수 없는 것을 참을 수 있도록 만드는 우리의 능력
c) 여정의 미숙한 결론에 저항하기 위한 우리의 선택
d) 이번 장에서 설명하는 윤리적인 책임성에 적합한 방식으로 반응하기 위한 우리의 능력이나 발전

모 임

나에게 이것은 모임의 주제를 일깨워 주는 것이다. 가족이나 집단, 그리고 공동체와의 모임과 가르치는 현장 가운데서 우리는 상상할 수 없는 방식으로 우리에게 전이되는 잠재성이 있다. 이러한 모임에 참석한 결과로서 우리에게 전이되거나 우리가 예상할 수 없었던 방식이나 주어진 결과 이상의 많은 가능성이 있다. 이러한 과정 속에서 다음 내용을 경험할 수 있다.

a) 우리의 의식과 상상력을 확장시킨다.
b) 우리가 다르게 생각할 수 있는 지경까지 생각하도록 우리를 초청한다.
c) 새로운 방식 안에서 우리의 내력과 연결한다.
d) 세상 속에서 과거에 우리에게 일어난 적이 없었던 행동을 위한 가능성을 이끌어 낸다.

이러한 경험 가운데 일부는 문화와 인종, 계급, 이성애, 성 그리고

성적인 정체성에 관하여 광범위하게 알려져 있거나 친숙한 것에 대한 도전들도 포함되어 있다. 이것들의 일부는 자연스럽기도 하고, 기쁨과 축하의 근원이 되기도 한다. 그러나 일부는 어렵거나 또는 세상에서 외면을 당하는 경우도 있다.

이러한 힘든 경험은 일반적으로 알려져 있는 것을 주장하는 것과 여정의 미숙한 결말에 대해서 또 다른 희망을 불러일으키는 의미들을 잠재적으로 내포하고 있다. 나는 잠재적으로 이런 면에 대해서 논의를 하더라도 이것은 불가피한 것이다. 이러한 경험은 우리 인생의 표현에 주어진 결과와 의미를 형성해 내는 책임감에 관심이 없다면 결코 포함되어 있지 않을 것이다.

나는 불편한 경험과 관련하여 카타르시스의 은유와 인생의 통과의례를 둘러싼 경험을 구성하는 것은 우리가 견디지 못하는 상황 속에서도 여전히 견딜 수 있도록 도와줄 수 있다고 확신한다. 또한 이러한 은유를 둘러싼 경험을 구성해 나가는 것이 우리의 인생과 작업 가운데서 지속적인 영감을 제공해 줄 것이라고 확신한다.

나는 이번 장을 마치면서 우리 모두가 앞으로의 모임들에 초청하는 글을 쓰고자 한다. 그리고 이것은 다음과 같은 도움을 제공해 줄 수 있을 것이라고 생각한다.

a) 하나의 결과로서 우리가 누구인지보다는 또 다른 존재의 방식에 대한 높은 인식
b) 우리가 예상할 수 없었던 목적지를 향한 여정의 과정과 계획
c) 어떻게 우리가 이러한 모임 안에서 경험을 표현할 수 있는지와

이러한 사건에 대한 경험에 의미를 부여하는 것

d) 우리에게 편안하지 않을 수 있는 여정의 항해

e) 우리가 직면하는 사건 속에서의 개인적인 공명과 인생의 이미지에 대한 의식

f) 우리가 이미 가지고 있던 입장과 인생을 접촉하는 방식에 대한 적합한 인정

참고문헌

Bachelard, G. (1969). *The Poetics of Space*. Boston: Beacon Press.

Turner, V. (1969). *The Ritual Process*. New York: Cornell University Press.

후주

1) Gaston Bachelard(1969)는 몽상의 이미지에 대한 상반되는 역사를 서술하면서 '공명'과 '반영'의 형태를 언급한다.

2) 쥬디는 간헐적으로 이러한 가족 구성원과의 만남을 다음과 같이 설명하였다. "이러한 행동은 가족 구성원이 서로에 대해서 깊이 있는 관계를 발전시켜 나가는 데 도움을 준다. 자신의 인생에 관한 자녀의 결정을 수용하고 감사하는 가운데 부모에 의하여 내려진 결정들도 포함되었다. 그리고 수용과 감사에 대한 자녀들의 개방적인 마음과 반응도 포함되었다. 다양성을 인정하는 가운데 서로 간의 유대 관계에 대한 경험이야말로 이 가족 구성원의 치료를 요구하는 문제에 대한 해결책을 제시하는 데 일조하였다."

03

민족 심리학과 이야기치료

이번 장의 첫 번째 부분에서는 우리가 '민족 심리학'에서 말하는 인생과 정체성의 역사적 전통에 대한 이야기치료의 실제적인 부분과 그 관계성을 살펴볼 것이다. 이러한 전통은 현대 심리학에 의하여 광범위하게 통용되는 것으로, 사회 과학이 1960년대 말과 1970년대 초 '해석학적인 전환기'로 불리는 시대를 통하여 재진술되었던 것이다. 나는 이야기치료의 질문이 민족 심리학의 전통 안에서 그리고 이러한 해석학적인 전환기라는 상황 속에 위치할 수 있는지에 대한 생각을 다루려고 한다. 두 번째 부분에서는 민족 심리학의 전통에 의하여 제기되는 치료적인 실제에 관하여 제시하려고 한다. 마지막 세 번째 부분에서는 문화와 역사 그리고 치료적인 실제를 위한 이러한 생각의 적용에 초점을 맞출 것이다. 이러한 탐구를 시작하기 위하여 상담가로서 나는 폴(가명)과의 치료적 대화를 설명하면서 전개해 나갈 것이다.

민족 심리학

폴

폴(가명)은 자신이 하고 있는 일에 대한 염려로 나에게 상담을 요청하였다. 그는 지역 사회에서 상담가로 일하고 있는데, 주로 이성애 부부들을 상대로 상담하고 있었다. 그는 자신이 하고 있는 일에 대해서 만족하고 있었지만, 최근에 그는 이성애 부부들과의 관계에서 주로 남성 배우자들의 표현에 대하여 불편한 감정을 느끼고 있는 자신을 발견하게 되었다. 그가 느끼고 있었던 불편한 감정은 염려와 자신감의 결여에서 비롯된 것이었다. 결국 그는 자신의 '미해결된 과제'의 결과로 인한 의식 깊은 곳에 두려움과 불안이 자리 잡고 있다는 결론을 내리게 되었다. 그가 말하는 미해결된 과제는 그를 매우 힘들게 하였고, 확신하지 못하는 마음이 들게 했으며, 자신이 하는 일에 대하여 깊은 절망으로 그를 내몰고 있었다. 뿐만 아니라 이러한 미해결된 과제의 존재는 폴이 사람들과의 상담에 대한 회의감마저 불러일으키고 말았다.

폴: 저는 지금도 불안감을 떨쳐 버릴 수가 없습니다. 때때로 이러한 불안감은 단순한 불안 그 이상이기도 합니다. 저의 내면에서 깊은 염려와 공포가 몰려오기도 하였습니다. 제가 하고 있는 일 때문에 심각한 회의를 갖고 있습니다. 심지어 이런 생각도 하였

는데, 그것은 제가 이 일을 하는 것이 제 자신을 병들게 만든다는 것이었습니다. 이런 좋지 않은 이유로, 저는 매우 부정적인 생각을 품고 있습니다. 해결되지 않은 과제를 통하여 부정적인 생각을 품고 상담을 하는 것은 제 자신에게도 영향을 미치고 있습니다. 이것은 저에게는 너무나 힘들고 어려운 일입니다.

마이클: 당신이 가지고 있었던 부정적인 생각에 대해서 좀 더 말해 줄 수 있겠습니까?

폴: 예, 그것은 아마도 아버지와의 미해결된 관계에서 비롯된 것 같습니다. 저는 지금도 이러한 영향 속에 놓여 있는 것 같습니다. 이것을 의식할수록 저를 더욱 힘들게 하고 있습니다.

마이클: 당신은 그런 생각을 오랜 시간 동안 하고 있었습니까?

폴: 예.

마이클: 그런 생각을 하고 있는 것이 때로는 도움이 되었습니까?

폴: 전혀 그렇지 않았습니다. 사실 거의 도움이 되지 않았지요. 제가 어떻게 대답을 해야 할지 모르겠습니다.

마이클: 우리 잠시 뒤로 물러서서 다시 생각해 볼까요? 당신이 그런 감정을 느낄 때 당신은 사람들에게 어떻게 반응해야 할지 난감함을 느낀 적이 있었습니까? 사람들과 대화를 하면서 당신이 경험했던 생각은 무엇이었습니까? 당신이 말한 두려움이나 염려 이외의 다른 생각도 가지고 있었습니까?

폴: 저는 단지 그것뿐이라고 생각합니다. 그리고 그런 생각이 혹시 저의 상상에서 기인한 것은 아닌지 생각해 보았습니다.

마이클: 마치 무엇과 같은 것이지요?

폴: 흠, 글쎄요. 어떤 확실한 단어나 음성인 듯 싶습니다. 아마도 어떤 행동일지도 모르지요. 제가 말한 것처럼 그것은 아주 작은 것일 수도 있습니다. 작은 것들이 아주 많이 모여서 그렇게 만들어지는 것 같습니다. 마치 제가 항상 불안한 상태나 긴장 가운데 있는 것처럼 말이지요.

마이클: 긴장 상태라, 좀 더 말해 주겠습니까? 당신은 미해결된 과제라고 말했습니다. 그리고 당신은 아버지와 연관이 있다고 말했습니다. 제가 생각해 볼 수 있는 것은 당신이 느끼는 그런 긴장 상태와 같은 느낌을 어린 시절에도 가지고 있었습니까?

폴: 글쎄요, 아마 그런 것 같습니다. 아마 아버지와의 관계에서 발생했던 것 같습니다. 그것은 엄청난 문제였습니다. 점점 심해져 갔던 것 같습니다. 이러한 관계가 무언가 저에게 위험하다는 신호를 보낸 것 같습니다.

마이클: 당신의 어머니와도 관계가 있습니까?

폴: 당신이 말하는 것은 어머니도 제가 느끼고 있었던 위험에 대하여 같은 생각을 가지고 계셨는지에 대한 말씀입니까?

마이클: 아닙니다. 그것보다는 어머니께서도 당신과 같은 그런 감정을 느끼셨는지 물어보는 것입니다.

폴: 예, 그럴 것입니다. 제가 생각하기에 어머니와 저는 동일한 감정을 느끼고 있었고, 이것이 서로에게 도움이 되었던 것 같습니다. 우리는 동일한 경험을 하였지요.

마이클: 그러면 당신이 느꼈던 그러한 위험 신호에 반응하기 위하여 취했던 행동은 무엇이었습니까?

폴: 우리는 아무것도 할 수가 없었습니다. 어머니께서는 때때로 아버지의 기분을 맞추려고 하셨습니다. 저도 마찬가지였습니다. 저는 항상 어머니에 대한 걱정이 많았습니다. 어머니를 생각할 때마다 어머니의 기분을 살피는 것이 우리가 처했던 위험에서 벗어날 수 있는 하나의 방법이라고 생각하였습니다. 그러나 그것만으로 충분하지 않았습니다.

마이클: 당신과 당신의 어머니는 서로를 위한 감정에 솔직했군요. 그런 감정은 때론 잠재적인 위험을 내포하고 있기도 하지요. 당신은 자신의 감정에 민감하려고 노력했던 것 같습니다. 그리고 당신은 당신이 할 수 있는 제한된 범위 안에서 지지를 보여 주었군요.

폴: 우리는 함께할 수밖에 없었습니다. 그러나 (눈물을 흘리며 기침을 하면서) 그럴 수밖에 없었습니다(눈물을 훔친다.).

마이클: 당신이 흘리는 눈물에 대해서 당신이 가지고 있는 생각이 있다면 그것은 무엇입니까?

폴: 예. 어머니에 대한 생각은 어머니께서 무엇을 하셨는지 그리고 얼마나 힘드셨는지에 관한 것입니다. 더불어 어머니께서 하셨던 일들에 관해서입니다. 우리가 가지고 있었던 서로에 대한 연결이지요.

마이클: 당신이 나와 상담을 하는 것에 대해서 당신 어머니의 생각은 어떻습니까? 지금 제가 듣고 있는 것을 어머니께서도 들으신다면 어떻게 반응할 것이라고 생각합니까?

폴: 저에 대해서 많은 생각을 하실 것이라고 생각합니다. 그리고 어머

니 역시 저를 위하여 걱정하실 것 같습니다(울기 시작한다.).

마이클: 만약에 당신이 상담 일을 하는 것에 대하여 제가 어머니의 의견을 물어 본다면 어떤 이야기를 하실 것이라고 생각합니까?

폴: 글쎄요. 어머니께서는 아마도 저의 결정을 존중해 주시지 않으실까요? 물론 항상은 아니지만요. (계속 눈물을 흘리며) 때로 그분은 저를 힘들게 하셨지요. 아마도 그분은 "괜한 헛소리하지 마라."라고 말하실 것 같습니다.

마이클: 만약에 어머니께서 당신이 하는 상담의 일에 대해서 생각을 해 보고 당신의 일에 대해서 별로 중요하게 생각하지 않으신다면 무엇이라고 말씀하실 것 같습니까?

폴: 예, 실제로 어머니도 제가 상담 일을 하고 있다는 것을 알고 계십니다. 어머니께서는 모든 사람들이 잘 되는 것이 바로 자신이 원하는 것이라고 말씀하실 것 같습니다. 그래서 제가 무엇을 해야 할지 아신다고 말씀하실 것입니다. 제가 말을 하지 않더라도 이해하실 것 같습니다.

마이클: 그래서 당신이 하고 있는 일의 목적과 어머니께서 생각하는 것이 서로 연결되어 있다고 생각하는 것입니까?

폴: 제가 생각하기에 그렇습니다. 어머니께서는 아마도 제가 하는 일에 대해서 무언가 말할 수 있을 것입니다. 비록 제가 어머니를 위해서 하고 싶은 소원이 많이 있지만 말입니다. 저는 모든 사람들이 진실하고 행복한 인생을 살기 원합니다. 어느 누구도 목적도 없이 혼란하게 인생을 살아가서는 안 된다고 생각합니다.

마이클: 당신과 당신 어머니의 인생도 분명한 목적을 가지고 살았다

고 생각합니까?

폴: 확실하게 그렇습니다. 그러나 어머니께서는 결코 그런 기회를 얻지는 못하셨습니다.

마이클: 당신이 분명한 목적을 가지고 일을 하는 것에 대해서 당신의 어머니께서 동의하신다고 생각하십니까?

폴: (울면서) 제가 생각하기에 어머니께도 그것은 특별한 의미가 있을 것이라 생각됩니다. 아주 많이요. 그리고 놀라운 사실은 제가 진실로 그런 것들을 생각하지 못했다는 것입니다.

마이클: 당신의 인생에 대해서 당신의 어머니가 어떻게 생각하셨던 것 같습니까? 혹시 기억나는 것이라도 있는지요?

폴: (울면서) 어머니께서는 아마 공허감을 느끼지는 않으셨을 것입니다. 어머니께서는 모든 일이 결코 쉬운 것이라고 생각하시지 않으셨습니다.

우리의 대화가 진행되어 갈수록 폴의 어머니—이미 돌아가신 분이지만—의 존재가 더욱더 분명해질 수 있는 기회가 많아졌다. 이 이후에 우리의 대화는 처음 대화의 핵심으로 다시 돌아오게 되었다.

마이클: 당신과 당신의 어머니가 서로의 발전을 위하여 도움을 제공했던 사실에 대해서 깊게 생각해 보도록 하겠습니다. 여기에 포함될 수 있는 어떤 기술이 있습니까?

폴: 예, 이전에는 이런 면들에 대해서 생각해 보지 않았습니다. 지금까지 나는 단지 하나의 의무감에서 비롯된 생각으로만 알고 있

었습니다.

마이클: 지금 당신이 말하는 의무감에서 비롯된 생각이란 것이 무엇입니까?

폴: 예, 이제 분명하게 말할 수 있을 것 같습니다.

마이클: 무엇을 분명하게 말할 수 있습니까? 그것도 하나의 기술입니까?

폴: 예, 그렇습니다. 비록 전에는 그리 깊게 생각하지는 않았지만요.

마이클: 그것이 무엇이지요?

폴: 사실, 제가 그런 면들에 대해서 생각해 보는 것이 좋은 것 같습니다.

마이클: 당신의 말에 확인을 해도 괜찮겠습니까? 제가 이해하기로는 당신이 말한 내용 가운데 당신이 말했던 미해결된 과제들이 불안, 염려, 두려움이라고 말하였습니다. 이러한 요소들은 당신이 알고 있는 생각의 여러 뭉치들 가운데 일부일 것입니다. 그런 생각은 학대와 차별 그리고 위협의 결과에서 나오는 생각일 수도 있습니다. 그런 생각은 우리의 인생에서 평가되는 인생의 가치와 의미와 연관을 갖기도 하지요. 그리고 그런 생각이 당신의 어머니와 당신과의 관계에도 영향을 미칠 수 있었다고 생각합니다. 당신은 자신의 인생 가운데 있는 목적에 대해서도 말하였습니다. 당신의 목적은 모든 사람들의 인생이 공정해야 한다는 것이며, 이런 생각은 당신의 어머니도 관심 있으셨던 부분이었습니다. 제가 이해한 사실에 대해서 어떻게 생각합니까?

폴: 대단하군요. 저도 서로 관련이 있을 것이라고 생각합니다. (미

소를 머금으며) 그리고 그것은 매우 긍정적으로 들립니다.

마이클: 저도 동감합니다. 그것에 관해서 좀 더 설명해 줄 수 있겠습니까?

폴: '침착해라, 침착해라. 왜냐하면 이런 일이 모두 나쁜 것은 아니기 때문이다.' 결국에는 제가 보기에 그렇다는 것이지요. 제가 마치 나쁜 상담가라는 생각을 가지고 있었던 것 같습니다. 그래서 그런 일들이 제가 가지고 있었던 미해결된 과제와 연관 있다고 생각하였습니다. 그러나 그런 생각이 모두 나쁜 것은 아닐 것입니다. (웃으며) 그렇지 않습니까?

마이클: 저도 이와 비슷한 생각을 가지고 있었습니다. 사실은 당신에게 상담을 받으러 오는 부부와 당신의 상담에서 당신이 겪었던 두려움이나 불안처럼 저도 그런 경험을 겪은 적이 있었습니다.

폴: 그렇군요. 대화 속에서 제 자신에 관해 생각해 보고 싶습니다.

우리의 계속되는 대화는 이러한 탐구의 내용을 핵심적으로 담고 있었다. 폴은 그의 상담 작업에서 외부적으로 그가 느꼈던 긴장감을 표현하기로 결심하였으며, 그가 가지고 있었던 위협과 무시의 경험에 대한 실제적인 지식도 표현하고자 하였다. 그는 이러한 지식과 긴장감을 어떻게 표현할지에 관한 특별한 생각을 개발시켜 나갔다. 그의 생각 속에는 말할 수 없는 대화의 부분을 어떻게 표현할 수 있을지에 대한 생각도 포함되어 있었다. 또한 폴은 이러한 대화 속에서 그가 이전에 자신이 없어서 해 보지 못했던 생각의 표현을 위한 대체적인 방법도 구체적으로 시도해 보았다. 그는 이러한 몇 가지 생각을 우리의 대화 가운데 실천해 보았는데, 이것은 그에게 상담을 요청하는 부부 가운데 남자 배우자의 역할을 고려해 보는 것이 포함되었다. 예를 들면, 다음과 같이 그가 설명하기를 회피했던 불편한 편견들에 대해서 이제는 시도를 해 보는 것이었다. "지금 당신에게 질문하는 내용을 가지고 당신과 대화를 나누고 싶습니다. 혹시 당신에게 물어보는 질문에 대해서 당신이 어떻게 반응할지 제가 모를 수도 있습니다. 만약에 당신이 이러한 질문에 대한 당신의 생각을 말씀해 주신다면 감사하겠습니다. 그리고 당신에게 물어보았던 사항에 대해서 제가 가지고 있는 생각이 올바른지 또는 잘못되었는지에 대해서 말해 주신다면 정말 감사하겠습니다."

폴은 또한 치료적 대화를 진행하는 데 있어서 어려움을 야기할 수 있는 환경에 대해서 생각해 보았다. 그리고 그런 환경과 공개적으로 타협하기 위한 다른 선택도 생각해 볼 수 있었다. 나는 두 번의 다른 모임을 폴과 함께 갖게 되었고, 그는 그의 상담 일이 매우 흥분되는 경험이라고 나에게 말해 주었다. 이러한 그의 흥분되는 상담 경험 가운데는 이성애 부부의 성에 관한 힘의 관계를 설명하는 것도 포함되었다. 우리의 모임 가운데 그는 또한 당황스러운 감정을 경험하지 않고도 자신이 가지고 있는 목적을 친구들에게 설명할 수 있게 되었다고 말해 주었다. 그리고 나서 그는 우리가 나누었던 대화를 전환시켜 줄 수 있는 미해결된 과제에 대한 그의 소원을 웃으면서 말하였다. 또한 자신의 어려움 가운데 몇 가지를 탐색하면서 얻게 된 그의 희망을 말해 주었다. 나는 그가 말한 몇 가지를 다음 만남에 가지고 올 것을 제안하면서 함께 웃었다.

민족 심리학

폴과 나누었던 대화를 진술하는 가운데 많은 부분이 질문과 생각으로 구성되어 있었으며, 이것은 내가 이야기치료의 관점에서 생각해 보는 가운데 인식할 수 있었던 생각이었다. 나는 불가피하게도 상담을 요청하는 사람들이 순간적으로 이런 상황과 관련이 있다는 것을 발견한다. 그리고 이것은 치료적 대화의 상황 속에서 아름다운 모험을 제공해 준다. 치료적인 질문에 익숙한 사람들은 이야기치료의 실제적인 사실이 인생과 정체성의 역사적이고 특별한 전통과 관련이 있다고 생각한다. 때때로 이러한 시대적인 전통에서 나온 인식을 '민족 심리학'이라고 부른다(Bruner, 1990).

> 모든 문화는 자신의 본질적인 강력한 도구로서 민족 심리학을 가지고 있다. 이러한 민족 심리학은 인간 존재가 어떻게 작용할 수 있는지, 우리나 다른 사람들이 가지고 있는 의식 가운데 무엇이 같은지, 인간이 서로 유사함을 보일 수 있는 행동이 무엇인지, 인생의 조절이 가능한 부분이 무엇인지, 사람들이 어떻게 자신을 다른 사람들에게 위탁할 수 있는지 등등에 관한 다소의 연결점이나 규범적인 설명을 가지고 있다. '민족 심리학'의 표현이나 의미, 소원, 신념으로서 내부적인 상태를 설명하는 것은 부적합에 대한 인식론을 가진 과학자들에 의하여 조롱받기도 하였다.

이러한 주장에 따르면, 우리는 전형적으로 매일 우리의 인생 가운데 민족 심리학을 만들어 내는 것으로 인식할 수 있다. 우리는 이러한 민족 심리학을 통해서 사람들의 행동을 이해하고, 자신의 인생을 이해하기 위한 노력의 일환으로 생각한다. 민족 심리학은 사람들이 무엇을 위주로 움직이는지에 관한 다양한 생각의 범위에 관심을 가지고 사람들의 행동에 대하여 우리가 어떻게 반응을 해야 하는지에 대한 기초를 제공해 준다. 사람들의 행동에 대한 우리의 반응은 사람들이 무엇을 구성해 나가는지에 관한 이해를 전제로 한다. 그리고 이러한 행동에 관한 결론에 전제를 가진다. 민족 심리학은 또한 세상 안에서 진행되는 것을 성취하기 위한 우리의 노력을 설명해 준다. 이러한 성취들 가운데 부루너(Bruner, 1990)는 민족 심리학은 인생에 있어서 예상하지 못했던 방식을 추구하는 우리의 노력을 형성해 주며, 위기나 장애물을 설명하기 위한 노력의 기초를 제공해 주고, 매일의 삶 속에서 우리가 직면하는 문제를 해결할 수 있도록 도움을 제공해 준다고 말한다.

이러한 민족 심리학의 형태는 무엇인가? 아마도 가장 중요한 것은 다름이 아니라 '행위적 주체로서의 개인'의 개념에 의하여 구별되는 것이다. 이러한 개념은 사람들을 적극적인 중재자, 협상가, 자신 인생의 대표자로 그리고 다른 사람들과 구별되거나 연대를 이루는 사람으로 설명할 수 있을 것이다. 민족 심리학은 사람들이 자신의 인생을 본인들의 의도대로 살아갈 수 있도록 자신이 원하는 것을 추구한다고 말한다. 자신의 분명한 소원을 만족시켜 나가거나 성취하는 것에 대하여 사람들이 어떻게 추구해야 하는지를 밝혀 주는 심리학이다. 이러한 심리학은 개인의 가치와 신념을 우선적으로 생각하고, 사람들의 특징을 구체적으로 명시하는 인생의 방식에 부합하는 신념과 가치를 가진다. 이것은 개인의 행동적인 주체를 강조한다. 여기에는 목적에 대한 개념을 설정하고 신념이나 가치 그리고 헌신에 대한 주제를 제공하며, 민족 심리학이라는 의식의 이론 속에 이러한 내용을 반영하는 것이다. 인생에 있어서 사람들의 표현을 알려주는 것에 대한 인식이나 민족 심리학의 전통은 '의식'을 요구한다.[1)]

인생에 대한 이해의 전통과 관련하여, 민족 심리학은 사람들이 목적을 이루는 것이 가능하다고 주장하는 많은 심리학 이론 가운데 하나다. 최근 세기에서는 인간 이해의 전통에 새로운 싹들이 나오기 시작했는데, 이러한 많은 발전 가운데 대체되는 효과를 가지기도 하였으며, 어떤 분야에서는 민족 심리학의 전통이 영향을 미치고 있는 것을 볼 수도 있었다. 이외에도 많은 부분에서 민족 심리학의 긴장감의 형태가 변하기도 하였으며, 심리학의 예외적인 확장 영역 안에서 생긴 현대 심리학적인 개념을 갖게 되었다. 그러나 이러한 발전 가운데서 행위적 주체를 강조하는 것과 이러한 의도는 여전히 인간 행동의 심리학적인 진술에서 민족 심리학이 다수를 점유하고 있다.

새로운 심리학

비록 민족 심리학이 대중적인 성공 가운데서 유지되었을지라도 전문적인 심리학의 분야 속에서 긍정적으로 진행된 것은 아니었다. 오히려 관심 이외의 취급을 당하기도 하였다. 인생과 정체성의 개념 속에서 선천적인 것으로 간주되기도 하였으며, 지역 문화의 기반을 구성하며 주도적인 상태와 행동의 주체로서 인간의 개념을 주장하여 비과학적으로 인식되기도 하였다. 전문적인 심리학의 지배 속에서 민족 심리학은 적합성의 발전을 위한 현대 심리학의 강력한 요구에 이르지 않는 것으로 인식되기도 하였고, 그런 이유로 인간 표현의 이해와 이성으로 간주되지 않았다.

이러한 방식 속에서 민족 심리학의 상황에 대해서 의미 있는 것으로 간주되는 많은 발전이 있었다. 19세기에는 함께 병행된 것으로 보았고, 전문적인 심리학의 체계 속에서 세기가 진행되는 가운데 현대라는 개념과 상호 연결되는 발전이 있었다. 다음을 고려해 보자.

a) 개별적 존재가 되기 위해 고려된 인간 표현의 근원을 제공하는 인간 '상태'에 대한 휴머니즘 개념의 발전
b) 개별적인 정체성의 핵심을 이해하기 위한 하나의 본질로서 '자아' 개념의 진화(비록 자아에 대한 이러한 생각이 세상의 문화와 역사 안에서 허구적인 생각과 연관이 있을지라도 이러한 생각은 매우 성공적으로 인식되었으며 오늘날 서구에서는 당연하게 수용되

고 있다.)

c) 17세기부터 계속해서 진행 중이고 점진적으로 발전하는 도덕적인 판단을 대체하는 사람들의 인생의 규범적 판단을 중시하는 사회적인 지배의 새로운 체계[2)]

이러한 새로운 전문적인 심리학 이론은 인간 행동의 이성적인 설명과 적합성을 지지하는 가운데 민족 심리학의 위치를 위협하였다. 행동의 주체로서 개인이 가지고 있는 의도와 상태의 관계성을 평가절하 하였다. 그리고 인간의 상황에 일반적으로 고려될 수 있는 '주도적인 상태'의 개념을 대체하였다.[3)] 인간의 이러한 표현은 사람들의 내부적인 진술, 무의식적인 동기, 성향, 자질, 분명한 특성과 같은 내부적인 조건의 표현에 나타난 특성으로 해석될 수 있는 것이었다. 다양한 인간 내부의 심리적인 체계—어떤 사람들은 아마 '방어기제'라고 생각할 수도 있다—와 인간의 내부적인 성향들이 어떻게 외부적인 표현으로 변형되는지에 대한 진술을 제공하기 위하여 존재할 수 있다. 인간 내부의 심리적인 체계에 대한 발전은 인간 의식에 대한 새로운 범주와 무의식의 존재에 대한 기초를 제공하였다. 그리고 이것은 성급하게 민족 심리학의 '의식'으로 대체되었다.

인간 내면의 심리적인 체계들을 구성하는 모든 심리학 이론이 이러한 내면의 개념 위에 세워지는 것은 아니었다. 예를 들면, 인간 의식의 탐구에서 여러 흥미로운 발전이 윌리엄 제임스(James, 1890, 1892, 1902)의 심리학에 끼친 학문적 업적의 기간에 시작되었다.[4)] 비록 이러한 발전이 인간 내부의 심리적 과정으로 불리는 다양한 전제로 보일지라도 그것은 인간 내면의 개념적인 상태를 구성하는 것은 아니었다. 제임스의 영향을 받았던 심리학적인 전통을 통해서 살펴보는 인생에 대한 이해는 지난 반세기 동안 의미 있는 변화를 경험하게 되었는데, 예를 들면 러셀 미얼의 친숙함과 이방인을 보면 알 수가 있다(Meares, 2000).

민족 심리학의 '내면적인 개념'과 반대로 제임스에 의하여 영향을 받았던 심리학은 인간 내면의 심리적인 개념이 인간의 만성적인 질병의 전반적인 영역을 어떻게 구체화할 수 있는지 그리고 어떻게 사용될 수 있는지에 대해서 적용하려고 하였다. 그리고 이러한 원인은 이제 전형적인 인간 의식에 접근할 수 없는 분명한 사실로 인식되었다. 이러한 원인은 그 실체를 드러내는 것을 전제로 적절한 기술과 지식에 의하여 인도되는 고고학적인 과정을 통하여 알려지고 발견될 수 있었다. 많은 경우에 인간 표현 속에 보편적인 구조와 내면에 잠재되어 있는 구체화에 대한 이러한 제기들은 인생과 정체성의 과학적 이해 안에서 발견된 것으로 알려지게 되었다. 이외는 별도로 새로운 심리학에 대한 이해는 민족 심리학의 특성이라고 할 수 있는 문화적으로 특징화된 이해를 넘어 인식될 수 있었다. 또한 초문화적인 심리학의 기초를 제공하는 이러한 발전을 광범위하게 수용하였다.

인간 내면의 상태를 서술하는 심리학의 초기 성공에 반해서, 곧 새로운 도전에 직면하게 되었다. 새로운 심리학이 출현하였고 제2차 세계대전 기간 동안 연합을 이루게 되었으며, 그다음 세대에도 영향을 미칠 수 있는 전문적인 심리학의 지배를 받는 하나의 패러다임이 되었던 것이다. 이러한 새로운 심리학은 진보적인 행동주의의 영향을 받게 되었는데, 세계대전을 경험하는 동안 기계적인 체계주의의 예외적인 성공과 긍정적인 과학 시대에 의하여 영감을 받았던 것이다. 급진적인 행동주의는 그 자체로 진행되었거나 이성과 합리성이 부족하다는 이유로 심리학의 전통을 멸시하는 경향을 보이기도 하였다. 새롭게 등장한 심리학은 의식에 대한 개념을 배제한 상태로 인간 행동을 이해하려는 민족 심리학과 심리학적으로 인간 내면의 무의식에 대한 공동의 노력을 실시하였다. 전문적인 훈련 과정 속에서 눈에 보이는 주도권을 행사하는 가운데 객관적인 성공—대중적인 생각으로 그렇게 보이지 않을지라도—을 거두기도 하였다. 단순한 인간 조작의 실험이 아닌 인간 '행동'이라고 불리는 심리학의 발전을 위하여 인간에 관한 질문의 과정이 나타나는 상황을 만들었던 것이다.

전문적인 심리학을 발전시키기 위한 소망 가운데 급진적인 행동주의의 성공을 인식하려는 상황에 도전을 던지는 경우는 발생하지 않았다. 심리학에는 많은 발전된 이론이 있었는데, 급진적인 행동주의에 대하여 의문을 갖는 여러 심리학의 이론이 있었으며, 그 이론에 대해서는 지엽적인 설명에 불과하거나 작은 의미의 정당성을 가지고 있을 뿐이었다.

그다음 1950년대에는 '인식의 혁명'이라 불리는 움직임이 있었다. 이러한 움직임은 심리학의 핵심적인 의미를 세우기 위하여 처음으로 시도되는 움직임이었다. 이러한 발전적인 과정 속에서 '의미'란 인간 행동의 이해 속에서 최우선으로 허용되었다. 여기에 따르면, 의미에 대한 사람들의 생각은 그들의 행동을 형성한다는 것이었다. 어떻게 사람들이 세상 속에서 자신의 인생에 대한 의미를 만들어 나가느냐에 대한 인식은 인간 심리학에서 하나의 목적으로 규정되었다. 비록 이러한 인식론적인 혁명이 성공적으로 긍정적인 행동주의의 주도권에 도전을 주었다고 하더라도 불행하게도 하나의 핵심적인 심리학의 개념으로 만들기 위한 초기의 시도는 때론 무산되고 말았다.[5)]

그다음에는 기계론적인 생각의 시대보다는 정보 시대의 도래로, 사람들의 인식론적인 초점은 '정보'라고 불리는 의미의 산물로부터 멀어지게 되었다. 의미의 구성에 있어서 사람들이 참여하는 과정이 아닌 정보를 생산해 내는 과정으로 진행되어 갔던 것이다. 그리고 인간 표현에 대한 사회적 구성물을 제공하는 것이 아닌 정보의 구성물을 제공하는 것이었고, 정체성의 형성과 관련한 의미를 이끌어 내는 학문이 아닌 조절이 가능한 범위 안에서 정확도와 관련한 학문적인 내용을 내포하게 되었다. 이러한 발전의 결과로서 '행위적 주체로서의 개인'의 개념과 주도적인 상태는 인간의 인생과 정체성의 이해와 관련이 없는 상태가 되고 말았다.

지난 세기를 넘어서 내가 여기서 제시했던 인간 행동의 이해를 위한 전통에 대한 간단한 진술은 일부분에 불과하다. 보다 전문적인 영역 속에서 많은 발전이 있었고, 그들 가운데 일부는 지엽적인 모습일 뿐이다. 그리고 그 이외의 것들은 주된 흐름의 생각과 대항하기도 하였다. 예를 들면, 가족치료 분야에 종사하는 대부분의 사람들은 1950년대의 '새로운 기능주의'의 중요한 영향을 인식하지 않을 수 없을 것이다. 이러한 흐름의 전통 속에서 '체계이론'이라는 전제가 분명해졌고, 최근 가족치료의 분위기 속에서도 여전히 이러한 분위기를 느낄 수가 있다. 나는 대부분의 가족치료 분야에 종사하고 있는 사람들이 지난 세기를 넘어서 행동주의와 인지치료의 성공에 안주하고 있다고 생각한다. 내가 이 글에서 주장하고자 하는 생각은, 인간의 행동과 표현을 설명하는 데 있어서 민족 심리학의 의식에 기인하는 관계성에 대한 중요한 역할들이 과학적이면서도 역사적인 흐름 가운데 하나임을 진술하는 것이다.

내면 상태 심리학의 부흥

나는 심리학을 배우는 과정 속에서 사회 복지에 관하여 훈련을 받았다. 심리학을 배우는 가운데 이러한 상황이 익숙하지는 않았다. 1967년에 나는 심리학을 공부하는 학생으로서 인간 행동의 다른 표현을 둘러싼 논의들, 즉 정보 이론과 행동주의 원리 그리고 이러한 논쟁들에 상반되는 여러 이론에 대하여 소개받았던 것을 기억한다. 나는 이들을 개별적으로 보는 것보다 '가족'의 관계를 지향하는 내면 상태 심리학의 여러 내용에 대해서도 소개를 받았다. 그리고 관계의 역기능과 가족 병리의 새로운 영역에 대한 기초를 배우게 되었다. 또한 체계이론에 대한 새로운 기능주의에 대해서도 소개를 받았는데, 이것은 가족을 근원적인 초점으로서 보는 것이었다. 내가 경험했던 이러한 논의 속에는 인간의 정체성과 행동의 다양한 사고,

주도성과 행위적 주체로서의 개인의 개념의 불연관성과 비일관성의 내용을 포함하고 있었다.

이러한 환경 속에서 나는 독자들이 다음과 같이 의문을 품을 수 있는 질문에 대하여 상상하거나 생각해 볼 수 있다고 생각한다. '베트남 전쟁을 반대하는 분위기 속에 학생들이 원하는 것은 무엇인가?' '원 가족에서 미해결된 패턴들을 설명하는 것이 적절한지에 대한 논의가 과연 정당한 것인가?' '만약에 이러한 행동을 취하는 것이 원칙에 근거한 것이라면 이것은 어떠한 가치나 신념에 부합하는 행동인가?'

어떠한 경우에서도 이 시기에 전문적인 훈련의 과정 속에서 발생했던 논쟁이 무엇이든지 간에 1960년대 말과 1970년 초의 내면 상태를 설명하는 '대중 심리학'의 현상적인 등장으로 곧 희미해졌다. 대중 심리학은 민족 심리학의 결과보다는 다음 사항의 혼합된 결과였다.

- 전문적인 심리학의 특별한 발전
- 1960년대에 유행되었던 개인의 자유주의 철학의 영역
- 1970년대의 새로운 소비 중심 문화의 요소
- 피아제(Piaget)와 에릭슨(Erikson)의 구조주의 발달 심리학의 장
- 동양 정신과 신비주의 전통의 부분
- 새로운 기능주의와 그 이상의 국면

이러한 대중 심리학의 주된 통일성은 '근본적인 자아'의 개념으

로 자아를 규정하는 것이었으며, 이것은 의심의 여지가 없는 것이었다. 그리고 생각과 실제의 영역 안에서 제기된 개념이며, 여기에는 상호 반대적인 예외성의 영역도 인정해 볼 수 있었다. 인간 정체성의 핵심에 기초한 자아의 당연한 사실로서 독립적으로 존재하는 개념이기도 하였다.

이것은 위대한 자아 소생의 시대였다. 이 당시 인기 있는 심리학은 전적으로 '자아 심리학'이었다. 인간됨의 중심에 발견되는 자아가 존재한다는 것이다. 그리고 인간의 상태가 확실한 본질로 구성된다고 보았다. 인생은 이러한 본질의 표현 또는 본질의 왜곡, 퇴행의 모습으로 인식되었다. 자아에 대한 이러한 연계에 대한 강조는 카타르시스적인 특성을 가지고 있었다. 바로 이 시기에 모든 심리학 이론의 가장 최고점에 위치하였다. 카타르시스의 발생은 여러 상황에서 주시되었고, 확실하게 보편적인 성격을 띠고 있었다. 사실 1970년 초기에 심리학의 여러 이론 가운데 카타르시스를 강조하는 것을 볼 수 있는데, 이것은 어떤 현상과 무관한 사회적인 여지를 발견하기가 불가능하다는 것이었다. 이러한 자아 심리학은 '진리'를 발견하기 위하여 강력한 윤리성을 통한 카타르시스와 연결되어 있었다. 인간의 인생이란 진리의 적절하고 진정성이 있는 표현을 추구하는 것이었다.

의미, 이야기 그리고 민족 심리학의 재진술

여기서 대중 심리학의 위기에 대하여 묘사하는 가운데 나는 하나의 본질로서의 자아에 관한 이러한 생각이 새로운 것이라고 제안하는 것은 아니다. 사실 이러한 생각은 오랜 생각에서 비롯된 것이며, 특히 19세기에 내면 상태 심리학 이론에 대한 정보를 제공해 주는 것이었다. '우리가 누구인가에 대한 진리'의 물음은 결코 새로운 사상도 아니고, 이미 수세기 동안 철학적으로 깊게 논의가 되어 왔던 물음이었다. 대중 심리학에 대한 1960년대와 1970년대의 생각의 발전은 사고와 행동의 오래 지속되어 온 전통의 연장선상이라고 말할 수 있었다. 최근에 들어와서 이러한 전통은 우리에게 익숙한 상상력을 환기시키기에 충분하였으며, 의심할 여지가 없이 인간의 다양한 방식 속에서 인생에 대한 현대의 민족 심리학에 영향을 주었다. 그러나 이러한 영향 가운데 많은 경우가 민족 심리학의 상당 부분 가운데서 적합한 형태로 제시된 것은 아니었으며, 여기에는 인간의 신체 기관과 인간 내면의 상태, 즉 여전히 현재에도 영향을 미치는 긴장의 상태를 강조하였다. 이러한 긴장은 특히 소설을 비롯한 문학, 연극 그리고 드라마 등의 현대 문화의 많은 부분에 그 자취가 남아 있다. 그뿐만 아니라 인간 과학과 사회 과학 안에서도 연관성을 찾아 볼 수 있는 하나의 전통으로서 민족 심리학을 재진술하기 위한 다양한 시도가 최근에도 있어 왔다.

사실 대중 심리학 안에서 주도성에 대한 개념을 부활시키는 것은 사회 과학의 이론을 '해석학적인 전환'으로 언급할 수 있도록 해 주었다(Geertz, 1973, 1983). 이것은 의미가 사회적인 의문의 핵심에 굳건하게 위치하고 있다는 해석학적인 전환을 의미하는 것이다. 이러한 발전은 아마도 '새로운' 문화 인류학의 가시적인 현상이라고 말할 수 있다. 그리고 이러한 생각은 사람들이 다른 사람들의 행동에 어떠한 의미를 부여하는지와 본인들이 자신의 생각에 대한 자신의 심리학을 설정한다는 생각에 기초하고 있다. 이러한 전제는 사람들의 공동체를 구성하는 의미의 범주와 구성에 기초한다는 질문에 초점을 두고 있다. 이러한 질문에 대한 초점은 사람들이 인생의 경험에 대한 본인들의 의미에 무게를 두고 있다. 즉, 사람들이 정체성의 구성 안에서 각자의 역할과 의미에 영향을 미치는 인생을 연구하는 자세를 말한다.

새로운 문화 인류학은 의미와 현실에 대한 사람들의 사회적인 구성에 초점을 두고 있다. 사람들의 현실은 개인의 인생 사건의 독립적인 구성을 통하여 급격하게 진행되는 것은 아니다. 이러한 현실은 세상 안에서 우위를 점하는 결과도 아니다. 자연적인 상태에서 어떠한 객관적인 실체에 도달하는 것도 아니다. 게다가 사람들의 현실은 역사적이고 사회적인 산물로 이해되며, 사람들의 공동체와 전체적인 공동체 사이에 타협되는 것이다. 이것은 정체성의 다양한 특성을 인정하는 것이다. 정체성은 사람들의 공동체 안에서 사라져 버렸던 하나의 현상으로 이해되며, 인간의 정체성은 다음과 같이 여러 곳에서 발견된다.

- 사회적으로 타협된 자아의 이야기
- 다른 사람들의 상상과 인상
- 드라마의 실행
- 춤, 연극, 노래, 시
- 의식, 행사와 상징
- 인생의 관습과 태도
- 개인적이거나 공적인 문서, 공동체 이야기 안에서 반영되었던 사고의 체계, 개인적인 일기, 편지와 카드 형식 안에서의 상호 반응, 개인 기록 형식 안에서의 공적인 자료, 보고서와 평가서, 자서전의 오랜 전통 등

사회적인 질문의 핵심에서 의미를 만들어 내는 것과 같이 서로가 서로에게 관심을 주고받는 것을 통하여 사람들은 자신에게 필요한 인생의 경험을 형성해 나간다. 이러한 초점은 의미가 경험을 해석하는 것이 아니라 의미가 언어적이고 사회적인 성취물이라는 이해의 결과를 말하는 것이다. 그리고 또한 사람들이 자신에게 무엇이 민감하고, 무엇이 민감하지 않은지에 대한 각자의 형식에 의해서 자신의 인생 경험에 의미를 부여한다는 것이다. 다음과 같은 질문을 생각해 볼 수 있을 것이다. '사람들 또는 공동체가 자신의 행위에 대한 해석적인 의미를 추구하기 위하여 자신이 지어 내는 사고의 틀은 과연 무엇인가?'

이러한 탐구의 결과는 자신과 사람들의 인생에 관하여 전형적으로 '사람들은 자신의 이야기를 지어 낸다는 사실'을 통하여 의미를

구성하는 '인식의 지평'이라는 것이다. 그리고 이러한 인식은 사람들이 매일의 인생 속에서 자신이 경험하는 기본적인 사고의 틀을 제공하는 '이야기의 구성물'이라는 역할로 이해하게 만든다. 사람들은 인생의 경험을 이야기라는 매개체를 통하여 세상 속에서 의미를 만들어 내고, 이러한 이야기를 자신에게 친숙한 이야기의 형태로 표현하는 것이다. 이러한 인생의 경험을 이야기로 취하는 가운데 사람들은 특별한 주제에 따라서 시간의 순서로 이야기를 말한다.

이러한 발전은 또한 인생에 대한 사람들의 행동 가운데서 민족 심리학을 설명해 준다. 이야기의 전통적 구조와 의식에 대한 민족 심리학 사이에는 서로 공유하는 관계가 있다. 전통적인 이야기를 지어내는 구조에서 이야기의 대리자는 자신의 의도에 의하여 형성된 행동을 이끌어 내며, 이러한 행동은 분명한 목적을 성취하고자 한다. 이야기를 말하는 전통적인 구조에서는 사람들이 신뢰하고 희망하고 꿈꾸는 것에 의하여 영향을 받은 행위들로 대변되는 의미들이 존재한다. 사람들의 믿음이나 가치, 꿈, 그리고 희망을 함께 가지면서 사람들의 인생에서 추구하는 것이나 사람들이 인생을 어떻게 하면 본인들이 희망하는 대로 살아갈 수 있는지에 대한 헌신이 표현되는 것이다. 사람들에 의하여 수용된 인생에 대한 실제는 목적을 추구하는 가운데 세상 속에서 자신이 선호하는 존재의 방식을 반영하기도 한다. 인생의 행동을 생각해 보는 가운데 의식은 뒤로 밀려난다. 그리고 정보의 사용이 아닌, 공식화된 논리와 객관적인 인식, 이성적인 개념 그리고 내부의 의도에서 우러나온 개념에서 산출된 의식이 아니다. 오히려 민족 심리학에서 말하는 의식의 한 차원이 된다.

이러한 오랜 해석학적인 전환은 사회 과학 안에 자리를 잡기 전에 급작스럽게 사회 현상의 광범위한 영역 가운데서 탐구의 과정으로 자리 잡게 되었다(예를 들면, Clifford, 1988; Geertz, 1973, 1983; M. Rosaldo, 1984; R. Rosaldo, 1993; Turner & Bruner, 1986). 그리고 이것은 인간 과학에도 적용이 되었다(Gergen & Gergen, 1984; Spence, 1982). 그리고 1980년대에 인간 행동과 정체성의 형성을 향한 다양한 탐구의 과정은 사회학적인 심리학의 이론을 출발시켰다. 그러나 인간 과학 안에서 나타난 이러한 발전은 시간이 지나도 상담의 실제와 주된 심리학의 이론에 근접하지는 않았다.

내가 알고 있는 이야기치료의 탐구가 해석학적인 전환의 상황과 민족 심리학의 이러한 전통 속에 위치할 수 있다고 확신한다. 이야기치료의 많은 실제가 전형적으로 행위적 주체로서의 개인을 추구하며, 주도성의 다양하고 풍성한 서술을 만들어 내는 데 공헌하기 때문이다. 이러한 실제는 사람들의 행동이 전형적으로 자신에 대해서 그들이 알고 있는 것과 그것을 설명해 주는 것, 그리고 병리적인 모습이나 그 이상의 상태를 구성하는 것 사이에 관련이 없는 것처럼 인식될 수 있는 환경 속에서도 민족 심리학의 풍성한 의식을 만들어 낼 수 있는 잠재성을 가지고 있다고 생각한다. '사고의 방식'을 설명하려는 실제는 또한 사람들이 선호하는 이해와 정체성을 회복시키는 효과를 가질 수 있다. 그리고 사람들이 선호하는 바람을 유지해 나가는 방식 안에서 힘들고 어려운 사건들에 대하여 사람들이 다양한 선택을 가지고 반응할 수 있도록 도와줄 수 있다. 나는 질과 그의 가족의 이야기에서 이러한 실제를 살펴볼 수 있다고 생각한다.

질의 가족

나는 앤과 데이비드 그리고 그들의 자녀들인 샘과 벨린다와 만났다. 그들은 큰딸이었던 질의 죽음—3년 전에 약물 과다 복용으로 사망한 질에 대한 기억, 즉 다시 기억하고 싶지 않은 경험—때문에 나와 상담하게 되었다. 질의 어린 시절은 그나마 괜찮은 시기로 기억되었지만, 그 이후에 질에게 문제가 드리워지기 시작하였다. 그녀는 12세에 학교를 그만두었고, 그 이후부터 그녀의 인생은 엉망이 되기 시작하였다. 그녀는 친구들에게서 받았던 소외와 씨름하였으며, 매우 심한 외로움을 호소하였다. 그러나 그녀의 부모에게는 그 비밀을 털어 놓을 수 없었다. 가족들에 의하면 질은 우연히 좋지 않은 친구들과 사귀게 되었고 그들이 하는 행동을 따라 하였으며 자라면서 그런 모습이 심해져 가자, 가족들은 이러한 그녀의 모습에 이해할 수가 없었다.

앤과 데이비드는 질이 어떠한 형편에 있었는지에 대한 진실을 알기 전까지, 그들에게 있어서 질은 '강하고 도전적이며, 재미있는 아이'라고 생각하였다. '어떻게 부모로서 자식에 대해 그다지도 모르고 있을 수 있단 말인가?' 하고 생각할 수도 있다. 하지만 아마 그들에게도 혼란스러운 시간이었을 것이다. 앤과 데이비드는 매우 심한 자책감을 가지고 있었다. 그리고 자신이 질과의 관계에서 질의 자살과 관련이 있다는 생각을 하였다. 그래서 질의 자살은 그들에게도 매우 고통스러웠으며, 특히 앤은 더 심각한 상황이었다. 그녀는 질에 대해 자신이 관심을 충분히 보여 주지 못했던 것에 대해서 괴로워하였다. 샘 또한 자신도 힘든 시간이었으며, 시간이 갈수록 자신이 질과 많은 대화를 나누지 못했던 것에 대한 괴로움이 심해져 갔다.

그렇다면 모든 것들이 다 무의미하였는가? 너무나 슬프고 고통스러워서 그것에 관해서 생각할 수도 없었을 것이다. 힘든 사실의 결과로서 질에 대한 기억은 가족들에게 있어서 다시 기억하고 싶지 않은 것이었다. 아무도 질의 기억을 떠올리고 싶어하는 가족들은 없었다.

앤: 제가 생각하기에 지난 일을 지금 다시 떠올리는 것 같은데, 왜 우리가 상담을 받아야 하죠? 도대체 우리가 어디에 있는 거죠? (절망스러운 표정을 지으며 팔을 허공에 대고 흔들고 있다.)

마이클: 질의 자살과 관련하여 제가 몇 가지 물어보아도 괜찮겠습니까?

앤: 예, 좋아요. 우리는 아마 당신이 그 일에 관해서 물어볼 것이라고 생각했지요. 그렇지 않나요? (데이비드를 바라보며)

데이비드: 예, 우리는 마음의 준비를 했습니다.

마이클: (샘과 벨린다를 본다.)

샘: 예, 좋습니다. (벨린다를 향해서) 너도 괜찮지?

벨린다: (고개를 끄덕인다.)

마이클: 질이 적극적으로 자신의 문제에 대해 해결하려고 시도했던 이야기를 말했으면 좋겠습니다. 자신의 인생을 살아가는 것 말입니다. 저는 그녀가 충분히 그렇게 했을 것이라 생각합니다.

그리고 아마 우리가 그런 이야기를 나눌 수 있을 것이라 생각합니다.

앤: 사실입니다.

데이비드: (고개를 끄덕인다.)

마이클: 질의 모습을 표현할 수 있는 특징이 무엇일까요?

앤: 글쎄요, 잘 모르겠습니다. 그 아이가 어떻게 했는지에 대해서는 저는 잘 모릅니다. 제가 생각하는 것은 어떻게 그 아이가 그렇게 행동을 했는지에 대해서 알고 싶은 것이죠.

마이클: 질이 힘들고 어려운 일을 해결하려고 나름대로 시도했던 경우를 생각해 보세요. 혹시 이에 대해서 생각나는 것이 있나요?

앤: 글쎄요. (데이비드를 바라보며) 혹시 당신은 생각나는 것이 있나요?

데이비드: 아마 다른 것을 생각하게 만드는 것 같군요. 질이 어렸을 때 그 아이는 참 용감하였습니다. 용감한 작은 아이였죠. 그렇지 않나요?

앤: 맞아요. 사실이었죠.

데이비드: 당신 혹시 우리가 해변에 갔던 때를 기억하나요? 그 아이가 아마 네 살이었던 것 같아요. 온갖 장난감 인형과 모자 그리고 옷들을 가지고 손에는 샌드위치를 들고는 혼자 모래 언덕에서 있었지요. 당신도 알다시피 그 아이는 다른 사람들의 도움을 받으려고 하지 않았어요. 그리고 우리를 향해 쳐다보았지요. 질은 자기 스스로 무언가를 하려고 했었습니다.

앤: 예, 맞습니다. (미소를 지으며) 질은 소리쳤습니다. "이것은 나의 인생이야!" 이 말이 믿어지나요? 그때 그 아이는 겨우 4살이었습니다. 그리고 그가 무엇을 했는지 아세요? 질은 모든 것들을 언덕 위에 내려놓더니 뒹굴면서 내려왔습니다. 그러고 나서 다시 원래의 자리로 올라갔습니다. 그 순간에 그것을 보는 우리 모두는 깜짝 놀라고 말았습니다. (앤이 웃자 데이비드도 같이 웃는다.)

데이비드: 그 아이는 모래 언덕에 서서 샌드위치와 모래가 서로 섞여 있는 것을 들고 입을 벙긋 웃으며 있었지요.

벨린다: (웃으며) 예, 저도 전에 그 이야기를 들었어요.

샘: 저도 그런 비슷한 이야기를 들었지요. (같이 웃는다.)

마이클: 질이 나름대로 문제를 해결하려고 시도했던 그런 이야기를 들으면서 제가 보기에 당신 가족들은 그러한 질의 모습이 결코 생소하지 않았던 것 같군요. 아마도 그 아이의 인생에서 그런 모습이 많이 있었던 것 같아요. 그렇지 않나요?

앤: 글쎄요. 모두 다 그런 것은 아니었지만요. 그러나 한편으로 생각해 보면 우리가 질에게 그런 모습이 있었다는 것에 대해서 잊어버리고 있었던 것 같아요.

데이비드: 예, 맞습니다.

마이클: 그렇다면 질의 인생 가운데 그런 요소들이 적잖이 있다고 볼 수 있네요. 혹시 다른 것도 있었습니까?

앤: 글쎄요. 더 있을지 잘 모르겠지만, 그 아이는 항상 다른 사람들이 포기한 것을 시도해 보려고 많이 노력했었습니다. 그 아이가 어렸을 때도 그랬던 것 같아요.

벨린다: 예, 그러나 질은 성장해서도 그랬지요. 제가 기억하는 것은 질이 그런 일을 하기가 정말 쉽지는 않았을 것입니다. 그러나 그녀가 시도하려고 했다면 그것은 그렇게 어려운 일은 아니었을지도 모르지요. 질은 무엇이든지 시도하는 것을 좋아했습니다. 포기하는 것을 많이 본 것 같지는 않습니다. 그녀에게는 포기가 더 싫은 것이었겠지요. 그렇지 않나요? 그 아이는 포기하는 것을 받아들이지 않았어요. 아마 질은 무엇을 하는 것이 옳은지, 아니면 해서는 안 되는 것이 무엇인지 그리고 할 수 있는 것과 없는 것이 무엇인지 알고 있었던 것 같아요.

샘: 예, 맞습니다. 그랬었드랬죠. 그러나…….

데이비드: 그러다가 질이 심각한 상태에 빠졌지요. 그것은 두렵고 좋지 않은 것이었습니다. 어쩌면 다른 사람들에게도 고통과 아픔을 줄 수도 있었던 일이었는지도 모르죠. 저는 잘 모르겠습니다. 잘 이해가 안 가요. 그렇지 않나요?

마이클: 무엇이 좋지 않은지에 대해서 궁금하군요.

데이비드: 그말은 무엇을 의미하죠?

마이클: 벨린다가 말했던 것과 같이 질에 대해서 생각해 볼 때 무엇이 옳은지 그리고 무엇이 옳지 않은지, 진정 할 수 있었던 일과 할 수 없었던 일들에 대해서 질문하는 것입니다. 만약에 질이 생각해 볼 때 자신을 중요하게 여기는 가치와 상반되는 것을 목격한다면 그 아이는 그것을 어떻게 생각할 것 같습니까?

데이비드: 실제로 내가 생각하기에 이것은 그 아이에게 정말로 어려운 일일 것 같습니다. 그 아이는 자신에 관해서 늘 좋게 생각한

것은 아니었습니다.

마이클: 질이 죽기 전에 자신의 인생에 대해서 결정을 내렸던 것과 관련하여, 물론 그렇지 않을 수도 있었지만 혹시 그것에 관해서 말해 본 적이 있었나요?

앤: 저는 잘 모르지만 아마도 그랬을 것이라는 생각이 듭니다. 제가 생각하기에 그 아이는 자신이 생각하는 원칙에 상응하는 행동을 했던 것 같아요. 그리고 그렇게 행동하였지요. 아마도 그것은 무언가 연결되는 점이 있었을 것 같습니다. 아마 그랬을 것입니다.

마이클: 당신이 말하는 의미가 무엇인지 정확하게 알려 주었으면 합니다. 당신이 생각하기에 질이 자기 인생을 살아가는 가운데 어떤 기준과 같은 것을 가지고 있었을 것이라고 생각합니까? 물론 그것은 사람들이 알 수도, 모를 수도 있을 것입니다.

데이비드: 예, 제가 보기에는……. 앤이 말한 것과 같아요. 우리가 지금 말하는 것도 그런 비슷한 것이 아닐까요? (웃는다.)

마이클: (앤을 바라보며) 앤, 당신의 생각은 어떻습니까?

앤: 예, 제가 무언가를 생각할 수 있을 것 같아요. 그러나 제가 그런 면을 인정한다는 점이 참 놀랍습니다. 사실 충격이기도 하고요.

마이클: 두 분이 같은 의미를 표현하시는군요. 당신들이 표현하는 것에 관해서 물어보아도 되겠습니까?

앤: 그것은 진정 위로를 주는 이상한 기분이 드는 말 같습니다. 제가 생각하기에도 그 아이가 했던 무엇인가가 많이 있었던 것 같아요. 그러나 그중에는 절망스러운 부분도 있었습니다. 정말로 절

망적인 것이었지요.

마이클: 데이비드, 당신은 어떻게 생각하나요?

데이비드: 저도 그런 것 같아요. 그러나 어떤 면에서는 위로가 되는 것 같습니다.

마이클: 다시 질의 죽음과 관련한 주제로 돌아오겠습니다. 물론 우리가 이 주제를 말하는 것이 지금까지 말했던 내용과 거리감이 있는 주제라는 점을 충분히 이해합니다. 그리고 이것이 당신 가족들에게는 매우 어렵다는 것도 알고 있습니다.

앤: (울기 시작한다.)

마이클: 지금 흘리는 눈물의 의미가 무엇인지 말해 줄 수 있는지요? 제가 이해할 수 있도록 설명해 준다면 고맙겠습니다.

앤: (잠시 숨을 돌리며) 그동안 질과 나의 관계에 대해서 생각해 보았습니다. 우리는 늘 가까웠다고 생각했습니다. 그러나 저에게도 분명 잘못이 있었다는 생각이 듭니다. 저는 그 아이를 이해하지도 못했고, 그 아이에게 아무것도 도움을 주지 못했습니다.

마이클: 혹시 당신이 생각하는 바에 대해서 말해 줄 수 있겠습니까? 당신이 생각하는 바가 무엇입니까?

앤: 그 아이는 정말로 도움을 필요로 할 때 저에게 오지 않았습니다. 그래서 제가 실패했다고 생각하는 것입니다. 우리가 정말 특별한 관계였다면 우리는 서로 잘 지내고 있었을 것입니다. 그런데 그 아이는 저에게 의지해야 한다는 생각을 하지 않았던 것 같아요.

마이클: 여기서 혹시 질과 앤과의 관계에 대해서 생각하시는 분이

있습니까?

벨린다: 예, 특별한 관계였다고 생각합니다. 질은 항상 엄마에게 카드를 보내곤 했습니다. (샘을 바라보며) 그렇지 않나요?

샘: 예, 질은 누군가에게 무엇인가를 말하고 싶을 때는 항상 먼저 엄마에게 말하곤 했지요.

마이클: 당신이 보기에 질과 엄마와의 관계가 어떠했던 것 같나요?

데이비드: 그 아이는 정말 소중한 아이였습니다. 저에게도 분명한 사실이지요. 우리 모두에게 말입니다. (벨린다와 샘도 머리를 흔들며 동의를 한다.)

마이클: 좋습니다. 그렇다면 이런 면들이 질의 죽음과 거리가 멀다고 생각이 듭니까? 질이 자신의 인생에 대해서 어떠한 생각을 가지고 있었다고 생각합니까?

데이비드: 글쎄요, 아마도 제가 충분히 대답할 수 있을 것이라고 생각합니다. 그러나 질이 그렇게 엄마와의 관계가 친밀했다면 왜 자신의 인생을 포기하기로 결심을 했는지 지는 지금도 질 이해가 되지 않습니다. 물론 제가 말하는 것이 거의 다 맞는다는 것은 아닙니다. 제가 보기에 서로 간에 어려움도, 힘든 점도 물론 있다고 생각합니다. 평상시에 말입니다. 그러나 질이 엄마와의 관계를 소중하게 생각한 것은 맞습니다.

마이클: 앤과의 관계에 소원한 점도 있을 수 있다고 생각하는군요. 다른 이외의 부분도 있습니까?

데이비드: 글쎄요, 제가 생각하기에는…….

샘: 저도 그렇게 생각합니다.

앤: (흐느껴 운다.)

데이비드: (그녀를 팔로 안으면서 같이 운다.)

마이클: 어떤 면에서는…… 제가 보기에 그런 서운한 면들이 질과 앤과의 관계에 존재했던 것으로 이해가 됩니다. 그리고 당신이 말하는 것으로부터 무언가 새로운 느낌이 드는 것 같습니다. 제가 생각하는 면에 대해서 이해를 도와주겠습니까?

샘: (같이 울면서) 예, 저도 그렇게 생각하는 것 같아요.

벨린다: (같이 울면서) 그래요.

마이클: (눈물을 지으며) 당신이 흘린 눈물의 의미를 저에게 보여 주는 것 같습니다. 그러나 당신에게 일어난 일들에 대해 몇 가지 질문을 더 하고 싶습니다. 괜찮겠습니까?

앤: 예, 좋습니다.

마이클: 당신은 정말 슬픈 기억이 많군요. 그런 눈물이 동일한 의미를 가지고 있다고 생각합니까? 아니면 다른 의미가 있습니까?

앤: 저에게는 조금 다른 면이 있습니다.

마이클: 예, 좋습니다. 당신에게 다른 의미가 있다면 서로 어떤 의미들을 가지고 있다고 생각합니까? 이전과 지금의 상황을 비교하면 어떻습니까?

앤: 조금 다른 것 같기도 합니다.

마이클: 이것에 관해서 말할 때 혹시 어떤 준비가 필요합니까? 아니면 준비가 필요 없습니까?

앤: 글쎄요. 다른 의미라……. 저에게는 여전히 슬픈 감정이 남아 있습니다. 그러나 이제는 좀 다른 것 같아요. 어떻게 다르냐고요?

(잠시 쉬었다가) 글쎄요, 지금의 이런 감정이 제가 느끼기에 아무것도 아닌 그저 무의미한 감정은 아닌 것 같습니다. 아마도 이러한 눈물의 의미는 새로운 생각, 지금 저에게 떠오르는 새로운 생각일 수도 있습니다. 저는 이러한 슬픔을 결코 잊을 수 없을 것입니다. 만약에 제가 지금 느끼는 감정에 붙잡혀 있다면 말입니다. 슬픔의 감정에 압도당하고 싶지 않습니다. 그리고 물론 좋은 기억도 많이 있지요.

마이클: 그렇다면…….

앤: 예, 제가 많은 것을 잊은 것 같다는 생각이 들었습니다. 전에는 생각하지도 못했지요. 정말로 몰랐던 것이었습니다.

마이클: 질이 어떻게 반응하였을 것이라 생각이 듭니까?

앤: 글쎄요…….

벨린다: 질도 엄마를 위해서 같은 마음일 것 같습니다. (앤을 보면서) 엄마, 질도 그렇게 생각할 것 같지 않나요? 질이 그런 마음일 것 같아요. (샘을 바라보며) 그렇지 않나요?

샘: 예, 맞습니다. 우리 모두를 위해서요.

마이클: 그렇다면 질의 죽음이라는 사실을 넘어서 당신들이 의미하는 바가 무엇이지요?

벨린다: 우리 모두와 질의 관계입니다.

샘: 예, 맞습니다.

마이클: 여기서 질의 존재를 환기시키는 것에 관해서 몇 가지 질문을 해도 괜찮겠습니까? 왜냐하면 질에 대해서 여러분이 무엇을 말하고 싶을지 알고 싶기 때문입니다. 그리고 당신들은 여러 생

각을 가지고 있을 수 있습니다. 저는 당신들의 인생 속에서 질을 당신들의 딸로 여기는 것이 당신들에게 어떠한 의미를 가지고 있는지에 대해서 호기심을 가지고 있습니다. 아마 제가 생각하기에 그러한 생각이 무언가 변화를 의미할 수 있다고 생각합니다. 그리고 당신들이 말했던 바와 같이 그녀의 인생 속에 이 가족이 주는 의미가 색다르다고 생각하기 때문입니다. 저의 이러한 질문이 여러분에게 어떤지 궁금하군요. 제가 질문하는 내용에 대해서 혹시 다른 생각이 있거나 여러분에게 와 닿는 다른 방법들이 있는지 알고 싶습니다.

데이비드와 앤의 가족 구성원들은 계속해서 진행되는 질문의 과정에 참여하기를 원했고, 그다음에 이어지는 서너 차례의 상담 과정 속에서 몇 가지 특별하고도 예외적인 대화를 진행해 나가는 기초를 경험할 수 있었다. 앤과 데이비드, 그들의 자녀 그리고 질의 인생을 기념하기 위한 목적으로 친구들과의 모임도 계속해서 진행되었다. 이러한 의식 속에서 앤, 데이비드, 샘 그리고 벨린다는 질의 자살에 대해서 솔직하게 자신의 생각을 나누게 되었다. 질의 인생에 대해서 자신이 이해했던 것과 질이 인생을 어떤 방식으로 살아가려고 했는지 그리고 질과 가족 구성원들과의 관계가 어떠한지에 대한 내용이었다. 이것은 민감하기 쉬운 주제였지만 그들은 자신의 의견을 솔직하게 말할 수 있었다. 이러한 과정 가운데 질에게서 살펴볼 수 있었던 결론은 비록 그녀의 인생이 자살로 결론이 나고 말았지만, 이러한 자살을 통해서도 색다른 의미를 찾아볼 수 있게 되었다는 점이다. 심지어 그녀의 죽음이 보다 더 강렬한 애도의 의미를 갖게 되었고, 이제 질이 죽었다는 사실은 이 가족이 질에 대해 기억하는 가운데 수용될 수 있는 하나의 사실로 인정되었다. 그리고 이것은 부인하고 싶어하거나 또는 부끄러운 것으로 여겨지지 않게 되었다. 앤과 데이비드, 샘 그리고 벨린다는 이제 성공적으로 이들의 기억 속에서 질의 자살 사건과 타협이 가능한 여지를 가질 수 있게 되었다. 이들은 질의 존재와 그들의 인생 가운데 질이 제공해 주었던 의미를 새롭게 되새길 수 있는 준비를 할 수 있게 되었다.

나는 질의 가족과 진행하였던 대화의 내용이 민족 심리학에서 표방하는 '사고방식'의 여지를 제공해 주었을 때 사람들이 선택의 가능성에 대한 여러 가능성을 가질 수 있다고 확신한다. 이러한 대화의 상황 속에서 주도성과 행위적 주체에 대한 탐구의 과정을 통하여 질의 행동은 새로운 의미로 인정될 수 있었다. 이것은 내가 이 장에서 설명하고자 하는 민족 심리학 전통에 대한 사고를 진술해 줄 수 있는 탐구가 될 것이다.

행위적 주체로서의 개인과 주도성

나는 이 장에서 인간 행동과 정체성에 대한 이야기치료의 탐구 가운데 행위적 주체로서의 개인과 주도성의 개념에 관하여 언급하고자 한다. 나는 개인적으로 이러한 과정 속에서 분명한 생각을 가지고 있다. 비록 내가 여기서 설명하고자 하는 내용이 민족 심리학의 전통과 어울리지 않을 수도 있지만, 내가 하나의 제안으로서 주도성과 행위적 주체로서의 개인에 대한 개념을 강조하기 때문에, 이렇게 제기하는 내용이 때로는 민족 심리학의 이해와 상응할 수 있다는 것이 나의 생각이다. 앞으로 계속되는 설명을 통해서 민족 심리학의 전통에 의하여 형성될 수 있는 치료적인 실제에 나의 관심을 집중시켜 나갈 것이며, 이것은 '다중적인 주도성' 인생 또는 '연합된' 인생, '다중적인 진정성' '비관습적인' 인생의 산물 가운데 중요한 역할을 차지하고 있다.

다중적인 주도성 인생의 산물

때때로 이야기치료 안에서 주도성과 행위적 주체로서의 개인에 대한 강조는 다음을 위한 제안으로 간주되기도 한다.

a) 인생에 대한 견고한 이성적인 이해
b) 개별적이고 자동적인 사고와 행동에 관한 현대적 사고의 우선성
c) 사람들의 인생에 대하여 본질적인 현상으로 간주되는 주도성과 관련된 내면 상태 심리학의 갱신
d) 인간 행동의 높은 결정적인 원인과 결과의 부흥

그러나 반드시 이러한 제안이 고려되는 것은 아니다. 이것은 행위적 주체로서의 개인과 주도성을 추구하는 것이 인생 가운데 있는 인간들의 표현에 반응하기 위한 제안이 된다. 민족 심리학에 의하여 전달되는 정체성의 결론에 관하여 협상과 재교섭의 여지를 만들기 위한 다양한 선택의 기회가 사람들에게 주어진다. 이러한 전통 속에서 행위적 주체로서의 개인과 주도성의 개념은 인생을 살아가는 사람들의 행동에 적용할 수 있다. 행위적 주체로서의 개인과 주도성의 개념은 사람들의 행동이 자신이 표현하고자 하는 인생의 방식, 즉 비전이나 헌신, 꿈, 희망, 신념, 가치, 그리고 목적으로 대변될 수 있는 정체성의 범주에 의하여 형성된다는 결론에 근거한다. 이러한 정체성의 범주는 의식이라는 정리된 옷장에 비유할 수 있다. 이러한 비유 안에서 사람들은 전형적으로 자신과 다른 사람들의 인생에 관한 다양한 범위들 속에서 정체성에 대한 문서들을 쌓아 두는 것과 같다.

이러한 정체성의 결론은 독립적이거나 자동적으로 만들어지는 것이 아니라 공동체 안에서 사회적으로 재협상 또는 재교섭된다. 그리고 이것은 그렇게 단순한 것은 아니다. 이러한 정체성의 결론은 다중적인 특성의 상황 속에서 존재한다. 다중적인 특성이란 정체성의 결론에 대한 사회적인 타협의 결과이며, 사람들의 인생이 다중적인 주도성을 가지고 있다는 것을 말한다. 사람들이 가지고 있는 정체성의 결론에 대한 사회적 타협의 중요성은 주도성 개념의 재생산물이 아니다. 그리고 정체성 결론은 사람들이 자신의 행동 속에서 보여주는 분명한 행동의 본질적인 현상이 아니다. 여기서 제안하는 것은 이러한 정체성의 결론이 사람들의 인생과 관계의 결과가 될 수 있다는 점이다. 인생을 살아가는 사람들의 행동, 즉 다른 사람들에 반응하는 각자의 반응을 포함하여 정체성에 의하여 형성되는 의식이 정체성의 범주 안에서 자리를 잡으며 현대 문화의 정체성의 개념에 의하여 제한되기도 한다. 이러한 정체성의 결론은 의미적으로 사람들의 실존을 구성한다.

나는 여기서 보다 명확한 목적을 위하여 몇 가지 사항을 비교할 것이다. 여기서 나는 내면 상태 심리학과 연관된 정체성 결론의 재교섭을 위하여 민족 심리학이 가지고 있는 역할을 논의할 것이다. 주도성과 행위적 주체로서의 개인이라는 개념과 연계된 정체성의 범주들, 즉 '동기' '소원' '필요성' '속성' 그리고 '흔적'을 내면 상태 심리학의 범주와 관련하여 구별할 것이다. 내면 상태 심리학 속에서 인간의 표현은 정체성의 핵심에 자리를 잡고 있는 요소이거나 왜곡되고 동요되는 또는 균형이 잡히지 않거나 어떤 본질의 표면적인 신호로 이해될 수 있다. 사람들의 어려운 상황 속에서 이러한 표현은 변함없이 역기능이나 결핍 또는 병리적인 증상으로 인식되기도 한다. 이러한 결론으로, 전문적 훈련 가운데 지식이나 분석의 시스템은 이러한 지식을 통하여 구성되거나 인식되는 것이다. 사람들의 인생에 대한 병리적이고 역기능적이며 무질서를 분석하는 시스템에 근거한 제안이 구체화되고 사실적으로 알려지게 되며, 그다음에는 '선택의 처치술'이라는 당위성을 가질 수 있다.

그러나 반대로 나는 민족 심리학이 추구하는 바가 급진적인 재교섭의 장을 열어 주었다고 확신하는데, 그것은 각기 다른 다양성으로 인생에 대한 사람들의 표현을 인식할 수 있는 잠재성을 가지고 있다는 것이다. 사람들이 인생 가운데 어려움을 경험하게 되면 주도성의 상황 속에서 주도성은 무질서를 보여 주는 신호가 아니다. 게다가 이러한 어려움은 사람들이 행위적 주체로서의 개인과 주도성의 개념 안에서 무엇인가를 선택할 수 있도록 해 준다. 그리고 기존에 인정되었던 도덕적인 가치관으로부터 벗어나서 보다 나은 결과를 위하여 진행해 간다. 질의 가족과 했던 나의 작업에 대한 이야기를 살펴보면서 선호하는 정체성을 제기하거나 가치를 회복하기 위하여 기존에 인식되지 않았던 대안적인 목적을 선택하는 것이다. 비록 이러한 상황 속에서 결정된 것은 없더라도 인생에 대한 인식이 점차로 깊어지게 되며, 타협을 위한 여지가 풍성해지고 다양성은 강조되며, 사람들의 인생은 점차로 다중적인 목적을 가지게 된다.

연합된 인생의 산물

외현화 대화는 종종—항상은 아니더라도—이야기치료에서 분명한 특징을 가지고 있다. 사람들은 인생에 나타난 문제에 대한 반응으로서 자신이나 다른 사람들의 정체성과의 관계에서 나타난 부정적인 정체성의 결론을 형성하는 것이 비단 특별한 일은 아닐 것이다. 이러한 환경 속에서 외현화 대화는 사람들의 인생 가운데 나타난 문제와의 관계를 바꾸어 주거나 아니면 재규정할 수 있는 선택의 가능성을 제공해 주며, 자신이 가지고 있었던 부정적인 정체성의 결론으로부터 자신의 인생을 분리시킬 수 있도록 도와준다. 문제와의 관계에서 자신의 정체성을 새롭게 재조명해 봄으로써 부정적인 정체성의 결론이나 역기능이거나 병리적 또는 결핍된 상태와 연관되었던 모습이 그 사람의 전체적인 모습으로 규정되지 않도록 도와준다. 이러한 대화 속에서 사람들은 자신의 정체성이 자기 인생의 문제에만 치우쳐 있는 것이 아니라는 것을 알게 된다. 다양한 가능성 가운데서 인생에 대한 대안 이야기의 생성을 만들 수 있는 공간을 제공해 주며, 새로운 정체성의 결론을 위하여 새롭게 재구성해 준다. 사람들은 변함없이 대안적인 정체성의 결론과 연계되어 자신의 인생에 관하여 제기되는, 선호하는 이야기의 완성을 위한 과정 속에서 외현화 대화에 반응하게 된다.

나는 항상 이러한 대안적인 정체성의 결론을 사람들이 살아가는 공동체 속에서 사회적으로 타협되는 문화와 역사의 산물로 보려는 경향이 있다. 여기서 나는 이런 점을 강조하고 싶은데, 그 이유는 대안적인 정체성의 결론에 대한 사회적인 기초를 지속적으로 강조하는 것에 대해서 내가 그동안 가르치는 일과 저술하는 일에 집중하였음에도 불구하고 외현화 대화가 가지고 있는 문제의 압박에서 우리의 자아를 자유롭게 해 주기 때문이다. 나의 이러한 생각은 인간 이해의 핵심에 자리 잡고 있는 인간 자아에 대한 서양 문화가 가지고 있는 당연한 이해에 대한 반영이라고 생각한다.

나는 자율적인 인간 자아에 대한 제안이 내면 상태를 주장하는 심리학의 발전 속에서 강하게 지지되었다고 확신한다. 만약에 그렇다면 자율적인 인간 자아에 대한 제안은 인생의 세분화된 영역 속에서 현대적인 발전과 연계되어 있는 것이다—그리고 이것은 사고에 대한 많은 역사학자들에 의하여 확신 있게 제기되었던 주장이었다. 그리고 세부적이고 종속적인 인생의 발전에 기여하는 정체성의 주도성이기도 하다. 푸코(Foucault, 1973, 1979)에 의하면, 자율적인 인간 자아에 대한 제안은 현대 사회의 사회적 지배와 조종 시스템의 발전과 가깝게 연결되어 있는 것으로 보았으며, 여기서 사람들은 성공과 성취 그리고 건강을 추구하는 사람들의 분위기 속에서 점차로 자신이 분리되고 말았다. 전적으로 개인의 기능이나 건강과 관련된 규준과 사회적으로 구성된 기준으로부터 멀어진 특별한 개인이 발생하고 말았다. 정체성의 주도성은 보다 세부적인 단계를 거치게 되며, 여기서 자율적인 개인은 자신의 인생을 표현하고자 하는 자율적인 주도성과 분리되었다. 이러한 발전의 결과로서 사람들은 자신의 '심리적인 욕구'에서 상처를 입게 되었고, 자신의 '결핍' 가운데 소외되었으며, '동기' 안에서 홀로 남고 말았다.

이와는 반대로 나는 외현화 대화가 역기능적이고 결핍되며, 병리적인 진술을 이끌어 내는 부정적인 정체성의 결론으로부터 사람들을 분리해 내는 데 기여한다고 확신한다. 그리고 재저술 대화는 인생의 파편과 같은 문제를 극복할 수 있는 잠재성을 가진 주도성과 행위적 주체로서의 개인을 주장하는 민족 심리학의 개념 속에서 새로운 정체성의 결론을 만들어 낼 수 있는 가능성을 제공해 준다고 생각한다. 게다가 주도성에 의하여 생성된 결론은 다른 사람들로부터 잠재적으로 분리할 수가 있다. 이러한 대화는 사람들이 가지고 있는 헌신과 꿈, 비전, 희망, 신념, 가치 그리고 목적에 의하여 특징되어진 공유된 주제를 가지고 사람들과 더불어서 자신의 인생의 의미를 나눌 수 있도록 사람들에게 도움을 제공하는 정체성의 결론을 개발시키도록 도와준다—이런 관점에서 폴을 위하여 치료적 대화를 변형시키는 것이 대화를 통해서 공유된 목적과 기술을 둘러싼 그의 어머니의 인생과 연계되어 있는지 생각해 보는 것이다.

요컨대, 치료적 대화는 정체성의 변화를 위한 새로운 가능성을 만들어 주는 주도성의 개념을 사람들이 고안해 낼 수 있는 선택을 제시해 주며, 규범적 판단에 대항할 수 있는 해독제를 제공해 주어서 이제는 사람들이 자율적인 자아의 발전과 연합할 수 있으며, 자신의 인생에 주도권을 가지고 살아갈 수 있도록 기여한다.

다중적인 진정성의 산물

나는 치료의 과정을 논의하는 가운데 수시로 지배적이고 대안적인 이야기에 대해서 언급할 시간을 갖기도 하며, 종종 서로 대조를 하기도 한다—예를 들면, 다음을 참고하기 바란다(White, 1989, 1992). 인간에 대한 연구에서 이러한 차이를 살펴보려는 경우가 많이 있었다. 이러한 연구들은 사람들을 '무겁게 짓누르는 이야기' 또는 '거짓된 이야기'와 같은 '지배적 이야기'로 사용되기도 하였으며, '진실한 이야기' '사실적이거나 진정성이 담긴 이야기'와 같은 '대안적 이야기'로 사용되기도 하였다. 사람들의 인생 가운데 자리잡고 있는 대안 이야기를 연구하는 것은 본성적인 상태에 부응하는 것으로, 이러한 상태는 내면 상태 심리학의 정체성에 기인하기도 한다. 이러한 진술을 통해서 이야기치료의 대화는 균형이 있는 대화로 이해되기도 한다. 즉, 이러한 대화를 통해서 사람들은 인생 가운데 자신을 짓누르는 이야기를 벗어 버릴 수 있게 되며, 진실하고 진정한 이야기의 감추어진 부분을 드러낼 수 있는 상황을 제공받게 되는 것이다. 지배적 이야기 또는 대안적 이야기를 탐색하는 과정은 나의 제안과 일치하지 않는 경우가 있거나 이야기치료와 관련된 특별한 질문을 생각해 내기도 한다.

그리고 나는 거짓 때문에 영향을 미치거나 진정성이 담긴 이야기에 상반되는 이야기를 구성하거나 형성하는 결과에 관심이 있었다. 인생과 정체성에 관한 이야기는 사람들이 지어 내는 결과 속에서 동일한 것은 아니다. 어떤 이야기는 사람들의 행동보다는 자신의 인생 속에서의 행동을 위한, 보다 광범위한 선택을 지지하는 것으로 보인다. 예를 들면, 나는 사람들이 자신의 행동을 위하여 제한된 범위의 선택을 하는 사람들의 인생 이야기가 매우 열악한 이야기라는 사실에도 감사할 수 있다고 생각한다. 모든 이야기의 결과를 형성하거나 구성하는 것에 관심을 가지고 있는 나는, 세상 속에서 새로운 행동을 취하기 위하여 많은 선택을 취하려는 사람들의 인생 이야기를 풍성하게 묘사하는 대화적인 과정에 관심을 가지고 있었다. 이러한 대화 속에서 사람들은 자신의 인생을 다중적인 이야기로서 경험하는 것뿐만 아니라 이야기적인 자원으로서 경험하기도 한다. 이야기적 자원을 만들어 가는 상황 속에서 사람들은 다른 한편으로는 무시될 수도 있는 다양한 인생의 경험에 새롭게 의미를 부여할 수 있다.

평행을 이루는 것처럼 치료적 대화를 구성하는 진실하거나 진정성이 있는 이야기 또는 인생을 억압하는 이야기를 동시에 만들어 가는 지배적이거나 대안적인 이야기를 형성하는 질문에 대답을 하는 가운데, 진정성의 개념이 되는 것은 무엇인가? 진정성 있는 이야기의 구체화된 결과는 개인 정체성의 '사실'이 드러나는 사적이고 개별적인 성취의 결과물이기도 하다. 그리고 이야기치료와 연관된 사고의 전통 속에서 진정성은 개인의 선호하는 정체성이 인정되는 사회적이고 공적인 성취로 간주되기도 한다. 사람들은 이러한 사회적인 인정의 결과로서 자신이 선호하는 정체성의 '진정성'을 인정하기 위한 사회적 과정에 의존하며, 자신이 선호하는 주장과 함께 경험하기도 한다.

사람들의 정체성에 대해 선호하는 요구는 '인정의식'이라는 은유에 의하여 구조화된 치료적 대화와 인생의 대안적인 이야기 안에서 살펴볼 수 있다(Myerhoff, 1982, 1986). 이러한 은유는 사람들에게 이야기의 풍성한 서술을 위한 다양한 선택을 제공해 준다.[6] 이러한 인정의식 대화는 사람들이 자신의 이야기에 대한 진술과 재진술의 과정을 통해서 외부 증인으로 참여하게 한다. 이러한 진술과 재진술의 상황 속에서 사람들은 자신의 정체성에 관하여 선호하는 주장과 일치하는 것을 경험하게 된다. 치료적인 실제는 이러한 이해적인 조건에 의하여 형성되며, 선호하는 정체성의 다양성을 인정해 주는 상황 속에서 발전된다. 여기서 사람들은 '다중적인 진정성'을 경험할 수 있는 선택을 하게 된다.

사람들이 선호하는 정체성의 주장에 대해서 강력한 진정성을 부여하는 사람들의 인생 이야기를 진술 또는 재진술에 기여하는 외부 증인은 주로 이들의 가족이나 이들과 가까운 사람들 또는 전문가들과 지역 사회의 일원, 기존의 치료를 받고 회복의 과정을 경험했던 사람들 그리고 자원봉사자로서 치료자들을 도와 같은 경험을 나누고자 하는 사람들까지 확장해서 생각해 볼 수 있다.[7] 질의 가족은 친구들과 여러 사람들을 초청하여 질의 인생과 행동을 기억해 보는 의식을 진행하였다. 이러한 의식은 질의 인생에 대한 여러 사람들의 진술을 중심으로 구성하였다. 진술과 재진술의 과정은 질의 가족의 관계와 인생에 관하여 선호하는 정체성의 강한 진술을 확증해 주는 것이었으며, 그들의 인생에 드리워진 질에 대한 그들의 경험을 계속해서 겪도록 해 주었다.

비관습적인 인생의 산물

인생을 반영하기 위한 과정을 위하여 사람들이 가지는 환상적인 능력과 이야기적인 구조 사이에는 서로 친밀감이 있는 것으로 볼 수 있다. 이러한 반영은 인생의 긴박성과 관련하여 서로의 간격을 채워 준다. 우리가 살아 왔던 인생의 경험에 비추어서 목격될 수 있다. 때로는 잠시 동안이라도 우리 인생의 사건들을 살펴보려는 우리의 능력도 포함된다. 우리가 살아온 인생에서 우리의 인생이 이야기적 구조로 되어 있음을 발견할 수 있다. 이야기적 구조를 통한 우리의 인생은 이전에 존재하지 않았던 의미들을 생각나게 해 주거나 이미 충분히 의미가 주어졌던 경험을 다시 생각날 수 있도록 기회를 제공해 준다. 이러한 생성과 재생성은 사람들이 이야기의 진정성을 통하여 인생의 과정 안에서 진행하는 가운데, 인생 이외의 경우를 표현함으로써 사람들이 살아온 인생의 경험을 허용하는 것이다.

의미에 대하여 반복되는 재생성은 시간을 거슬러서 발생한다. 우리가 가지고 있는 영향력은 다음의 내용을 위한 새로운 대안적인 방식을 우리에게 제공해 준다.

a) 현재 우리의 경험에 부여되는 새로운 의미에 대한 과거의 반응
b) 과거 우리의 경험에 부여되는 새로운 의미에 대한 현재의 반응
c) 과거 또는 현재 우리의 경험에 부여되는 새로운 의미에 대한 미래의 반응
d) 가정 또는 제안된 미래에 부여된 새로운 의미에 대한 과거 또는 현재의 반응

이러한 치료적 대화는—사람들이 인생의 경로를 통하여 예외적이거나 독특한 결과의 내력을 추적하려는—사람들의 과거를 창조적으로 재추진하기 위한 선택을 종종 소개해 준다. 이러한 작업은 목적을 구체화할 수 있는 가능성을 제공해 주는데, 이러한 가능성은 이전에는 인식되지 못했고 깊은 의지를 갖지도 못했었으며, 어떠한 도덕적인 생각도 고려되지 못했던 것이다. 그래서 이러한 과정을 통하여 최근의 문제나 어려움에 대한 새로운 이해를 깨달은 사람들은 왜 이런 사건들이 자신에게 발생했는지 그리고 이것이 그들 인생의

미래에 어떤 영향을 미치는지를 살펴보게 된다. 이런 과정은 치료적 대화 속에서 앞으로 나가거나 뒤로 물러서면서 진행된다.

과거에 내가 행했던 치료적 대화는 인생에 대한 다양한 영향력을 행사할 수 있는 여러 선택에 대해서 설명할 때, 이야기치료가 인생의 절대성을 다루는 것으로 생각할 수 있었다. 그리고 이것은 치료적인 실제에서 특별한 치료적인 방법이 요구되며, 어떻게 내담자들이 치료적 대화에 자신이 경험하는 인생의 단순한 표현에서 벗어나 새롭게 설명할 수 있는지를 전제하기도 하였다. 그러나 내가 앞부분에서 언급했던 인생에 영향력을 끼칠 수 있는 가능성을 제공해 주는 것은 아니다. 이야기적 구조를 통한 인생의 이해 가운데서 사람들의 인생과 관련된 극적인 열정과 의미를 위한 훌륭한 가능성을 사람들에게 제공한다. 이것은 사람들이 인생의 규칙과 그들의 신체가 가지고 있는 습관에서 새로운 선택을 탐구할 수 있는 가능성을 보여 준다. 관습적이지 않은 사람들의 인생에 대하여 새로운 선택을 보여주며, 이러한 경우는 나와 릭키의 대화를 통해서 살펴볼 수 있을 것이다.

릭키

릭키는 최근에 개인적인 위기에 해당할 수 있는 그들의 관계가 깨어진 것에 대해서 나와 상담하였다. 그들의 관계가 깨어진 것은 우리의 첫 번째 상담을 하기 11개월 이전에 발생하였다. 그 때 피터,

즉 릭키의 배우자는 갑자기 그들의 관계를 더 이상 지속할 수 없다는 선언을 하고 말았다. 그리고 그는 다시는 릭키를 사랑하지 않겠다고 결심하였다. 그다음에 그는 자신의 불평 사항이 담긴 목록을 만들었는데, 여기에는 그들이 같이 살면서 표현하지 않았던, 심지어는 전혀 힌트도 주지 않았던 불평 사항이 기록되어 있었다. 피터는 이제 릭키와 더 이상의 관계를 유지하는 것은 무의미하다고 생각하고 있었다. 릭키는 절망에 사로잡히고 말았다. "내가 심한 자괴감에 사로잡히고 말았을 때, 그 어디에도 내가 여기서 벗어날 수 있는 방법은 전혀 없었습니다. 사람들을 판단하려는 생각은 나를 더 힘든 상황 속으로 몰아넣었으며, 그 어떤 신뢰도 헛되 보였습니다. 나의 힘든 인생의 무게를 가지고 여기를 벗어날 수 있는 곳은 그 어디에도 없다는 말입니까? 내가 경험하고 있는 현실의 상실로부터 벗어날 수 있는 곳이 정녕 없다는 말입니까?" 릭키는 신뢰를 위한 자신의 능력이 더 이상 회복이 불가능할 정도로 손상을 입었다고 말했다. 그리고 자신의 사회적인 모든 관계로부터 멀어지기 시작했다고 말했다. 한 친구만이 릭키가 나와 상담하는 것에 반응했을 뿐이었다.

릭키: 이제 저의 모든 것이 다 사라지고 말았습니다. 그 어떤 것들도요. 제 자신의 신뢰도 무너졌습니다. 이제는 신뢰에 대하여 눈물만 남았습니다. 저는 이제 어느 누구도 신뢰할 수 없습니다. 그리고 당신도 알다시피 나 자신에 대해서도 상처를 입었습니다. 제가 다시 신뢰를 배울 수 있을지 알 수가 없습니다.

마이클: 당신이 말씀하시는 것에 대해서 좀 더 말씀해 주시겠습니

까? 당신이 말한 신뢰의 상실 또는 당신이 이제 신뢰할 수 없다는 것에 대해서요.

릭키: 예, 그것은 제가 이제 그 어떤 것도 신뢰할 수 없다는 것을 말하는 것입니다. 그리고 이제 인생이란 지금의 저와 같은 것입니다. 왜냐하면 저는 더 이상 이것을 극복할 수 없기 때문입니다. 저는 제가 가지고 있는 문제에 갇혀 있는 것 같습니다.

마이클: 혹시 다른 사람들과의 관계에서 당신이 무언가를 보여 줄 수 있는 것이 있었습니까? 혹시 당신의 친구들 가운데 당신에게 반응해 주었던 친구가 있었습니까?

릭키: 아마, 제가 어떻게 하는지에 따라서요. 언젠가 한 친구와 대화를 나눈 적이 있습니다. 그는 제가 조금 의지할 수 있는 친구였습니다. 사람들은 그 친구를 염두에 둔 것처럼 저에게 "당신은 지금 신뢰에 대한 어떤 문제가 있어 보입니다. 당신은 이것에 관해서 누군가를 만나야 합니다."라고 말했습니다.

마이클: 그래서 당신이 여기에 있군요. 저는 피터의 신언과 그의 갑작스러운 행동이 예상도 하지 못했던 행동이었다는 것을 이해합니다. 돌아 보건대 이런 일이 일어날 것이라고 조금이라고 생각해 본 적이 있었습니까?

릭키: 글쎄요. 그가 말했던 것은 너무나 뜻밖이었습니다. 이제는 어쩔 수 없지요.

마이클: 미리 알고 있었다는 것은 좋은 일이지만 쉬운 일은 아니죠.

릭키: 예, 일이 벌어지고 난 후에 알았지만, 그 이전에는 어떻게 할 수가 없었지요.

마이클: 이제 당신이 무엇을 어떻게 할 수 있을지에 대해서 말해 주겠습니까?

릭키: 예, 물론이죠. 저에게 이런 일이 벌어지리라 생각했어야 했는데 그렇지 못했습니다. 그래서 지금 매우 힘든 시간을 보내고 있습니다.

마이클: 만약 당신이 오늘 그런 비슷한 상황을 만난다면 그리고 지금 당신이 무엇인가를 생각할 수 있다면 당신은 관계에 신뢰를 얻기 위하여 무엇을 생각할 것 같습니까? 그리고 그런 생각이 적절할 것 같습니까?

릭키: 이제 제 관계에 있어서 신뢰를 얻기 위한 그 어떠한 것도 생각하지 않을 것입니다. 그러나 제가 알 수 없다면 무엇을 어떻게 할 수 있겠습니까? 저는 정말로 지쳤습니다.

마이클: 한번 생각해 보시죠. 만약 당신이 이런 일에 대해서 조금이라도 예상할 수 있다면 당신은 신뢰를 얻기 위해서 무엇을 할 수 있다고 생각합니까? 당신이 신뢰를 위하여 취할 수 있는 태도는 무엇입니까?

릭키: 당신의 말이 정확히 무엇을 의미하는지 모르겠습니다.

마이클: 만약에 당신이 신뢰를 얻기 위하여 그러한 상황 속에서 당신이 중요하게 생각하는 것에 높은 가치를 부여하든지 아니면 낮은 가치를 부여하든지 또는 그것을 중요하게 여기든지 아니면 중요하게 여기지 않든지 등 그 이외에 다른 생각이 또 있습니까?

릭키: 글쎄요, 그것에 관해서는 더 생각을 해 보아야 할 것 같습니다.

먼저 제가 말할 수 있는 것은 제 자신이 신뢰를 중요하게 생각하고 있다는 점입니다. 그리고 그것에 가치를 두고 있습니다.

마이클: 당신은 사람들과의 관계에 대해서 중요하게 여기고 있는 점을 말해 주었습니다. 그래서 당신이 당신의 과거에 살았던 모습처럼 인생을 살기 위하여 단순하게 관계를 맺는다고 생각하지 않습니다. 그리고 당신이 인생을 다시 살아가기 위하여 신뢰에 대해서 아무런 생각도 하지 않는다고 보지 않습니다. 우리가 이런 면들을 생각해 봤을 때, 당신의 입장에서 신뢰에 대하여 당신이 가지고 있는 생각은 무엇입니까?

릭키: 글쎄요, 제가 오직 생각할 수 있는 것은 아마도 지금은 신뢰를 중요하게 생각하는 것입니다. 당신이 보시기에도 제가 신뢰를 중요하게 여긴다고 생각합니까? (잠시 멈추며) 당신의 생각은 어떻습니까?

마이클: 좋습니다. 당신은 이제 어떤 상황 속에서도 사람들에게 신뢰가 중요하다고 말하는 것은 아닐까요?

릭키: 예, 제가 제 자신에게 무엇을 말하는지 정확하게는 잘 모르겠지만, 무엇을 말하려는지는 분명하게 생각하고 있습니다.

마이클: 당신은 왜 자신이 말하는 것을 듣고 있다고 생각하지 않습니까?

릭키: 왜냐하면 전에는 생각할 만한 적합한 단어가 없었습니다. 그러나 이제는 다른 것 같습니다. 정확하게는 잘 모르지만, 지금은 생각을 하고 있습니다.

마이클: 당신은 왜 신뢰를 중요하게 여기면서 다른 생각을 하고 있

었습니까? 그리고 당신의 인생에서 다른 중요한 점이 있다면 그것은 무엇입니까?

릭키: 제가 생각해 볼 때에 그것은 아마도 (멈추며) 무엇인가를 존중히 여겨야 한다는 결심이라고 생각합니다. 아마도 저는 그것을 당연하게 여기지 않았던 것 같습니다. 제 자신에 대한 신뢰, 저에게는 이미 이것으로 충분하다는 생각이 듭니다.

마이클: 혹시 생각해 볼 것이 또 있습니까?

릭키: 글쎄요, 뭐가 있을까요?

마이클: 당신의 목적이나 가치 있다고 여기는 것에 관한 당신의 생각은 무엇입니까?

릭키: 아마도 그것은 인생을 살아가고 싶은 마음을 포기하지 않는 것이라고 생각합니다.

마이클: 당신이 소원하는 인생을 살아가기 위하여 당신은 어떻게 해야 합니까? 당신을 알고 있는 사람들을 저에게 알려 주세요. 이런 당신에 관해서 누구보다도 잘 이해하고 있을 사람이 있다면 누구입니까? 누가 당신의 그런 결정을 환영해 줄 수 있을까요? 당신의 인생을 희망하는 대로 살기 원하는 당신의 선택에 대해서 그것을 인정해 줄 수 있는 사람은 누구입니까?

릭키: 글쎄요.

릭키는 자기 인생의 내력을 생각해 보면서 자신을 신뢰해 주었던 두 명의 인물을 구체화하였다. 한 명은 숙모였고 다른 한 명은 전에 사귀었던 애인이었다. 나는 릭키에게 그 인물들이 릭키의 인생에 미쳤던 긍정적인 영향력에 대해서 말해줄 것을 부탁하였다. 릭키가 설명한 내용은 그가 자신의 인생에서 원하는 것을 설명하기 위한 기초를 제공해 주었다. 우리의 만남이 진행되면서 릭키는 전 애인과 숙모와 만남을 가졌다. 그리고 그들에게 우리가 나누었던 대화를 말해주었다. 그리고 그들이 릭키의 인생에 기여할 수 있는 그들의 생각에 관해서 대화를 나누었다. 우리의 세 번째 만남에서 릭키는 그들을 초청하여 자리를 같이하였다.

다른 사항과는 별도로 이러한 대화는 릭키가 사람들과의 관계에 신뢰를 안겨다 줄 수 있는 준비가 되어 있거나, 이러한 신뢰가 가능하지 못했던 상황에 대한 그의 설명을 제시할 수 있는 기초를 제공해 주었다. 이후에 그는 우리의 첫 번째 만남에서 언급했던 친구들과 다시 만남을 갖게 되었다. 이 모임에서 릭키는 사람들과의 신뢰 형성이 가능하지 못했던 경우와 가능했던 경우에 대해서 그가 이해했던 내용을 설명하였다. 그리고 그의 친구들에게 자신의 신뢰를 보여 줄 수 있는 행동에 대해서 알려 주었다. 이것은 사람들과의 관계에 긍정적인 발전과 의미 있는 행동으로 이끌도록 도왔다. 릭키는 더 이상 자신이 '신뢰에 문제가 있는 것'으로 여기지 않게 되었다.

내가 릭키와 나누었던 대화에 대한 간단한 설명과 소개는 이야기치료가 인생에서 영향을 미칠 수 있는 인생의 의지를 위한 기초를 제공해 줄 수 있다는 것을 잘 보여 주었다. 일단 릭키는 자신의 반응에 대한 깊은 생각을 가지도록 격려받은 후에 피터와의 관계에서 그가 인식하지 못했던 사실에 대하여 이제는 인식할 수 있다는 생각을 하게 되었다. 릭키는 자신이 신뢰를 일시 동안 보류했었다는 사실로 결론을 내리게 되었다. 이러한 결론은 릭키가 이제는 매일매일 주어진 자신의 인생을 새롭게 개선시켜 나가려는 그의 행동에 의미를 만들어 낼 수 있는 중요한 기초를 제공해 주는 것이었다. 그리고 그의 관계에 신뢰를 쌓기 위한 특별한 발전을 보여 주는 부분이었다. 자신의 인생에 대한 그의 의도를 새롭게 생각해 볼 수 있었으며, 풍성하게 서술할 수 있게 되었다.

이러한 치료적 대화 속에서 이야기치료의 구조는 릭키가 자신의 지난날들을 되돌아보는 가운데 자신의 인생에서 의미가 이미 충분히 존재하게 되었음을 새롭게 인식해 나갈 수 있었다. 이것은 자신의 인생이 그동안 부족하고 형편이 없었다는 개념을 대체할 수 있는 새로운 인식이 반영된 의미의 재생성을 위한 틀을 제공해 주었다. 릭키가 생각하고 있는 신뢰가 이제는 다른 사람들에게도 가능하다는 생각을 할 수 있게 되었다. 이것은 릭키의 관계 안에서 상당한 변화를 가져왔다. 그리고 친구와 나누었던 대화 속에서 그가 가지게 된 인식과 그 이후의 경우 중에서 사람들과의 관계를 통하여 얻게 된 변화가 사람들의 인생 가운데 자리 잡고 있었던 비습관적인 상태에 대한 새로운 가능성을 제공해 주는 하나의 예가 되었다. 이는 사람들의 행동에 대한 반응과 자신의 행동의 규칙 안에서 중요한 가능성을 제시해 주기도 하였다.

이 글의 다음에서는 역사와 문화에 대한 생각을 소개하고자 한다.

역사와 문화

> 문화가 사회적이고 역사적으로 구성되었다는 논의와 더불어, 이야기는 근원적으로 인간 존재 가운데 지식의 근원적인 단위로서 우리 자신을 구성하며, 우리를 둘러싼 사회 안에서 우리가 존재하며 살아간다. 그리고 문화는 사람들의 자아를 인식하기 위한 의식의 이론을 개발시켜 나간다. 세상 속에서 우리는 직접적으로 행동하는 것보다 세상에 관하여 생각하는 것이 더 많다. 우리는 출생 이후 활동적이고 타당한 이야기를 탐구하는 가운데 열정적으로 의미를 만들어 낸다. 이러한 의식은 하나의 문화적인 사고로, 순수하거나 꾸밈이 없는 상태로 간주되지는 않는다. 그것은 중간 단계의 교정 과정보다는 하나의 관점이 된다(Geertz, 2000).

이 장의 다양한 부분 속에서 나는 인생의 사회적 현상이라는 개념에 대해서 설명하였다. 예를 들면, 나는 인생과 정체성의 구성이 어떻게 공동체 안에서 사회적으로 타협될 수 있는지를 살펴보았다. 그리고 사람들의 정체성의 요구 속에서 사회적인 인정이 핵심적인 역할을 차지하는 것에 관하여 설명하였다. 그러나 인생은 사회적인 현상으로서 문화적이고 역사적인 인생과 사고의 특별한 방식으로 사람들과의 관계에서 얻어진 결과이기도 하다. 이러한 인생과 사고의 방식은 인생을 구성한다.

인생과 정체성에 대한 우리의 이해는 역사적이고 문화적인 진공 상태를 의미하지 않는다. 이러한 이해가 개인적인 정체성에 대한 우리가 가지고 있는 감각이나 사람들의 행동에 대한 우리의 진술이나 또는 사물의 방식을 변경하기 위하여 사람들이 하는 무엇이든, 사람들은 문화적인 지식의 축적된 특별한 방식에 의하여 전달된다. 이것은 역사적이고 문화적인 산물의 지식일 뿐만 아니라 우리가 살아가는 방식으로 행동하는 가운데 명백해 보이는 기술이다. 나는 보다 자유로운 의미 안에서 '기술'이란 단어를 사용하고자 한다. 이러한 기술은 관계를 갖거나 정체성과 관련하여 매일매일 주어지는 시간 속에서 '살아감'의 느낌을 만들어 가는 인생의 모든 행동을 대변하기도 한다. 이것은 오로지 실제적인 '내부의 요령'으로, 우리가 인식할 수 있는 기술의 규정들을 통해서 이루어진다. 그리고 우리와 상담하는 내담자들의 인생 속에서 이러한 요령을 전적으로 이해할 수 있게 된다. 우리는 '지엽적인 지식'으로 묘사되는 공동 탐구의 과정 안에서 사람들과 함께 진행해 나갈 수 있다.

이러한 기술은 관계에 대한 특별한 실제를 포함한 인생의 문화적인 방식에 의하여 형성된다. 예를 들면, 힘의 관계를 구성하는 이러한 실제와 자아를 형성하는 특별한 실제가 있는데, 때로 이것은 '자아의 학문적 분야' 또는 '자아의 기술'로 간주되기도 한다(Foucault, 1979). 자아의 형성에 대한 실제와 관계는 상호적인 의존성과 연계되어 있는 정체성과 인생의 문화적 지식과 연결되어 있다.

나는 수년 동안의 저술과 가르치는 일을 통하여, 푸코에 이어서 이러한 지식과 문화적인 실제 사이의 관계와 인생을 표현하는 가운데 이들의 구성에 관하여 관심을 가지고 있었다(White & Epston,

1989 참조). 또한 나는 치료의 실제에서 이러한 생각의 관련성을 설명하였거나 예시하였다. 그러나 때로는 지식과 실제 또는 지식과 힘—'힘'이라는 사실 속에는 이러한 실제가 힘과 관련되어 이루어지는 경우가 있다—의 관계에 스며 있는 이러한 사고는 나의 관점에서 볼 때 오해된 부분도 있었다. 예를 들면, 다음과 같은 것이다.

a) 지식과 실제의 상호적인 의존성에 대해서 설명할 때 내가 제안하려는 것은 친숙한 표현으로서 '힘은 지식이고, 지식은 힘이다.'는 전제를 잠시 제쳐 두는 것이다.
b) 인생과 정체성의 구성 안에서 문화적 지식과 문화적 실제를 형성하는 역할에 관심을 집중시킬 때, 인생에 대한 사람들의 표현과 지식과 실제 사이의 직접적인 관계를 생각해 볼 수 있다. 인생에 대한 사람들의 표현은 직접적으로 이러한 지식과 실제에 의하여 결정된다.
c) 사람들이 인생 이야기에 초점을 두는 치료적인 실제에 우리의 생각을 예로 들거나 묘사할 때, 나는 때때로 지엽적인 문화와 관계한 힘을 포함한 많은 사실을 목격하거나 문화적인 지식과 실제와 연관된 이야기를 함께 취합하려고 한다.

인생은 역사적이고 문화적인 생각과 인생의 특별한 방식을 통하여 구성되는 사회적 현상이라는 점을 강조하며 지식과 실제에 대한 생각을 보다 구체화하기 위하여, 나는 다음의 글에서 이와 관계가 있는—일반적으로 오해된—세 가지의 부분에 대해서 설명하고자 한다.

힘/지식

힘이 연계된 지식과 지식이 연계된 힘을 이해하려는 해석에 반대해서 다른 한편으로 문화적으로 전달된 지식과 자아의 기술이나 관계 사이에 상호적인 의존성을 설명하기 위한 시도는 '지식이 힘이고, 힘이 지식이다.'는 친숙한 개념을 보류할 뿐만 아니라, 그것 자체로 적합하다고 말할 수 없을 것이다. 자아의 관계와 기술의 실제를 탐구하는 가운데 우리의 관심은 관계적 실제에 집중하며, 인생의 친밀한 실제를 명확하게 해 줄 수 있는 요령에 초점을 둔다. 비록 이러한 실제와 기술은 확실하게 문화적인 구성에 의하여 지지되거나 연결되어 있을지라도 그 자체만으로는 구성될 수가 없다. 나는 학대와 관련된 행위와 관련하여 나에게 위탁된 한 사람과 만났을 때 그가 보여준 행동은 힘의 기술과 관련이 있었으며, 특히 기술에 의하여 형성된 실제적인 방식이었다. 이러한 기술은 힘과 관련된 행동에 의해 피해를 입었던 사람들—주로 여자와 아이들—이 누구든 과도한 힘을 사용하도록 만들었다. 사람들로부터 행위 대상자와 사건에 관해 사람들이 가지고 있는 인식 속에서, 힘과 관련된 행위들을 일으킨 사람들의 신뢰의 파괴와 행위 대상자의 학대를 위한 유죄의 인정을 살펴볼 수가 있다. 비록 이러한 행동적이고 관계적인 실제가 남성 중심의 문화에 의하여 구성된 지식으로 지지되거나 연결되었을지라도 결코 동일한 것은 아니다.

또 다른 예로, 내가 섭식장애나 식욕부진, 신경성 다식증을 가지고 있는 내담자—보통 이런 경우가 항상 여성인 경우는 아니다—와치료적 대화에 참여할 때, 나는 현대의 문화가 보여 주는 인생의 지식에 의하여 정보화가 된 인간 신체에 대한 구성과 정체성의 개념에 대하여 소개한다. 나는 또한 관계적인 실제의 내력에 대해서도 소개를 하는데, 이는 사람들에게 강요를 요구하는 다양한 힘의 작용을 포함한다. 뿐만 아니라 나는 자아의 평가를 포함하여 투입과 산출에 따른 분명한 근거—개인이 가지고 있는 열량의 평가— '의식으로서의 인생'의 성취를 가능케 하는 인생에 대한 엄격한 규정 등이 담긴 자아에 대한 다양한 기술을 소개한다. 이러한 관계적인 실제의 경우와 자아의 기술이 정체성과 인생을 구성하는 문화적 지식 안에서 사람들의 지지와 연결되었을지라도 이러한 지식이 사라지는 것은 아니다. 게다가 이러한 경우는 상호 의존성의 관계를 통하여 문화적 지식과 연결되어 있다. 이러한 생각은 고도의 치료적 대화와 관련이 있어서 사람들이 가지고 있는 개별적인 정체성에 대한 사람들의 의식을 설명해 줄 뿐만 아니라 다양한 구성물을 동반하는 자아의 기술과 관계의 경우를 설명하게 된다.

확실성 속에서의 불확실성.

인생을 형성하는 문화적인 지식과 실제의 경우 가운데 여러 역할들에 관한 주목과 관련하여 이러한 지식과 실제에 대한 전제의 결론은 무엇인가? 그리고 사람들의 인생의 경험은 무엇인가? 인생과 정체성의 구성 안에서 문화적인 실제와 문화적 지식을 구성하는 역할은 생각과 사고의 문화적인 방식에 의하여 엄격하게 결정되는 인생과 정체성의 전제와 연결되지는 않는다. 이러한 생각은 문화적인 지식과 이러한 실제 사이에서 일어나는 일방적인 관계는 아니다. 나는 항상 사람들의 인생과 정체성을 구성하는 가운데 사람들이 수동적으로 문화적인 지식과 실제를 만들어 낸다고 생각하지는 않는다. 나는 살아가면서 결코 이러한 인생의 지식과 실제를 생각해 본 적은 없었다. 즉, 인생에서 사람들이 행동하는 것에 반드시 원인이 있다면 그에 따른 결과가 뒤따른다는 그런 생각을 하는 것은 아니다. 게다가 문화적인 지식과 실제의 구성적인 역할에 대한 생각은 다음과 같은 질문 속에서 나의 흥미를 유발시켰다.

- 사람들은 어떻게 이러한 문화적인 인생과 사고의 방식에 집착하는가?
- 인생의 지식과 삶의 실제로 구성된 문화적인 힘은 사람들의 삶의 표현과 의식 안에서 어떻게 그들만의 방식을 발견하는가?
- 사람들은 정체성을 형성하거나 인생을 만들어 나가는 문화적인

재료들을 어떻게 사용하는가?

– 만약에 인생의 표현이 이러한 지식과 실제의 영역 속에 있다면 어떻게 이러한 영역이 성취되는가?

이와 같은 질문은 의미를 만들어 가는 탐구의 과정으로 나를 이끌어 갔다. 왜냐하면 인생과 사고의 문화적인 방식에 집중되어 있는 가운데 인생 속에 잠재되어 있는 문화와 관련되어 있는 것이 명확하기 때문이다. 사람들은 의미를 만들어 가는 행동을 수행해 나간다. 생각과 인생의 이러한 방식을 재구성하는 일은 의미를 인식하는 가운데 행동을 요구한다. 또한 나는 의미의 인식이 하나의 성취물이라는 것을 확신한다. 그러면서도 쉽게 얻어지는 것은 아니다. 이러한 질문에 대한 나의 흥미와 열정은 의미를 만들어 가는 활동이나 구조, 틀 그리고 이것을 지배하려는 환경 안에서 나의 관심을 강화시켜 나갔다.

약 20년 전에 의미의 인식적 이해에 대한 나의 관심은 자연스럽게 그레고리 베트슨의 작업으로 이동하였다(Bateson, 1972, 1979). 그는 그의 학문적 작업에서 두 가지의 기본적인 체계에 대해서 설명하였다. 그는 '인간들이 살아가는 세상' 속에서의 모든 반응은 인생을 경험하는 가운데 반대적인 묘사와 차별을 제시한다고 말한다. 베트슨에 의하면 이러한 '이중묘사'는 세상 안에서 차별을 명시하기 위한 기초를 제공해 주었으며, 의미를 세워줄 수 있다고 말했다. 또한 베트슨은 사람들의 마음속에서 '차별성의 소식'이란 상황을 만들기 위한 조건들을 설명하였다. 이러한 상황은 일종의 네트워크로서 차별성의 소식에 대한 수혜자들에게 하나의 틀을 제공하는 것이었다. 그리고 사람들이 인식할 수 있거나 민감한 상태가 되도록 만들기도 하였다. 베트슨은 종종 이러한 틀을 가리켜서 '남용의 억제'로 묘사하였다. 베트슨에 의하면 이러한 억제는 사람들이 세상 안에서 경험하는 것을 선택하도록 만들어 준다는 것이다. 사람들은 '임의적인 것에서부터 자신에게 새로운 것'을 선택한다. 나는 항상 문화적으로 전달되는 지나친 남용을 예방하기 위한 네트워크를 이해하고 있으며, 이러한 억제가 문화의 수반으로서 세상 안에서 발생하는 사건들에 대한 의미를 가진다고 생각하였다.

최근에 들어와서 이러한 질문과 관계한 생각이 나를 자크 데리다의 생각으로 이끌었는데, 자크 데리다(Derrida, 1978)는 베트슨과 같이 모든 의미의 관계적인 이해를 제안하였다. 본문에 초점을 맞추는 가운데 데리다는 강력하게 '존재'에 대한 생각에 도전을 주었다. 이것은 무엇이 묘사가 되었는지에 대한 의미가 사람들의 의식 가운데 있는 '실존'이라는 것이다. 그리고 인식의 과정을 통하여 도달된 모든 묘사들을 설명한다. 그의 본문 분석에 따르면, 데리다는 본문 안에서 부재하지만 암시적인 설명에 반응하기 위하여 이루어진 묘사들을 표현하고자 시도한다는 점이다. 비록 내가 사람들의 인생을 본문으로 생각하지 않더라도 사람들이 인생을 살아가는 것에 대한 그들의 표현이 인식의 기초에 근거를 두고 있다고 확신하며, 여기에는 의미를 만들어 내는 성취의 결과도 있다고 생각한다. 그리고 나는 이러한 부재하지만 암시적인의 개념이 사람들의 인생 가운데서 이야기를 다시 펼쳐 보이거나 해체하는 작업을 통해서 발굴해 낼 수 있다고 생각한다(White, 2000).

베트슨과 데리다의 생각이 어떻게 사람들이 의미를 만들어 내는 활동을 통하여 '사회 속에 잠재되어 있는 재료'를 유출해서 자신의 인생을 구성하는지에 대한 설명을 제공하는 가운데, 이러한 결과는 이야기 구조에 대한 나의 의문을 형성하였다. 이들의 제안에 의하면, 이야기 구조는 사람들이 세상의 사건들에 대한 의미를 갖는 것이 가능하게 해 주며, 인생에 대한 각자의 경험을 이해할 수 있는 차원에서 행동을 실행하는 것을 통하여 인식의 기본적인 틀을 제공해 주는 것이다. 이야기 구조 안에서 사건들은 주제 또는 구성에 의한 시간의 흐름을 통하여 앞으로 전개될 장면들 안에서 함께 연결되어 있다. 이러한 구조는 또한 자신이나 다른 사람들의 주도성과 목적이나 가치, 신념, 희망, 꿈 그리고 인생에 대한 헌신을 포함하여 이러한 사건들이 무엇을 말하는지에 관한 결론을 이끌어 낼 수 있는 기초를 제공해 준다. 민족 심리학은 의미에 기원한다. 이야기의 이러한 구조와 이러한 상황 가운데 형성된 특별한 이야기는 사람들이 기지고 있는 인생 경험의 의미를 결정하지는 않는다. 게다가 이러한 이야기는 확실성 안에서의 불확실성의 조건들을 만들어 낸다(White, 1991).[8] 확실성 안에서의 불확실성은 싫증나면서도 흥미 있는 문제를 세공한다.

> 인간이 자아를 해석하는 사람이라는 확장된 표현은 사람들이 살아왔던 경험에 반응하는 데 있어서 수동적이지 않으며, 인생 속에서 적극적인 의미를 부여하는 것이다. 그리고 정체성의 구성적인 주제

와 '인생의 대리자'라는 의미를 가진 자로 이끌어 준다. 이야기가 성취되는 경험의 해석자로서의 정체성을 보여 준다. 개인의 주도적인 자아 이야기에 적합한 형태가 아닌 인생에서는 항상 예기치 않은 우연성이 있다. 이것은 아마도 조절되어야 한다. 뿐만 아니라 개인의 이야기에도 많은 차이가 존재한다. 이러한 차이는 모든 이야기 속에 담겨 있는 불확실한 현상과 애매한 표현의 정도에 따른 결과다. 이야기 속에서 이러한 차이는 존재할 수 있으며, 자아에 대한 이야기를 실행할 수 있다. 비일관성과 모순은 모든 이야기 속에서 볼 수 있는 하나의 모습이며, 이러한 경우에 딜레마가 발생한다(White, 1992, p. 41).

요컨대, 문화의 실제와 지식의 직접적인 산물이 있는 인생을 제안하는 것은 어떻게 이러한 지식과 실제가 사람들의 의식 속에서, 그리고 사람들 인생의 표현 속에서 그들만의 방식을 발견할 수 있는지, 하나의 인생과 하나의 정체성을 형성하기 위한 문화적 재료들을 사람들이 추출해 낼 수 있는지 그리고 인생을 살아가는 것에 대한 사람들의 표현 속에 작용하는 문화적인 지식과 실제에 의하여 그 과정이 어떻게 수행되는지에 대한 생각과 인식을 포함한다. 문화의 직접적인 결과가 존재하는 인생을 제안하는 것은 의미를 형성하는 특별한 성취를 가시적으로 나타낸다. 그리고 이와 더불어서 이와 연관된 경험을 갖게 한다. 이것은 사회적인 협상의 복잡성을 포함하며, 성취의 기초를 제공할 뿐만 아니라 개인적인 노력이나 약속, 갈등 그리고 의미의 생산과 연계되어 있는 딜레마를 야기한다.

문화 수단 이야기

의미를 만들어 내는 활동과 이야기의 구조 그리고 문화적 지식과 실제의 구성적인 역할과 관련이 있는 몇 가지 생각에 대해서 간단히 살펴보았다. 나는 이러한 구성적 역할 속에서 지식과 실제가 인생을 결정하는 것이 아니라는 것을 제안하였다. 내가 가지고 있는 이해는 사람들의 인생 가운데 존재하는 이야기는 급진적으로 구성된 것이 아니라 사회적이고 문화적이며, 정치적인 공백 가운데 생성된 것이 아닌 문화와 역사 그리고 사회적인 지식과 실제에 의하여 형성된 것이라는 점이다. 그리고 내가 가지고 있는 생각은 이러한 이야기가 문화의 수반으로 생겨난 것이며, 이러한 이야기는 지식과 실제의 수단이 되기도 한다. 이러한 이야기 속에서 깊이 각인되어 있던 인생의 지식은 인생을 살아가는 특별한 방식을 보증하거나 자아의 형성을 위한 기술이나 관계의 특별한 실제와 연계된다.

문화적 수단으로서 이야기의 이해는 사람들의 인생과 정체성의 이야기 안에서 공개되는 치료적 대화 안에서 표현된다. 이러한 공개는 이러한 이야기와 연계되어 있던 부정적인 정체성의 결론의 해체에 기여하는 것뿐만 아니라, 더불어 발생하는 생각과 인생의 가시적인 방식을 형성하기도 한다. 그리고 사람들의 인생의 이야기에 대한 공개를 통하여 세상 안에서 인생의 존재에 대한 문화적이고 역사적인 방식을 드러내며, 세상에 암시적으로 알려지게 된다. 이러한 치료적 실제는 인생에 관한 기존의 고정되고 확실한 이해와 문화와 역사 그리고 사회적 산물로서 가시적인 인생의 방식을 치료의 현장 속에서 깨닫도록 도와준다. 그리고 인간의 상태와 정체성에 관한 진실 또는 인생에 관하여 확실한 성격을 가지게 된다. '사람들의 경험의 정치학'의 형태로 불리는 것은 더욱 가시적이고 경쟁적으로 된다.

문화적 수단으로서 이야기의 이해는 또한 이야기치료의 재진술 대화 안에서도 살펴볼 수가 있다. 이런 대화 속에서 사람들은 인생의 대안 이야기를 급진적으로 구성하지 않는다. 그리고 자신의 정체성에 대해서도 이의를 제기하지 않는다. 재진술 대화 속에서 기인한 인생 가운데의 대안적인 이야기는 세상 속에서 또 다른 인생의 방식을 가진 사람들의 이야기가 되며, 세상에 대한 또 다른 생각을 가진 자로서 또한 역사적이고 문화적인 색채를 가지게 된다. 이러한 생각을 진술하는 가운데 재진술 대화는 단지 사람들의 인생 가운데 대안적인 이야기를 뽑아내는 것만 의미하는 것은 아니다. 이러한 이야기는 대안적인 이야기와 연계되어 있는 인생의 실제와 지식의 풍성한 서술과 구체화를 위한 상황을 제공한다. 그러므로 치료적 대화는 단지 세상을 치료의 현장으로 가지고 오는 사람들의 정체성과 인생의 해체되는 이야기로만 구성되는 것은 아니다.

지식과 실제의 문화적이고 역사적인 성격들의 이해는 인생의 다양한 영역 안으로 치료적인 질문을 확장시키는 효과를 가지고 있다. 그리고 자신의 문제와 증상 그리고 염려를 설명하기 위한 그들의 노력 안에서 문화와 역사를 통하여 보는 것과 생각할 수 있는 새로운 가능성을 사람들에게 제공해 주기도 한다. 사람들은 생각할 수 있는 방식과 친숙한 면들을 개발시켜 나갈 수 있는 기초를 쌓게 된다. 그리고 이러한 기초는 이전에는 잘 알려져 있지 않았던 관계를 맺으며 이전에는 보이지 않았던 자아 형성의 선택을 제공하고, 이전에는 인식할 수 없었거나 또는 가능하지 않았던 문제 해결의 기술을 제공하기도 한다.

이어서 소개하고 있는 래리와 그의 가족과의 상담은 인생의 대안적인 이야기가 문화적이고 역사적인 부분로 인식될 때, 새로운 가능성을 보여 줄 수 있는 하나의 예를 제공하고 있다.

래리와 그의 가족

나는 래리와 그의 부모인 이멜다와 에릭을 만났다. 래리는 이제 13세이며, 그는 부모에게 있어서 오랜 시간 동안 염려를 해야 하는 대상이었다. 또한 경찰과 학교 선생님 그리고 다른 부모들의 주목 대상이었다. 이멜다와 에릭은 래리의 빈번한 분노를 일삼는 행동에 대해서 많은 걱정을 하고 있었다. 그는 공격적인 행동이나 위험한 행동을 서슴지 않았다. 그는 이미 여러 사회 기관들로부터 지도를 받았고, '조절이 불가능한 상태'라는 진단을 받기도 하였다. 여러 노력에도 불구하고 래리에게 아무런 변화가 없자, 그의 행동에 대해 특별한 지도를 받아야 하는 상황에까지 이르게 되었다.

이멜다와 에릭은 최근의 위기적인 상황을 맞이하고 나서야 래리가 보다 심층적인 상담을 받는 것이 필요하다는 생각을 하게 되었다. 최근에 래리는 분노에 차서 작은 칼을 그의 어머니 목에 겨눈 사건이 있었다. 이 사건은 이멜다에게 있어서 지푸라기라도 잡아야 하는 절박한 심정을 갖게 만들었다. 결국 그녀는 가방을 싸서 가족을 떠났다. 그런 후 며칠 동안 집에 돌아가지 않고 사촌 집에 머물렀다. 그리고 돌아와서는 마지막 노력을 해야 한다는 생각을 하게 되었다. 나와의 상담은 그녀가 생각했던 마지막 노력 가운데 하나였다.

이 가족과의 상담 초기에 나는 래리가 얼마나 그의 어머니에게 화를 표현했었는지에 대해서 듣게 되었다. 그리고 이전에도 이런 경우가 있었고, 이번 경우가 처음은 아니라는 말을 듣게 되었다. 래리의 반응으로 나는 그가 분노할 때 보여 주는 특별한 방식에 관한 정보를 구하였다.

마이클: 좋아, 나는 네가 엄마 앞에서 어떻게 화를 냈었는지에 대하여 알고 싶구나. 여기에 호기심이 많거든. 혹시 아버지 앞에서도 화를 내거나 그런 적이 있었니?

래리: 예.

마이클: 아빠에게는 엄마에게 화를 낼 때보다 더 심하게 내니? 아니면 덜 내니?

래리: 비슷해요.

마이클: 그럼, 아버지에게도 칼을 목에다 들이 대었던 적이 있었니?

에릭: (머리를 흔든다.)

래리: 아뇨.

마이클: 그럼, 그러려는 생각은 해 봤니?

래리: 아니에요.

에릭: (머리를 흔든다.)

래리는 화가 날 때 어머니의 목에 칼을 들이 대었지만 아버지에게는 그렇게 행동하지 않았다는 사실은 그의 행동에서 성(gender)에 관해 살펴볼 필요가 있는 특이한 사항이라는 생각이 들었다. 어머니와의 상호작용에서 성과 관련하여 힘을 행사하는 것이 래리에게는 특이한 일이 아니었다. 이러한 특이함 속에서 나는 래리의 행동에 대한 그의 입장에 관해서 알고자 하는 호기심이 생겼다.

마이클: 래리, 아버지가 이에 대해서 어떻게 생각하실 것 같니?

래리: 무엇을요?

마이클: 어머니의 목에 네가 칼을 들이 대었을 때 너의 아버지가 어떤 생각을 했을까? 그것에 관해서 아버지는 어떤 마음이었을 것 같니?

에릭: (깊은 한숨을 쉬면서 나의 질문에 약간 놀란 듯하다.)

래리: 아마 저의 행동에 놀라고 황당하셨을 것 같아요.

마이클: 네가 그것을 어떻게 아니?

래리: (어깨를 들썩이면서) 그럴 것이라는 생각이 들었어요.

마이클: (에릭에게) 래리의 말이 맞습니까?

에릭: 당신이 이런 질문을 하는 것에 대해서 놀랐습니다. 물론 저도 이해할 수가 없답니다.

마이클: (이멜다에게) 당신도 이에 대해서 생각하는 것이 있으세요?

에릭은 당황스러웠다고 말했는데요.

이멜다: 물론이죠. 도무지 어떻게 해야 할지 전혀 알 수가 없었습니다.

마이클: 당신은 래리가 당신에게 행하는 그런 행동에 대해서 에릭이 어떠한 생각을 가지고 있었다고 생각합니까?

이멜다: 에릭은 무슨 일이 벌어졌는지에 관해서 그렇게 많이 알고 있지는 않았습니다. 그러나 우리는 이런 면에 대해서 대화를 나누었습니다. 결국은 그의 관심이 필요하다고 생각합니다. 그는 이것을 무시하는 사람이 아니죠.

마이클: (에릭에게) 이것에 대해서 당신은 어떠한 생각이 드나요?

에릭: 예, 이멜다의 말이 맞습니다. 때로 제가 그녀를 외롭게 만들었던 것 같습니다. 그러나 저 또한 그녀를 여자로서 최선을 다해 존중해 주었다고 생각합니다. 이것이 저에게는 중요한 원칙이었기 때문입니다.

마이클: 여기서 당신이 말하는 것은 여성과의 관계에서 가지고 있는 일반적인 원칙에서 비롯된 것입니까? 아니면 특별하게 존중해야 한다는 생각에서 나온 것입니까?

에릭: 저는 저의 행동이 한결같아야 한다고 생각합니다. 이멜다, 당신의 생각은 어때요?

이멜다: 예, 저도 당신의 행동이 늘 똑같다고 생각합니다. 이 사람은 여성을 함부로 다루지 않습니다.

마이클: (에릭에게) 당신이 때때로 남성들이 여성들에게 함부로 행동하는 것을 목격했을 것이라고 생각합니다.

에릭: 예, 맞습니다. 심지어 직장에서도 그런 경우가 종종 있었지요.

저는 그러한 상황을 원하지 않았습니다.

마이클: 직장에서 당신이 그런 마음을 가지고 있다는 것을 알고 있는 사람이 있습니까? 그 사람은 당신이 이런 입장에 있다는 것을 잘 알고 있겠지요?

에릭: (어깨를 흔들며) 예, 그럴 것입니다.

마이클: 저는 지금 당신이 어떻게 해서 여성을 존중하는 마음을 가질 수 있게 되었는지 그리고 당신이 이런 마음을 행동으로 옮기는 것이 쉽지는 않은데, 그런 순간에 어떻게 행동을 하였는지에 대해서 알고 싶습니다. 또한 당신이 중요하게 간직하는 가치와 신념에 관해서 알고 싶습니다. 이에 대한 당신의 생각은 어떻습니까?

나는 이러한 의문과 관련한 여러 질문을 시작함으로써 에릭이 여성들과 관련한 남성들의 방식에 대해 풍성한 서술을 제공해 줄 수 있을 것이라고 희망하였다. 그러니 에릭이 이러한 질문에 대해 관심을 가지고 있다는 사실에도 불구하고, 그의 반응은 부족한 감이 있었다. 우리의 대화 속에서 이러한 방식과 연계되어 있는 지식과 실제가 풍성하게 알려지지는 않았다. 나는 에릭의 아버지인 케빈을 알게 되었는데, 그 또한 래리가 그의 이머니에게 행했던 행동에 대해서 동의할 수가 없었다. 그리고 그는 에릭이 존중에 대해서 말하는 것을 알고 있었다.

이멜다에게 행한 래리의 심각한 행동은 우리의 초기 대화에서 중요한 주제였다. 그리고 나는 래리의 이러한 행동에 대하여 래리가 심각하게 생각하고 있는 것을 알게 되었다. 그러나 래리의 위협적인 행동의 책임감을 심각하게 생각해 보는 동안 래리의 행동에 대한 책임감을 설명해 줄 수 있는 다른 사람을 생각해 보았다. 이런 상황 속에서 어떤 사람이 가장 적절한 설명을 해 줄 수 있을까? 그리고 이것은 또 다른 차원의 생각일 수도 있었다. 내가 가지고 있는 이해는 래리의 위협적인 행동이 남성과 여성이라는 성 정체성에 근거한 특별한 사고방식에 기인한 지식에 의하여 형성되었다는 점이다. 그리고 이러한 지식에 근거를 두고 있는 힘의 사용 방식이었다는 점이다. 나는 래리가 이러한 지식과 실제의 근원자라고 생각하지는 않았다. 이러한 지식과 실제는 래리와 별개로 우리의 공동체 안에서 존재할 수 있다고 생각하였다. 이것을 설명하는 가운데 나는 래리가 보여주었던 행동에 대해서 그만이 단독적으로 책임을 져야 한다는 생각에 동의할 수 없다고 생각하였다. 게다가 이러한 지식과 실제가 발전되어서 남성들의 문화 속에 깊이 자리를 잡게 되었고, 래리가 이러한 사고방식이 존재하는 공동체 안에 소속되어 그런 행동을 하도록 선동했다고 생각하게 되었다.

나의 의식 속에 자리를 잡고 있는 이러한 생각과 함께 나는 래리가 에릭의 말을 듣는 가운데 래리가 느꼈을 그의 생각에 관하여 몇 가지 질문을 하기 시작하였다. 이러한 질문은 래리가 여성과 관련한 남성들의 사고방식에 대한 탐구를 위하여 래리가 마음을 열 수 있도록 해 주는 것이었다. 그리고 래리와의 만남이 개별적으로 진행되었다. 이러한 모임의 목적은 래리가 여성들에 대한 남성들의 사고방식을 아버지와 할아버지의 입장을 통해서 자연스럽게 표현할 수 있도록 해 주는 것이었다. 그래서 몇 가지 제안을 조심스럽게 진행해 나갈 수 있었는데, 그것은 래리가 무엇을 교정해야 할지를 인식하고 직접적으로 교정을 시도해 보는 것이었다. 그리고 래리가 다른 방식으로 행동할 수 있는지를 살펴보도록 도와주기 위함이었다. 이런 계획의 일부분으로서 만약에 래리가 우리의 모임 가운데 또 다른 남성을 초청하는 것을 희망한다면—아마 그 사람은 그의 사촌인 피터였다—모임 가운데 진행되었던 사항을 이멜다의 피드백을 통해서 다시 생각해 보는 것이었다. 에릭은 이 계획을 좋아하였으며, 케빈이 이 부분에 기꺼이 행복하게 참여할 것이라고 말하였다. 래리도 이 계획에 동의를 하였는데, 그 이유는 무언가 분위기를 누그러뜨릴 필요가 있었기 때문이었다. 이멜다는 이 계획에 크게 반대하지 않았다. 그녀는 '래리의 위험한 행동을 멈추기 위한 책임성의 강조'를 위하여 필요하다고 생각하였다. 이 모임은 2주 후에 열렸으며, 다음의 축어록은 아마 이 대화의 중간 과정이 될 것이다.

마이클: 그래서 케빈의 이름이 생각났군요. 에릭은 여성들에게 대하는 평상시의 행동이나 의식이 케빈의 생각에서 많은 영향을 받은 것 같습니다. 이것은 당신에게도 일치하는 부분입니까? 이러한 마음을 갖기 위하여 당신이 가지고 있는 또 다른 생각이 있었습니까? 혹시 이런 이야기에 당신은 놀라지는 않았나요?

케빈: 예, 저는 전에 이런 일로 의견을 나눈 적은 없었습니다. 그러나 제가 가지고 있는 강한 신념은 여성들이 존중받아야 한다는 것입니다. 이것이 저의 소신이기도 합니다. 그리고 저는 래리의

그런 행동에 대해서 반대합니다. (래리를 바라보며) 너도 나의 아들이 아니냐? (우리를 보고 나서) 그러나 저의 이런 말이 얼마나 도움이 될지는 잘 모르겠습니다.

마이클: 에릭, 당신은 당신의 아버지께서 여성을 존중해야 한다는 말을 들었던 적이 있었습니다. 당신은 그 말을 들은 후부터 얼마나 그런 생각을 행동으로 실행하였습니까? 당신의 아버지께서 가지고 계셨던 그런 마음을 얼마나 표현하였습니까?

에릭: 글쎄요, 아버지께서는 여성들의 말을 경청하는 분이셨습니다. 그분은 자신의 생각을 철회하지 않으시죠. 그리고 그분은 어머니와 의견이 맞지 않거나 당황스러우시더라도 목소리를 크게 내시지 않으셨습니다. 저는 그러한 아버지의 모습을 보아 왔습니다.

마이클: 그것이 당신에게 의미하는 바가 무엇입니까?

에릭: 글쎄요, 저에게는 아버지가 보여 주신 많은 경우가 좋은 예라고 생각합니다.

마이클: (케빈을 향해서) 이것을 듣는 당신의 생각은 어떻습니까?

케빈: 약간 놀라운데요!

마이클: 에릭의 이런 생각에 바탕을 둔 행동에 대해서 당신은 어떻게 생각합니까?

케빈: 예, 그래요. 저도 또한 많은 단점들을 가지고 있습니다. 그러나 그것이 중요한 것은 아니라고 말하고 싶습니다. 왜냐하면 우리 모두는 서로를 위한 행복한 인생을 살아야 한다고 생각하기 때문입니다. 실제로 우리는 이것에 관해서 대화를 나누어 본 적

이 없었습니다. 솔직히 말해서, 이런 면에 대해서 그렇게 깊이 생각해 본 적도 없었습니다.

마이클: (케빈과 에릭을 보면서) 이제 두 가지와 관련해서 래리에 대한 이야기를 해 주겠습니까? 첫 번째는 당신이 믿는 것과 가치 있게 여기는 것이 래리와 관련해서 가지고 있는 생각이 무엇입니까? 여성과 남성들의 관계에서 존중을 강조하기 위한 책임감에 대한 당신의 이해가 무엇인지 말해 주겠습니까? 두 번째로 당신이 지금 떠오르는 생각 가운데 여성과 남성 간의 관계에서 실제로 어떻게 행동할 수 있는지에 대한 당신의 생각은 무엇입니까? 아마 두 번째 질문의 요지가 중요할 것입니다. 그것은 무엇인가 행동하는 것을 의미하기 때문입니다. 그리고 그 질문의 또 다른 점은 이러한 지식을 행동에 옮길 수 있는 기술적인 면을 의미하기 때문입니다.

케빈: 참으로 질문이 많군요. 그러나 그것은 우리가 노력해야 할 부분이라고 생각합니다.

에릭: 그렇습니다.

마이클: 그리고 제가 이 모임을 진행해 나가면서 몇 가지 질문을 통하여 당신들이 생각할 수 있도록 도움이 되었으면 좋겠습니다.

에릭: 예, 그랬으면 좋겠습니다.

우리의 대화가 마쳐갈 때 여성과의 관계에서 남성들이 행하는 방식이 탐색되었다. 여기에는 성에 대한 관점을 형성해 주는 차이점의 지식이 포함되었으며, 어떻게 이러한 지식이 실제에 적용될 수 있을지에 대한 실제적인 예가 포함되었다. 대화 도중에 나는 래리와 그의 사촌인 피터에게 그들이 들었던 바를 말할 수 있도록 격려하였다. 래리와 피터는 진실되게 에릭과 케빈이 여성들에 대하여 생각했던 바를 이야기를 통해 자신이 가지고 있던 놀라움에 대해서 표현하였다. 나는 대화가 연결되는 부분에서 남성들이 가지고 있는 인생의 방식과 여러 상황에 관하여 몇 가지 질문을 소개하였다.

마이클: 케빈, 저는 당신이 남성으로서 여성에게 어떻게 행동해야 한다는 당신의 관점을 어떻게 가지게 되었는지 궁금합니다. 이에 대해 대답해 줄 수 있나요?

케빈: 좋습니다. 아마 저도 몇 가지를 더 배울 수 있겠지요. (싱긋 웃는다.)

마이클: 우리의 대화 초기에 에릭은 저에게 당신이 쉽지 않음에도 이런 마음을 가지려 했다고 이야기해 주었습니다. 당신은 이런 생각을 언제부터 하게 되었습니까? 이와 관련하여 생각나는 사람이 있습니까?

케빈: 지금 생각해 보면 무엇보다 제 생각에 가장 먼저 떠오르는 분은 저의 삼촌이십니다. 그분께서는 제가 젊었을 때 보이스카웃의 리더셨습니다. 삼촌께서는 권위를 가진 위치에 있으셨습니다. 그리고 제가 기억하기로는 마치 자신이 독재자인 것 같이 행세하는 몇 명의 아이들이 있었습니다. 그러나 삼촌께서는 그런 모습을 좋아하지 않으셨습니다. 당신도 그에 대해서 여러 생각이 있겠지만요. 그분은 자신에게 주어지는 어떤 조언도 기꺼

이 들으셨습니다. 모든 사람들이 이것을 잘 알지요. 그리고 숙모께서 삼촌께 조언을 해 주었던 것을 기억하고 있습니다. 제가 알기로, 그것은 항상 있는 일은 아니었습니다. 이 말은 그와 같은 일은 특별한 경우였다는 것입니다. 즉, 남성이 여성에게 무언가 조언을 구하는 것은 항상 있는 일이 아니었을 것입니다.

마이클: 삼촌께서 어떻게 그런 행동을 했는지 아십니까?

케빈: 삼촌께 물어본 적은 없었습니다. 그러나 같은 가족의 '배경'으로부터 느끼는 감정인 것 같습니다.

마이클: '배경'이란 무엇을 의미하는 것입니까?

케빈: 예, 삼촌의 가족은 달랐습니다. 제가 기억하기로는 퀘이커 교도와 같은 것입니다. 그러나 자세히는 모릅니다.

마이클: 당신의 아버지께서도 그런 배경을 가지고 있으셨습니까?

케빈: 아닙니다. 인내와 이해가 필요할 때와 같이 늘 그런 것은 아니었습니다.

마이클: (에릭과 래리를 바라보며) 당신도 케빈의 삼촌에 대해서 알고 있나요?

에릭: 모릅니다.

마이클: 래리는 어떻습니까?

래리: 모릅니다.

마이클: 피터는 어때요?

피터: 저도 모릅니다.

마이클: 케빈, 당신의 삼촌에 대해서 좀 더 말해 주겠습니까? 삼촌께서 행하셨던 행동에 대해서 알고 싶습니다. 우리가 여기서 알고

싶은 것은 삼촌께서 가지셨던 생각과 행동입니다. 그리고 '어떻게 그런 행동을 할 수 있었는가?' 입니다. 예를 들면, 삼촌께서 알고 계시는 것에 대해서 우리가 아는 것은 무언가 다르게 행동하셨다는 것입니다. 그분께서 여성들에 대해서 존중했던 태도들을 통해서 알 수가 있지요. 그리고 굳이 동성의 친구들이 아니더라도 혹은 권위를 가진 남성이 아니더라도 그는 자신의 마음을 열어 사람들의 의견을 듣고자 노력했다는 것을 알고자 하는 것입니다.

케빈: 그렇군요. 그것이 필요하겠네요.

대화를 마쳐갈 때 삼촌이 살아온 인생의 방식에서 특징이 될 수 있는 많은 사실을 들을 수 있었다.

나는 케빈과 에릭, 래리와 피터와 다른 모임을 진행해 나갔다. 그리고 그다음에 에릭과 래리 그리고 이멜다와의 상담 과정도 이어 나갔다. 이런 모임 속에서 여성과 관련하여 남성들이 가지고 있는 대안적인 사고방식을 질문을 통해서 확인해 나갔다. 이러한 모임 속에서 모든 가족 구성원의 인생에 대한 방식이 확연히 보이게 되었으며, 이러한 점이 점차 래리의 행동을 선도하는 데 영향을 미치기 시작하였던 것이다. 또한 에릭은 그의 삶의 현장 속에서 자신이 가지고 있는 성에 대한 정치적인 의식을 설명하면서 적절한 이해를 얻게 되었다. 이멜다는 다행스럽게도 자신이 생각한 바에 대해서 기꺼이 피드백을 전달하였는데, 그것은 어떻게 래리가 여러 다양한 상황 속에서 자신에게 반응할 수 있었는지에 대한 것이었다. 여기에는 래리가 경험했을 좌절과 낙심 그리고 이멜다와의 관계를 교정해 나갈 수 있는 실질적인 제안이 포함되어 있었다.

이멜다와 래리의 관계에 관심을 가지는 것은 염려를 해결하기 위하여 필요한 책임감을 깨닫도록 하는 것이었다. 다른 한편으로 남성들의 모임에서 조언을 구해 보는 것도 생각해 보았다. 그리고 이러한 제안에 근거한 행동을 시작하도록 지지하였다. 만약에 이것이 필요하다고 판단이 된다면, 나는 남성들의 모임에 참가하도록 권유할 것이다. 물론 실제로 그렇게 하지는 않았다. 그 이후에 래리가 이멜다가 염려하는 사항에 대해서 어떻게 반응해야 할지와 같은 어려움을 경험할 때, 그런 남성들의 모임을 통해서 여러 다양한 조언을 개진할 수 있게 될 것이다. 나는 래리가 적합하다고 판단되는 여러 선택 가운데서 본인이 직접 선택할 수 있을 것이라 생각하였다.

래리와 그의 가족과의 상담에서 나는 에릭이 남자로서 자신의 인생에서 선호하는 방식이 문화적이고 역사적인 관계의 실제와 인생의 지식이 연계되어 있었다는 것을 이해하게 되었다. 이러한 생각은 한 가지의 질문을 형성하였는데, 그것은 기존에 알려져 있지 않았던 관계에서 친숙한 방식의 생각을 위한 기초를 제공해 주었다. 그리고 이전에는 보이지 않았던 자아의 구성을 위한 선택과 이전에 인정되지 못했거나 불가능했던 문제 해결의 기술을 재인식하도록 해 주는 것이었다.

결론

나는 이야기치료의 질문과 이러한 질문에 대한 사람들의 반응을 소개하였고, 이야기치료 질문의 많은 경우가 역사적으로 깊게 자리를 잡고 있는 정체성과 인생의 이해에 대한 특별한 전통과 밀접하게 연결되어 있다고 설명하였다. 그리고 나는 부루너(Bruner, 1990)를 언급하면서 이러한 전통을 가리켜 '민족 심리학'이라고 소개하였다. 민족 심리학은 주도성과 행위적 주체로서의 개인이라는 개념에 의하여 구별되는 이해의 전통이다. 그리고 현대 심리학의 발전 과정 속에서 세기를 거쳐 대체되기도 하였다.

민족 심리학의 인생과 정체성의 이해에 대한 전통은 1960년대와 1970년대의 사회 과학에서 명시되기도 하였다. 특히 문화 인류학의 '해석학적인 전환'을 통해서 일어났다. 민족 심리학의 명시는 의미를 만들어 내는 활동과 이야기 구조 안에서 새롭게 떠오르게 된 관심과 더불어서 진행되었다. 이러한 활동과 구조는 민족 심리학의 의식을 불러일으키는 이야기치료의 실제에 대한 근원적인 초점이 된다.

민족 심리학의 전통에 의하여 형성되는 치료적인 실제를 위한 제안을 살펴보면서 나는 '다중적인 주도성' 인생, '연합된' 인생, '다중적인 진정성' 그리고 '비관습적인' 인생의 산물에 대해서 논의하였다. 그다음에 나는 개인적이고 공동체적인 이야기가 역사적이고 문화적인 산물이라는 점에 대해서 설명하였고, 세상 안에서 사람들이 가지고 있는 인생의 존재 방식을 형성하는 인생의 실제와 특별한 지식을 수반한다고 주장하였다.

다른 부분에서는 여러 치료적 대화의 내용을 포함하였다. 여기에는 '미해결된 과제'를 공개하는 것과 관련하여 폴과의 대화에 대한 간단한 요약, 가족 구성원 가운데 자살을 했던 질과 그의 가족과의 대화, 신뢰와의 관계에 관한 릭의 이야기, 그리고 성과 관련한 힘을 설명하는 래리와 그의 가족과의 이야기가 소개되었다. 이러한 이야기를 통하여 내가 가지고 있는 의도는 주도성과 행위적 주체로서의 개인이라는 개념에 의하여 형성되는 이야기치료의 방식을 보여 주는 실제적인 사례를 소개하는 것이다. 그리고 '민족 심리학'으로 언급되는 인간 이해의 특별한 역사적인 전통과 강하게 연결되어 있음을 주지시켜 주는 것이다.

참고문헌

Bateson, G. (1972). *Steps to an Ecology of Mind.* New York: Ballantine.

Bateson, G. (1979). *Mind and Nature: A necessary unity.* New York: Dutton.

Beels, C. (2001). *A Different Story: The rise of narrative in psychotherapy.* Phoenix, Arizona: Zeig, Tucker & Theissen.

Bruner, J. (1989). *Actual Minds, Possible Worlds.* Cambridge, MA: Harvard University Press.

Bruner, J. (1990). *Acts of Meaning.* Cambridge, Mass: Harvard University Press.

Clifford, J. (1988). *The Predicament of Culture: Twentieth century ethnography, literature and art.* Cambridge, Mass: Harvard University Press.

Derrida, J. (1978). *Writing and Difference.* Chicago: University of Chicago Press.

Foucault, M. (1973). *The Birth of the Clinic: An archaeology of medical perception.* London: Tavistock.

Foucault, M. (1979). *Discipline and Punish: The birth of the prison.* Middlesex: Peregrine Books.

Foucault, M. (1980). *Power/Knowledge: Selected interviews and other writings.* New York: Pantheon Books.

Geertz, C. (1973). *The Interpretation of Cultures.* New York: Basic Books.

Geertz, C. (1983). *Local Knowledge: Further essays on interpretive anthropology.* New York: Basic Books.

Geertz, C. (2000). *Available Light: Anthropological reflections on philosophical topics.* New Jersey: Princeton University Press.

Gergen, M. M., & Gergen, K. J. (1984). 'The social construction of narrative accounts.' In K. J. Gergen & M. M. Gergen (Eds.), *Historical Social Psychology.* Hillsdale: Lawrence Erlbaum Assoc.

Iser, W. (1978). *The Act of Reading.* Baltimore, MD: John Hopkins University Press.

James, W. (1890). *Principles of Psychology,* Vol. I and II. New York: Holt.

James, W. (1892). *Psychology: Brief course.* London: Macmillan.

James, W. (1902). *Varieties of Religious Experience.* New York:

Longmans.

Meares, R. (2000). *Intimacy and Alienation: Memory, trauma and personal being*. London: Routledge.

Myerhoff, B. (1982). 'Life history among the elderly: Performance, visibility and remembering.'. In J. Ruby (Ed.), *A Crack in The Mirror: Reflexive perspectives in anthropology*. Philadelphia: University of Pennsylvania Press.

Myerhoff, B. (1986). 'Life not death in Venice: Its second life.'. In V. Turner & E. Bruner (Eds.), *The Anthropology of Experience*. Chicago: University of Illinois Press.

Rosaldo, M. (1984). 'Toward an anthropology of self and feeling.'. In R. A. Shweder & R. A. LeVine (Eds.), *Culture Theory: Essays on mind, self, and emotion*. Cambridge: Cambridge University Press.

Rosaldo, R. (1993). *Culture and Truth: The remaking of social analysis*. Boston: Beacon Press.

Spence, D. (1982). *Narrative Truth and Historical Truth: Meaning and interpretation in psychoanalysis*. New York: Norton.

Turner, V. & Bruner, E. (Eds.) (1986). *The Anthropology of Experience*. Chicago: University of Illinois Press.

White, M. (1991). 'Doconstruction and therapy.' *Dulwich Centre Newsletter*, No.3. Reprinted In D. Epston & M. White, 1992: *Experience, Contradiction, Narrative & Imagination: Selected papers of David Epston & Michael White, 1989-1991*. Adelaide: Dulwich Centre Publications. Reprinted In S. Gilligan (Ed.), 1993: *Therapeutic Conversations*. New York: W. W. Norton.

White, M. (1992). 'Men's culture, the men's movement, and the constitution of men's lives.'. *Dulwich Centre Newsletter*, Nos.3&4.

Reprinted In C. McLean, M. Carey & C. White (Eds.), 1993: *Men's Ways of Being.* Boulder: Westview Press.

White, M. (1995). 'Reflecting teamwork as definitional ceremony.'. In M. White (Ed.), *Re-Authoring Lives.* Adelaide: Dulwich Centre Publications.

White, M. (1997). 'Definitional ceremony.'. In M. White (Ed.), *Narratives of Therapists? Lives.* Adelaide: Dulwich Centre Publications.

White, M. (1999). 'Reflecting-team work as definitional ceremony revisited.'. *Gecko,* Vol. 2. Reprinted In M. White (Ed.), 2000: *Reflections on Narrative Practice. Adelaide:* Dulwich Centre Publications.

White, M. (2000). 'Re-engaging with history: The absent but implicit.'. In M. White(Ed.), *Reflections on Narrative Practice: Essays & interviews.* Adelaide: Dulwich Centre Publications.

White, M., & Epston, D. (1989). *Literate Means to Therapeutic Ends.* Adelaide: Dulwich Centre Publications. Republished as M. White & D. Epston, 1990: *Narrative Means to Therapeutic Ends.* New York: W. W. Norton.

후주

1) 민족 심리학에 대한 자세한 문헌은 다음을 인용하기 바란다. Jerome Bruner's Acts of Meaning(1990)

2) 나는 현대 심리학의 이해와 실제를 형성하는 데 있어서 이러한 발전에 대한 푸코(1973, 1979)의 분석에 오랜 시간 동안 관심을 가지고 있었다. 그의 분석에 의하면 규범적 판단의 상황 속에서 사람들은 현대의 여러 분야 속에서 단순하게 구성된 인생에 관한 규준과 관련하여 나름대로의 역할을 할당받는다고 말한다. 이러한 규범적 판단은 또한 사람들이 자신의 인생 속에서 특별한 방식으로 자신에게 할당된 역

할과 이러한 규범 사이에 차이를 좁히도록 계속적으로 자극을 받는다고 주장한다. 이러한 규범과 관련하여 각자에게 할당된 영역이 많을수록 인생은 세분화되거나 개별화된다. 주도성을 소개한다는 생각은 인간들이 인생의 표현을 형성하며, 이것은 인생의 파편화에 기여하게 된다. 현대적인 힘의 이러한 분석에 의하면 인생의 파편화는 주도성의 구성을 통하여 성취되며, 사회적인 지배의 체계를 구축하는 데 기여하게 된다. 인생의 파편화는 사람들이 자신의 인생이나 다른 사람들의 인생 안의 규범적 판단에 집중할 수 있는 기회를 제공한다. 그리고 사람들이 자신의 인생과 다른 사람들의 인생을 움직이기 위한 도전을 주며, 이에 역사적이고 전문적인 분야를 통하여 구성되는 심리학적인 규범을 만들어 내는 결과를 얻게 된다.

3) 주도성과 의도를 대조하는 가운데 제롬 부루너(Bruner, 1990)의 사상을 소개하고자 한다. 이러한 대조의 과정은 서로 동등하게 이루어진다. 예를 들면, 본질적/비본질적, 구조주의자/비구조주의자, 그리고 '본성주의적/구성주의적' 등이다.

4) 윌리엄 제임스의 심리학적인 전통은 다음에 등장하는 1908년 프로이드의 클락 대학교 강의를 통해서 대체되었다. 만약에 이러한 일이 발생하지 않았거나 또는 전문적이고 공적인 상상에 사로잡히지 않는다면, 20세기 초기의 심리학 이론 가운데 무엇이 발생했는지에 관한 벨(Beels, 2001)의 주장을 숙고해 보는 데 관심을 가져 볼 수 있다.

5) 제롬 부루너(Bruner, 1990), 그는 인식적 혁명에 의미 있는 기여를 한 학자다. 그는 이러한 발전의 결과와 역사의 진술에 관심을 가지고 있었다.

6) 인정의식 은유에 관한 보다 자세한 논의는 White(1995, 1997, 1999)을 참고하기 바란다.

7) 지난 30년 동안 데이비드 엡슨과 나는 사람들이 선호하는 인생의 발전에 관한 청중들을 모집하기 위해 기회를 탐색해 왔다. 우리는 결코 이러한 탐구를 우리의 상담 과정에서 사소한 부분으로 인식하지 않았다. 게다가 우리가 선호하는 인생의 발전과 연계된 정체성의 요구와 이러한 발전을 위한 인내를 가지고, 여기에 대한 진정성을 확보하는 일에 높은 가치를 두고 있었다. 1980년대 후반의 바바라 마이에르호프(Myerhoff, 1982, 1986)의 문화 인류학 작업에 관심을 가짐으로써 우리는 사람들이 선호하는 인생에 대한 발전과 정체성의 주장을 위한 진정성에 기여하는 청중들의 역할과 관련이 있는 과정에 기여하게 되었다. [예로써 White & Epston(1989)를 참조하기 바란다.]. 우리와 인정의식에 관한 바바라 마이에르호프

가 가지고 있는 개념은 또한 우리가 '인정의식'의 실제라고 불리는 이야기치료의 실제 한 부분을 발전시키고 강화시키는 데 일조하였다. 이러한 재진술의 방식은 사람들의 노력 가운데 약간의 변형된 형태를 띠기도 하였다.

8) 나는 불프강 아저(Iser, 1978)와 제롬 부루너(Bruner, 1986)의 생각으로부터 이러한 방식과 생각을 빌려 왔다.

04

이야기치료와 정체성 결론 드러내기

다니엘

다니엘—열한 살의 슬프게 보이는 한 소년—은 부모님인 톰과 루시에 의하여 나에게 상담의뢰가 들어왔다. 그때는 그의 부모님이 한계에 이르렀을 때였다. 그들은 자신의 인생이 다니엘에 의하여 황폐화되었다고 불평하였다. 그들에 의하면 다니엘은 가정 속에서 항상 문제를 일으키는 아이였다. 그는 두 번이나 학교에서 퇴학을 당하였고, 현재 다니는 학교에서는 정학 상태에 있었다. 그는 경찰과 이웃, 친구들과도 사이가 좋지 않았으며, 집에서는 늘 골치를 일으키는 존재였다. 나는 그들의 이야기를 상세하게 들으면서 루시와 톰도 다니엘의 행동에 동기를 제공할 수 있는 부정적인 요인이 있을 수 있다고 생각하게 되었다. 사실 이러한 사건들에 대한 그들의 진술은 다니엘의 정체성에 대해 그들이 가지고 있는 부정적인 선입견이 크게 작용한 것으로 보였다. 그리고 나조차도 그런 이야기를 듣는 것은 힘든 일이었다. 그들은 다니엘이 '가족을 엉망으로 만드는 아이'라는 결론을 강하게 믿고 있었다. 그리고 그는 '아무것도 할 수 없는 불필요한 존재' '자신뿐만 아니라 모든 사람들에게도 해로운 존재' 그리고 '그를 위하여 누군가가 무엇을 하고자 할 때 그런 노력은 아무런 쓸모가 없는 수고'라는 인식을 가지고 있었다. 이러한 생각에 대한 다니엘의 반응은 학습된 것으로 보였다. 그는 결코 자신의 인생이나 정체성에 대해서 어떠한 변론이나 방어도 하지 않았다. 나는 다니엘이 스스로에 대해서도 부정적인 결론을 가지고 있다는 것을 느낄 수 있었다.

나는 이들의 이야기를 들으면서 이 가족의 상황 속에 놓여 있는 그들의 좌절에 대해서 더 많은 생각을 하고 싶었다. 톰은 이런 점에 대해서, "당신은 아직도 이 아이에 대해서 전부 알게 된 것은 아닙니다. 아마 반도 모를 것입니다."라고 말해 주었다. 나의 반응은 "몇 가지 질문을 해도 괜찮겠습니까? 이 가족의 인생에서 당신들이 호소하는 고통에 대해서 더 알고자 하기 위해서입니다." 루시와 톰은 계속 질문하라고 언질을 주었다. 그리고 오래지 않아서 나는 이러한 문제의 원인이 루시가 어머니로서 자신의 정체성에 부정적인 이미지를 가지고 있는 것과 연관되어 있다는 것을 알게 되었다. 그녀는 보통의 어머니로서 가질 수 있는 생각에 대해서도 어려움을 겪고 있었다. 이러한 상황을 설명하는 가운데 이것은 그녀를 소외시키는 결과를 만들었다. 나는 또한 이러한 문제가 그녀와 다니엘과의 관계에 부정적인 영향을 미쳤다는 것을 알게 되었다. 그녀가 자신의 아들을 보는 관점에 부정적인 결과를 가져오고 말았던 것이다. "당신이 생각하기에 어떠한 감정이 당신과 다니엘 사이에 존재하고 있습니까?" 나는 루시에게 물었다. 그리고 "이러한 문제가 당신이 어머니로서 아들에 대한 생각에 어떻게 영향을 미치었습니까?"라고 물었다. 이러한 질문에 대한 대답들 속에서 루시는 눈물을 흘리고 있었다. 나는 그녀가 눈물을 흘리는 이유에 대해서 물었고, 루시는 그녀가 어머니로서 자신이 잃어 버렸던 것에 대한 깊은 회한의 슬픔을 말해 주었다. 그리고 자신이 아들에 대해서 정말로 무지했었다는 것에 대한 후회도 말해 주었다.

나는 톰에게 화제를 돌려서 그의 인생 가운데 그가 심각하게 생각하고 있는 문제가 무엇인지 물어 보았다. 그는 나의 질문에 대해서 어쩔 줄 몰라 하였다. 그는 어디서부터 시작해야 할지 모르겠다고 말했다. 그래서 나는 그에게 이 문제가 다니엘의 아버지로서 자신의 존재에 대해 어떠한 영향을 주었는지에 대해서 설명해 달라고 부탁하였다. 톰은 자신이 다니엘의 아버지로서 제대로 아버지의 역할을 감당했는지 확신이 가지 않는다고 말하였다. 다니엘은 자신을 그런 존재로 인정하려고 하는 것 같지 않았다. "이런 상태가 당신에게는 어떻습니까?" 나는 물었다. 톰의 반응은 절망과 괴로움이 섞인 것 같았다. "저에게도 꿈이 있었습니다. 그러나 이제는 무엇을 해야 하는지 모르겠습니다." 나는 곧 톰이 말한 꿈에 대해서 물어 보았다. 우리는 함께 다니엘이 어떤 생각을 하고 있는지를 알아보기 위한 여러 방법들에 대해서 살펴보았다. 시간이 지난 후에 나는 "그러면 이러한 문제가 당신의 꿈에 어떠한 영향을 미쳤는지에 대해서 무엇을 말해 줄 수 있습니까?" 그는 감정적으로 이런 반응을 보여 주었다. "그것은 제 꿈을 산산이 부수었습니다."

이제 다니엘에게 물어볼 시간이 되었다. "너와 이야기하는 것이 어떠니?" 나는 톰과 루시에게 다시 물어 보았다. "만약에 제가 다니엘에게 이 문제가 다니엘의 인생에 미친 영향에 대해서 물어 본다면 어떻겠습니까?" "괜찮습니다." 루시는 말했다. "그러나 저는 당신이 혹시 그 아이를 화나게 할까 봐 조금 걱정됩니다." 다니엘에게 나는 "네가 들은 대로 나는 이미 네 부모님들과 대화를 나누었단다. 그리고 어떻게 이 문제가 너희 가족의 인생에 영향을 미쳤는지를 물어보았단다. 이제 나는 너에게도 이와 비슷한 질문을 하고 싶단다. 그래도 괜찮겠니?" 이러한 질문에 다니엘은 어깨를 움츠렸다. 나는 계속 이어서 질문하였다. "이러한 문제가 너 자신에 관하여 무엇이라고 생각하니? 네 자신에 대해서 어떤 그림을 그리도록 하니?" 이러한 질문에 다니엘은 다시 한번 어깨를 움츠렸다. "나는 네가 어깨를 움츠리는 것이 내가 질문을 계속해도 된다는 의미로 받아들여도 괜찮니? 그리고 만약에 그것이 아니라면 내가 알 수 있도록 말해줄 수 있겠니?" 나는 그런 그의 태도를 통해서 다니엘이 어느 정도 동의하는 것으로 생각하였다. 비록 내가 이것이 확실한지는 잘 모르겠지만, 내가 받았던 인상을 기반으로 계속해서 질문을 이어 나갔다. "내가 너의 어머니와 아버지에게 이런 면에 대해서 그들의 생각을 묻는다면 그것이 너에게도 괜찮은지 알고 싶구나?" 다니엘은 또다시 어깨를 들썩였다. "고맙구나. 나는 네가 계속해도 좋다는 신호를 보낸 것으로 알겠다." 나는 더욱 흥미를 가지고 다니엘의 협조를 얻었고, 이어서 질문을 진행해 나갔다.

이러한 문제에 대해서 루시와 톰과의 대화를 마친 후에 루시는 이 문제가 바로 다니엘이 어떤 아이인지에 대한 어두운 생각을 심어 주었다고 말하였다. 톰도 이 부분에 대해서 그가 가지고 있는 생각을 말해 주었는데, 그것은 이 문제가 다니엘에게 동일한 생각을 하도록 해 주었다는 것이다. '아무것도 할 수 없는 게으른 아이' '시간만 낭비하는 아이' 그리고 심지어 '본인 스스로도 불필요하다고 여기는 아이' 등이었다. 이러한 묘사는 톰과 루시가 우리의 모임 초기에 가지고 있던 생각이었다. 그러나 이들은 더 이상 다니엘의 인성에 대해서 경시할 생각을 갖지는 않았다. 이러한 묘사는 다니엘의 특성에 대한 그들의 진심을 외면하기도 하였다.

우리가 진행해 왔던 여정에 대해서 톰과 루시와의 만남 초기에서 사람들이 다니엘에게 가지고 있었던 다니엘의 부정적인 정체성의 결론에 대해서 대화를 나누었다. 그리고 나는 다니엘의 인생에 대한 평가를 사람들이 암묵적으로 동의하는 것에 대해서 의문을 가지게 되었다. 다니엘은 이러한 결론이 자신의 정체성을 귀결시켜주는 것으로 인식하고 있었다. 대화가 30~40분 정도 지난 후, 우리는 사람들이 가지고 있었던 다니엘에 대한 부정적인 정체성의 결론이 다니엘의 전체적인 모습을 결코 다 대변할 수 없다는 생각을 충분히 갖게 되었다. 그리고 나는 다니엘이 기존의 선입견과 구분되는 전혀 상반된 개념의 정체성을 가질 수 있다고 생각하였다. 이러한 부정적인 정체성의 결론이 더 이상 그가 누구인지에 대한 진실을 대변해 주는 것은 아니었다.

이것은 우리의 작업이 더욱 협력적인 자세로 진입하도록 기초를 제공해 주었다. "다니엘, 네 자신에 관한 그러한 부정적인 생각에 대해서 대화를 나누는 것이 괜찮니?" 다니엘은 자신의 어깨를 들썩이면서 자신이 가지고 있던 생각을 통해 반응하였다. 그는 그의 부모님을 흘깃 보더니 괜찮다는 표시를 해 주었다. 나는 그에게 물어 보았다. "네가 누구인지에 대한 부정적인 생각을 나누는 것에 대해서 너는 어떤 생각이 드니?" 톰이 말했다. "제가 다니엘을 힘들게 할 수도 있다고 생각합니다. 그리고 비참하게 할 수도 있고요." "다니엘이 이런 면에 대해서 힘들게 말할 수 있을 것이라 생각합니다." 루시가 말했다. "왜냐하면 때때로 다니엘의 베개가 젖은 채로 아침에 놓여 있는 것을 보곤 합니다." 나는 다니엘을 쳐다보았다. 그가 이런 생각에 대해서 어떻게 생각하는지 확인하고 싶었다. 그순간 나는 그의 눈가에 눈물이 맺혀 있는 것을 보게 되었다. 다니엘은 고개를 돌려 눈물을 훔치려는 것 같았다. 그가 눈물을 닦고 나서는 다시 그런 눈물을 볼 수 없었다. 이러한 눈물의 의미는 다니엘 자신이 문제를 가지고 있었고, 모든 이들이 자신을 그렇게 보고 있다고 생각하는 신호와 같았다. 이제 무엇이 보이는지, 가족 구성원이 함께 이것을 생각해 볼 수 있는 기회가 되었다. 나는 이러한 그들의 노력 속에서 자신의 인생 가운데 놓였던 고통스러운 아픔으로부터 서서히 회복하려는 하나의 시도로 생각하게 되었다.

부정적인 정체성의 결론 드러내기

외현화 대화는 내가 설명한 바와 같이 이야기치료의 여러 대화 중에서 하나의 가능성을 보여 주는 것이다. 이야기치료에서는 특별히 '반드시'라고 요구하는 것은 없지만, 사실 외현화 대화는 나와 상담하는 사람들과의 작업에서 종종 부재하는 경우도 있다. 그러나 외현화 대화는 사람들이 치료의 현장에 가지고 오는 부정적인 정체성의 결론을 공개하는 데 매우 유용할 수 있다.

나는 당신이 이 책의 독자로서 이런 종류의 결론에 대해서 친숙할 수 있다고 생각한다. 예를 들면, 사람들이 흔히 말하는 '희망 없음' '실패한 자' '부적절함' '무가치함' '증오함' '무능함' 등이다. 아마 당신은 무엇보다 당신의 인생 가운데서 이러한 정체성의 결론을 비슷하게 경험했을지도 모른다. 심지어 이것이 치료의 현장 속에서 당신이 희망하는 방법으로 제대로 진행된다고 생각이 들지 않을 때, 아마 이것으로 인해서 잠시 동안 실패한 기분을 느낄 수 있을지라도 말이다. 그렇다고 이것이 나를 놀라게 하지는 않는다. 결국 개인적인 실패의 모든 감정은 결코 우리를 자유롭게 만들지 않는다. 그리고 현재의 시간 속에서 그다지 중요한 것으로 여기지도 않는다. 이러한 부정적인 정체성의 결론이 지속될 때, 사람들은 자신의 인생에 이런 것들로 가득 넘쳐 있는 것으로 생각할 수도 있을 것이다. 이러한 결론은 종종 사람들의 인생 속에 잠재되어 있는 문제와 관련한 행동의 병리적인 현상에서 발견되는 것으로 인식할 수 있다. 그리고 개인의 인생이 차갑게 얼어 버린 것과 같은 불안의 존재로 강하게 남겨지기도 한다.

외현화 대화의 사용에 대해서 설명하거나 묘사할 때, 나는 종종 이러한 대화가 사람들의 부정적인 정체성에 대한 결론을 공개하는 데 기여할 수 있다는 점에 대해서 설명한다. 나는 이것을 '빈약한 결론'이라고 말한다—기어츠의 '빈약한 서술'로 표현되기도 한다. 사실 나는, 외현화 대화의 근원적인 목적 가운데 하나는 사람들이 자신과 다른 사람들의 정체성에 관하여 가지고 있는 빈약한 결론을 해체하는 것이라고 확신한다. 실제로 이러한 결론은 그들에게 주어진 진실한 상태를 박탈하기도 한다. 이러한 결론은 그들이 행했던 진정성을 수행하지 못하게 만들기도 한다. 나는 이러한 결과가 다니엘과 그의 부모와의 외현화 대화에서 잘 보여 준다고 생각한다. 아마도 또 다른 간단한 예가 외현화 대화의 사용이 사람들의 진실한 상태에서 빈약한 결론으로 이끌 수 있다는 것을 보여 준다고 생각한다.

제인은 나에게 경계선 인격 장애 진단으로 위탁되었다. 정신과 의사인 사라는 그녀를 나에게 위탁하면서 제인이 병원에 정기적으로 입원하는 사이클을 멈출 수 있기를 희망한다고 말했다. 그녀가 보여 주었던 사이클은 자신의 손목을 베거나 그러고 나서 우울증에 의한 자살 행동을 보이는 경우로 진행되는 것이었다. 나는 제인과 사라와의 초기 대화에서 제인이 스스로를 심하게 증오하는 것을 알게 되었다. 그녀는 자신에 대한 증오의 표현을 자주 보였다. 그래서 제인의 동의를 얻어 그녀와 대화를 나누기 시작하였고, 그녀의 인생 가운데 자신을 증오하는 영향들에 대해서 사라와도 대화를 나누었다. 이러한 대화는 다음의 질문으로 진행되었다.

- 자신을 증오하는 것이 당신 자신에 관하여 무엇을 하도록 합니까?
- 자신을 증오하는 것이 당신의 마음에 심어 놓은 것은 무엇입니까?
- 자신을 증오하는 것이 당신의 몸을 어떻게 취급하도록 합니까?
- 자신을 증오하는 것이 당신의 몸을 성장시키도록 합니까? 아니면 당신의 몸을 거부합니까?
- 자신을 증오하는 것이 당신의 몸에 대해 연민을 갖게 만듭니까? 아니면 자신을 증오하는 것이 당신에게 엄격하거나 강박적인 행

동을 하게 합니까?

- 자신을 증오하는 것이 당신과 다른 사람들과의 관계에서 무엇을 원하고 있습니까?
- 자신을 증오하는 것이 다른 사람들에 대해서 권위적인 마음을 갖도록 만듭니까?
- 자신을 증오하는 것이 다른 사람들과의 관계에 어떠한 영향을 미쳤습니까?
- 만약에 내가 몇 가지를 질문하는 것이 괜찮다면 다음의 질문을 하고 싶습니다. 자신을 증오하는 것이 어떻게 당신 스스로를 더 증오하도록 만듭니까?

여기서 이러한 질문은 오랜 시간 동안 유지되었던, 자신을 증오하는 상태의 진실을 보게 하는 효과를 가지고 있었다. 우리가 진행한 첫 번째 단계는 제인이 병원에 반복적으로 입원하는 그녀의 사이클로부터 자유롭게 하는 데 기여할 수 있는, 의미 있는 작업을 하는 것이었다. 그리고 정의를 위한 그녀의 열정을 발견하며, 인생에 대해 보다 긍정적이고 넓은 관점을 가지도록 돕는 것이었다.

요약한다면, 여기서 외현화 내화의 사용을 설명하고 묘사하는 가운데 나는 부정적이고 무기력한 정체성의 결론을 해체하기 위한 하나의 도구를 제공하려고 하였다. 그러나 이것은 문제가 외현화가 되었을 때 내가 강조하는 모든 것들은 아니었다.

재저술 대화

나는 이야기치료의 여러 대화를 소개하는 가운데 외현화 대화가 차지하는 역할에 대해서 설명을 하였다. 그리고 외현화 대화는 긍정적인 정체성의 결론의 생성에 기여한다고 말하였다. 그리고 다른 이야기치료의 대화 가운데서 나는 '재저술 대화'를 소개하고자 한다(White, 1992, 1995). 재저술 대화는 긍정적인 정체성의 결론과 연계되어 있는 인생의 실제와 지식의 탐구와 구체화에 기여하는 측면이 강하다. 이런 방식 안에서 재저술 대화는—외현화 대화도 같은 방식으로 진행된다—사람들의 정체성과 관계를 풍성하게 묘사하는 데 기여한다. 인생과 관계에 대한 이러한 풍성한 묘사는 이전에는 볼 수 없었던 세상 속에서의 행동을 위한 가능성의 영역을 확장시켜 나간다. 재저술 대화는 사람들이 자기 정체성의 또 다른 경험을 할 수 있도록 해 준다. 재저술 대화는 실제로 인생과 정체성을 구성해 나간다. 이 점을 설명하기 위하여 나는 다니엘의 이야기를 다시 간단히 언급할 것이다.

우리의 외현화 대화는 가족 구성원을 대표해서 대안적인 정체성을 제기해 나갈 수 있는 방식을 만들었다. 이러한 새로운 제기는 그들의 인생에 있었던 문제 중심 이야기와 상반되는 것이었다. 이러한 정체성은 루시가 어머니로서 자신에게 가지고 있었던 절망 속에 암시되어 있었다. 그리고 그녀의 그러한 슬픔은 그녀가 다니엘과의 관계에서 어머니로서 표현하고자 했던 것을 방해하고 있었다. 톰이 남자로서 그리고 아버지로서 그의 존재에 관한 대안적인 제기는, 그의 부서져 버린 꿈들 그 이상의 절망스러운 표현 속에 암시되어 있었다. 그리고 다니엘에 관한 대안적인 정체성의 제기는 루시와 톰과의 대화 속에서 표현되었는데, 그것은 다니엘의 성격이나 그의 눈물에 관해서 말해 주는 것이었다.

우리의 대화 이후에 대안적인 정체성에서 표현되었던 꿈과 희망, 목적, 가치 그리고 헌신이 나타날 수 있었다. 이러한 사실 가운데서 톰은 아버지로서 자신의 꿈에 대한 내력을 탐구하였는데, 이러한 과정은 그가 14세에 본인이 했던 서약의 기억까지 살펴보게 했다. 그의 서약은 전에 루시와 다니엘에게 결코 말해 본 적이 없던 것이었다. 그의 아버지에 의하여 그에게 행해졌던 것이지 결코 다니엘에 대한 서약은 아니었다. 루시는 그녀 인생의 가치와 자신이 가지고 있었던 목적 그리고 다니엘 어머니로서 자신의 역할 사이의 연결을 말할 수 있는 기회를 가지게 되었다. 그리고 그녀가 이런 면들을 연결시킬 수 있는 과거의 경험에 대해서 구체화할 수 있게 되었다. 그녀는 또한 우리의 대화 가운데서 가치와 목적이 반영되었던 다니엘과 그녀의 관계에 대하여 설명하였다. 다니엘은 루시와 톰의 대화를 들으면서 눈물을 흘리기 시작하였다. 이것은 그의 부모와 다른 사람들과의 '진정한 관계'를 위한, 이전에 인식하지 못했던 소원을 포함하는 것이었다.

우리의 대화가 진화되면서 소원과 가치, 목적, 서약 그리고 꿈과 관련된 인생의 실제와 지식이 풍성하게 묘사되었다. 이것은 가족 구성원이 서로의 관계 속에서 본인들이 주도적으로 행동할 수 있는 선택을 제공해 주었다. 이러한 주도성은 그들에게 있어서 이전에 가능했던 것은 아니었다. 이러한 결과로 문제는 세 사람들의 인생 속에서 중단되기 시작하였다.

요컨대, 나는 다음의 목적을 위하여 외현화 대화의 잠재성을 설명하고 강조하였다.

a) 사람들이 부정적인 정체성의 결론으로부터 벗어날 수 있도록 돕기 위함이다.
b) 긍정적인 정체성의 결론을 생성하기 위해 탐구에 기여하는 이야기치료의 대화를 소개하기 위한 일종의 지름길을 제공하기 위함이다.

이러한 긍정적인 정체성의 결론은 단독으로 존재하는 가상의 상황은 아니다. 긍정적인 정체성의 결론은 인생의 특별한 지식과 실제와 연계된 것이다. 여러 경우 속에서 일단 질문이 이루어지고 나면 이러한 지식과 실제는 희미한 탐구의 과정 속에서도 서서히 드러나게 된다. 그러나 이러한 지식과 실제는 인생에 관한 사고의 방식과 세상에 대한 존재의 방식을 형성하기 위한 잠재성을 가진다는 것이 나의 이해다. 그러므로 만약 이러한 지식과 실제가 치료적 대화의 과정을 통해서 풍성하게 묘사가 된다면, 그다음에는 이전에는 상상할 수 없었던 행동을 위한 가능성이 우리와 상담하는 사람들에게 가능해진다.

나는 이러한 지식과 실제에 대한 풍성한 묘사가 상담 과정 속에서 매우 중요한 역할을 한다고 생각한다. 이러한 점을 강조하기 위하여 폭력적인 행동 때문에 나에게 상담의뢰를 한, 한 남자와의 상담 과정을 설명할 것이다. 이러한 상담 과정에서 초기 대화의 초점은 이 사람이 행했던 폭력적인 행동에 대한 그의 책임감을 생각해 보는 가운데, 중요한 단계들을 취할 여지를 마련하는 것이다. 그리고 그의 행동이 다른 사람들의 인생에 미치는 단기간과 장기간 각각의 결과에 대한 이해를 발전시켜 나가는 것이다. 이러한 초기 대화는 또한 남성 위주의 문화에 대한 의식을 형성하게 된 정체성의 결론 해체에 초점을 두는 것이다. 그리고 부정적인 정체성의 결론과 연계되어 있는 인생에 관한 생각 방식이나 인생의 존재 방식을 해체하는 것이다. 그러나 이것이 이야기의 마지막은 아니다. 사실 이제 시작일 뿐이다.

나는 진실과 연관되어 있는 인생에 관하여 생각과 존재 그리고 정체성에 관한 이러한 '사실'에 도전할 수 있는 기회를 이 남자에게 제공하려는 것은 아니다. 이런 남자들이 어떤 '본질적인' 지식의 산물인 비학대적인 인생의 방식과 이해를 자연스럽게 인식하고 있음을 제안하는 것도 아니다. 이런 경우에 내가 이해하고 있는 매우 중요한 점은 이러한 사람들이 치료의 대화 속에서 경험하는 새로운 정체성과 연관되어 새롭게 인생을 살아가는 방식이나 실제 그리고 인생의 지식을 탐구하도록 도울 수 있다는 것이다. 이런 방식 속에서 이런 사람들의 인생에 대한 다른 독특성이 나타나고 학대의 방식을 보여 주는 부분을 외현화한다. 나는 이것이 오직 개인적인 책임성을 유지하는 것과 인생의 실제와 지식의 탐구를 통해서 알게 된다고 생각한다.

인생과 정체성의 본성적인 진술

나는 외현화 대화를 보여 주기 위하여 한 부부를 소개하는 것이 효과적이라고 생각한다. 나는 외현화 대화가 어떻게 사람들이 부정적인 정체성의 결론에서 벗어나는 데 도움을 제공할 수 있는지 그리고 외현화 대화가 어떻게 인생의 실제와 지식을 풍성하게 묘사하는 재저술 대화를 위한 공간을 만들어 나갈 수 있는지를 소개하였다. 이제 나는 외현화 대화를 재저술 대화와 관련하여 일반적으로 발생하는 몇 가지의 오해를 구체적으로 밝히는 데 다음의 과정을 서술하고자 한다.

이러한 생각과 관련된 한 가지 오해는 긍정적인 정체성의 결론이 개인적으로 관련된 정체성의 '진실'을 상담하는 과정 속에서 대표적으로 소개될 수 있다는 점이다. 그리고 이러한 긍정적인 정체성의 결론은 규칙적으로 인생에 관한 현대의 인간 이해와 중첩된다는 사실이다. 이러한 오해는 내가 이야기치료에 관하여 가르치거나 글을 쓰는 가운데 모든 정체성의 문화적이고 역사적인 기초를 강조하면서 특별히 주의를 기울이고 있음에도 불구하고 종종 발생하기도 한다.

대안적인 지식과 인생의 실제와 관련한 또 다른 오해는 재저술 대화 속에서 구체화된다. 재저술 대화는 인생의 '진실한' 지식과 '순수' 또는 '진정성'의 실제를 드러내기도 하며, 본성적으로 '순수'하거나 '무의식적'인 것으로 인식되기도 한다. 그러나 나는 이것을 실제로 생각하지는 않는다. 게다가 나는 항상 이러한 지식과 실제는 인생에 관한 존재 방식을 형성하며, 역사와 문화의 산물로 간주된다는 전제를 가지고 있다. 지식과 실제는 가족의 기원이나 의무 그리고 선택이 포함된 가족이라는 집단 속에서, 문화적으로 영향을 미치는 많은 상황 가운데 발전되고 구성되는 것이다.

이러한 오해가 담겨 있는 상황 속에서 이야기치료는 사람들의 '진실성'과 '근원적인 인성' 그리고 '사실적인 상태'를 반영할 수 있는 인생을 통해, 사람들을 자유롭게 만들어 주는 것으로 이해될 수 있다. 나는 이야기치료에 휴머니즘 사상이 영향을 끼칠 수 있다고 생각해 보았다. 왜냐하면 현대 서양 문화에서 휴머니즘의 담론이 인생의 당연한 이해를 표현하는 데 있어서 깊게 침투해 있기 때문이다. 이러한 이해는 인생과 정체성에 자연스러운 설명을 제공한다. 그들에게 있어서 정체성이란 자연과 인간의 조건 그리고 '인간은 누구인가?'에 대한 핵심에 있어서 발견된 '본질'과 '요소'로 구성된 본성적인 산물로 간주하기 때문이다. 인생과 정체성을 이런 방식으로 간주하는 것은 사람들이 경험하는 문제가 인간 상태의 본질이나 요소를 왜곡하거나 압박 또는 억압한다는 강제성의 결과를 말해 주는 것이다. 이러한 본성적인 개념에 의하여 사람들의 문제에 대한 해결책은 사람들을 압박하거나 강요하고 왜곡시키는 강제성을 버리도록 하는 것이다. 그래서 사람들은 자신이 진실로 누구인가에 대한 인식을 가질 수 있는 기회를 가지며, 자신이 추구하는 자유로운 인생을 살아갈 수 있는 기회를 얻게 된다. 이러한 조건에 따라서 비록 사람들의 문제가 인생 속에서 시간이 흐르면서 발전되었다는 시간적 관점으로 이해하더라도 해결의 열쇠는 역사의 외부에 있는 것이다. 그것이 바로 본성적인 진술이다.

인생과 정체성의 본성적인 진술 드러내기

'인간의 상태'란 무엇인가? 한 가지 분명한 것은 이것은 존재하는 것이 아니라는 점이다. 또 다른 분명한 것은 인간 상태의 개념에 관한 역사에서 살펴볼 수 있다는 점이다. 물론 이것은 항상 동일하지는 않다. 인간 상태의 근원적인 본질과 요소로 인식되는 것은 시대와 시대를 통해서 변화를 보였다. 여기서 내가 간단하게 살펴볼 것은 '어떻게 인간 상태가 현대 서양 문화 안에서 자리를 잡을 수 있느냐?'다. 이 글의 목적을 위하여 나는 몇 가지를 제한적으로 생각할 것이다. 여기에는 인간 상태의 개인적인 영역으로 고려될 수 있는 본질이나 요소를 강조하거나 또는 사람들이 언급하는 '자원' 그리고 '강점'으로 생각해 볼 수 있다.

내가 여기서 이 글을 읽는 독자들이 어떠한 자원이나 강점을 가지고 있든지 또는 가지고 있지 않든지에 상관없이 내가 추측하는 것은 많은 사람들이 '내가 이런 특성을 가지고 있는가?'와 같은 확증된 사실에 반응할 수 있다는 점이다. 그리고 만약 내가 당신에게 당신의 정체성과 관련이 있는 개인적인 영역에 관하여 질문한다면 많은 사람들이 다시금 다음과 같이 확신 있게 반응할 수 있을 것이다. "물론입니다. 그러나 이것이 모든 사람들에게 사실적으로 존재할까요? 이것은 사람들의 정체성에 중요한 부분을 구성한다고 생각합니다." 자아의 이러한 근원적인 존재는 우리가 강점과 자원이라고 부르는 것을 당연한 사실로 여기게 만든다. 그러나 정체성에 관한 이러한 근원적인 생각은 신기한 생각일 수 있으며, 세상의 역사뿐만 아니라 서양의 문화 안에서 살펴볼 수가 있다.

아마도 문화적인 차이를 통해서 서양 문화의 역사 안에 가지고 있는 이러한 생각에 관하여 나는 다음의 예시를 소개하고자 한다.

나는 호주 서부 사막 지역에 있는 호주 원주민 공동체에서 온 몇 명의 노인과 모임을 가졌다. 나는 거기서 원주민 부부 한 쌍을 만났다. 우리는 함께 논의하였고, 그 노인들과 같이 모임을 진행해 나가면서 어떤 과제들을 실행해 나갔다. 그 과제는 그들의 공동체 안에서 주요 관심사로 자리 잡고 있었던 특정한 이슈를 중심으로 200년 전에 유럽의 백인이 이 땅에 침입해 와서 그들의 땅을 빼앗고 차지했던 결과와 연관되는 것이었다. 우리의 논의 가운데서 나는 많은 사실을 알게 되었는데, 이는 이미 그들이 깊이 있게 논의하였고 고민했던 부분이었다. 이들은 자신이 자칫하면 낙심하고 좌절할 수 있는 상황 속에서도 이 모임을 진행해 나갔다.

나는 이들의 주도적인 행위에 대해서 경외심을 가지고 있었고, 그런 점들을 인정할 수 있는 방법을 찾고 싶었다. 이러한 경외심을 인정할 수 있는 방식을 찾기 위한 나의 노력은 호주의 토착 원주민의 문화가 그들의 정체성과 인생을 이해하는 데 있어서 본질적일 수 있다는 나의 지식에 의하여 형성된 것이었다. 이러한 지식은 중요하였다. 왜냐하면 '호주 원주민의 자원과 개인적인 강점들에 관하여 이러한 주도적인 특성이 나에게 영향을 미쳤기 때문이 아닐까?'라고 생각하였기 때문이다. 이러한 상황 속에서 캠프파이어 시간에 침묵의 시간을 가졌다. 그러나 만약에 서로 간의 연결 가운데 신뢰가 발전하게 된다면 나는 이들의 반응이 다음과 같을 것이라고 예상해 볼 수 있었다.

> 왜 당신들은 당신들 스스로에 대해서 유럽 중심의 심리학적인 관점들을 유지하지 않는가? 당신들은 사람들뿐만 아니라 인생에 대한 우리의 이해까지 식민지화해야 하는가? 당신들이 이런 방식으로 우리의 선조들을 존중하지 않는다는 것을 우리가 알게 될 때 누가 우리와 함께하며, 누가 우리의 손을 잡을 것이며, 누가 이런 일을 가능하게 할 것인가? 추측건대, 당신들은 비전을 품는 일에 적합하지 않을 것이다.

비록 우리 가운데 모두가 의심할 여지없이 이러한 본질이나 요소들의 존재를 확증하며, 보편적인 현상으로 인식한다고 확신할지라도, 개인적인 강점과 자원의 소유는 일반적인 현상이 아니다. 여러 문화의 사람들은 여전히 자신의 인생을 이런 방식으로 이해한다.

개인의 영역에 대한 소유는 수세기 동안 서양 문화가 발전하는 가운데 보여 주었던 일반적인 현상이었다. 이것은 서구 민주 국가의 기초를 제공해 주는 현대의 자유적인 이론의 발전과 함께 진행되어 왔다. 현대의 자유적인 이론은 개인 영역의 소유권에 대한 개인적

권리를 담고 있다. 그리고 개인 영역의 소유권에 대한 배타적인 사용은 이러한 소유 의식에서 나온 것이다. 개인은 자신의 유용 가치를 개선시키거나 또는 개인의 자원을 확보하기 위하여 개발시켜 나간다. 현대의 자유적인 이론에 따르면 땅에 대한 개인의 소유는 적법한 것이었고, 그것은 재산으로서 정체성의 개인적 소유와 연관되었다. 자아는 내부적인 재산으로 이해되었으며, 자신의 자원을 축척해 나가거나 또는 효과를 높이기 위하여 외부적인 재산을 활용할 수 있는 능력이 개인에게 필요하였다. 특히 본인의 역량을 표현함으로써 자신의 노동에 대한 열매를 개인이 소유하는 것이 적법하다고 생각하였다.

개인이 소유한 재산에 의하여 구성된 것으로 정체성을 이해하는 가운데 사람들은 자신의 자아를 소유할 수 있게 되었다. 이러한 자아의 소유 속에서 사람들은 점차로 자신의 유용성을 개선시키기 위하여 자신의 재산을 개발하는 것과 개인의 자원을 선점하기 위하여 자신의 재산을 확보하려고 시도하였다. 현재 우리는 인생에서 다양한 경험을 하는데, 여기에는 다음과 같은 내용이 포함되어 있다. 먼저 자아의 소유를 추구하는 것이나 자아를 개발하는 것을 통하여 우리의 인생을 가꾸어 나가는 것에 집중하였다. 그리고 개인적 자원과 깊이 있는 접촉을 추구하거나 이러한 자원을 발굴해 내기 위하여 다양한 경험을 한다. 또한 우리가 가지고 있는 자원은 순환적으로 사용하는 것이 가능하게 된다.

나는 여기서 이야기치료의 휴머니즘적인 해석과 강점이나 자원으로 빈번하게 간주되는 자아의 본질이나 요소를 발견할 수 있는 인격적 자원으로의 정체성의 발전을 강조하고 싶다. 나의 생각이 잘못되었거나 옳은 것, 또는 도움이 되지 않는다는 것을 제안하려는 것이 나의 목적이 아니다. 나는 내가 알고 있는 인간 상태에 관한 이러한 개념을 말하려고 노력한다. 그리고 이 글을 읽는 사람들이 귀중하게 여기고 있는 생각을 하찮은 것으로 여기려는 것은 나의 의도가 아니다. 내가 가지고 있는 이런 방식 속에서 인간 이해에 대한 생각을 해체하고 휴머니즘의 중요한 성취를 불신하려는 것도 나의 의도가 아니다. 더구나 내가 가지고 있는 이런 방식 속에서 정체성과 인생의 본질적 이해 또는 본성적인 이해를 말하는 가운데, 우리 자신이 전적으로 자유롭게 되거나 또는 매일의 인생 속에서 회피했던 것들을 다시 시도해야 한다고 주장하는 것도 아니다. 인생 속에서의 문화적 상황이 현대적인 서구 문화의 중심에 위치하는 가운데 어떤 새로운 것을 시도하려는 것도 아니다. 나의 목적은 다음 사실을 강조하는데 있다.

a) 오늘날 우리가 형성하는 인생과 정체성의 본질적이고 본성적인 이해는 비교적 최근 역사 안에서 서양 문화의 핵심에 자리를 잡게 되었다.
b) 인간 본성의 존재에 대한 인식을 말하는 것이 아니다. 존재를 위한 인식은 항상 역사와 문화의 산물이다.
c) 우리는 항상 우리의 소유를 구체화하는 것이 아니며, 우리가 강점과 자원으로 간주되는 본질과 요소를 소유하는 것도 아니다.
d) 정체성과 인생의 본성적인 진술을 해체하기 위한 기회를 가지

려고 시도하는 가운데 우리는 사람들과의 작업과 우리의 인생에서 정체성과 인생의 본성적 진술에 대한 결과에 얽매이지 않는다.

이번 글에서 나는 인간의 개별적인 소유로 인식될 수 있는 정체성의 본성적 진술의 해체에 대한 관심을 제한하고자 한다. 그러나 최근의 역사에서는 우리가 소유하지 못하는 정체성의 본성적인 진술이 있기 때문에 현대인의 정체성 가운데 '진리'를 해체하기 위하여 제한을 두지 않는 것으로 보일 수도 있다. 심지어 그것은 관계적인 정체성을 보인다. 예를 들어, '관계 역동'을 보자. 우리 가운데 어느 누구도 이러한 생각을 오랜 기간 하는 사람은 없었다. '관계 역동'이란 최근 역사의 발전물이다. 그리고 이것은 지난 세기부터 현재에 이르기까지 점점 대중화되고 있다. 사실 이제는 관계 역동의 일반적인 인정에 관하여 의심의 여지가 없을 정도다. 오늘날 더 많은 사람들이 이러한 관계 역동을 경험하고 있으며, 나는 많은 독지기 그들의 관계에서 이러한 관계 역동을 경험하고 있는 것에 관해서 결코 놀라지 않는다.

그러나 관계 역동의 성공에도 불구하고 우리는 다음의 질문을 할 수 있다. '관계 역동에 대한 생각을 가지는 것이 좋은 것인가?' 이러한 질문을 생각하면서 나는 사람들의 관계에서—심지어 1960년 이전의 관계 역동의 조명이 시작되기 전에 그들의 관계에는—아무런 문제가 없었다고 제안하는 것은 아니다. 관계 역동의 구성에 반대하거나 그것을 위한 어떤 일반적인 입장을 취하는 것도 아니다. 그러

나 이러한 전제를 생각하면서 우리는 다음의 질문에 대해 대답할 기회를 얻게 된다.[1)]

- 관계 역동에 관한 이러한 생각은 우리의 관계에 대하여 어느 부분까지 설명할 수 있는가?
- 이것을 발생시켰던 역사적인 환경은 무엇이었는가?
- 이러한 생각은 어디에서 사용되었는가?
- 이러한 생각은 무엇을 가능하게 하였는가?
- 관계 역동의 개념과 연관된 위험성과 제한성은 무엇인가?

비록 심리학적인 필요성이 오래 소요되지 않았지만 우리는 이러한 필요성에 관한 동일한 질문을 할 수 있다. 우리는 먼저 1920년과 1930년 초기에 이러한 생각이 시작되었을 것이라고 생각할 수 있다. 지난 과거의 시간들은 심리학적인 필요성들이 실제로 말해 주고 있다는 것을 보여 준다. 최근의 역사적인 전망은 이러한 사실의 발생에 한 획을 그었다. 오늘날 사람들은 전형적으로 심리학적인 필요성을 경험하면서 그리고 이것과 관계해서 그들이 무엇을 할 수 있는지에 대해 이해하고 있다.

인생과 정체성의 본성적 진술에 대한 한계와 위험성

계속해서 진행되는 논의 가운데, 치료적 대화에서 인생과 정체성의 본성적 진술과 연계되어 있는 한계와 위험성에 대해서 내가 이해하고 있는 바를 소개할 것이다. 그러나 시작하기 전에 나는 독자 여러분들이 인생에 대한 협의와 광의의 상황 속에서 휴머니즘의 가치 있는 기여들에 대해 인정해 주기를 바란다. 예를 들면, 사람의 정체성이 개인이 가지고 있는 소유라는 생각은 인간 본성의 본질이나 요소로 인식될 수 있다. 그리고 이것은 지배와 이해의 행동에 도전하는 일이다. 자신의 목소리를 소유하기 원하는 사람들은 개인의 정체성에 대해서 부정적이고 권위적인 진술을 하는 사람들의 강요를 받을 수 있다. 이러한 강요 속에서 역사적이고 문화적인 사실의 주장은 사람들에 의하여 또 다른 진리에 대한 거절과 도전의 행동으로 인식될 수도 있다. 그리고 이러한 사회적인 운동 속에서 휴머니즘과 자유주의 철학자의 예외적인 많은 경우가 있었다.

만약에 내가 휴머니즘의 성취를 인정한다면 인생에 대한 본성적인 진술에 기초한 대중적인 정체성을 해체하는 것에 관심을 기울이고 있는 것인가? 이것은 기본적인 일이 될 수 있는데, 그 이유는 나는 치료적 대화의 특별한 상황 속에서 본성적 진술과 연계된 많은 한계와 위험성이 있다고 믿기 때문이다. 그리고 이러한 개념과 연계된 가능성이 증가되고 있다. 대안적인 정체성이 인생의 실제와 지식과 연계되어 사람들의 인성적 본성의 표현으로 이해될 때, 나는 치료적 대화 속에서 선택이 제한될 수 있다고 생각한다. 이런 점에서 내가 가지고 있는 한 가지 중요한 생각은, 만약 사람들의 선호하는 정체성의 결론이 본성적인 상태이며 치료적 대화가 혼란한 상황 가운데서 연출된다면, 이것은 치료자가 치료라는 이름으로 실시되는 그들의 책임감에 한계를 가져올 수 있다는 점이다. 그리고 만약에 이러한 대화의 결과가 사람들의 인생에 관하여 진정성 있는 인간 본성의 표현으로 이해된다면, 이것은 치료자들에게 있어서 자신과 상담하는 사람들과의 윤리적인 책임감을 수행해 나가는 데 어려움을 야기하게 될 것이다. 내가 이미 이 글에서 논의한대로, 이러한 본성적인 진술은 치료적 대화 속에서 생성된 '선호하는 정체성의 결론'과 연계되는 인생의 기술이나 지식의 풍성한 서술을 위한 선택을 어렵게 만든다.

나는 여기서 간단하게 치료적 대화 속에서 자리를 잡고 있는 본성적인 진술의 위험성과 한계에 대해서 몇 가지를 살펴보고자 한다.

첫 번째로, 인간이 가지고 있는 본성의 본질적인 요소인 인간의 표현을 살펴보는 가운데 이러한 본성적인 이해는 서양 문화의 보증이라 할 수 있는 '단일한 소리'의 개성과 확고하게 연결되어 있다. 이것은 독자들이 친근하게 느끼는 것처럼 개성과 분리된 핵심적이고 관계적인 것이다. 이러한 단일한 소리의 개성이 등장하는 가운데, 정체성과 인생에 대한 본성적인 진술은 사람들이 정체성의 다중적인 소리를 경험할 수 있는 기회를 차단하고 만다. 이러한 경험은 개인의 정체성과 관련되어 사람들의 인생에 대한 소리로 나타난다.

두 번째로, 정체성의 본성적인 진술은 인생에 관한 보편적인 규범 또는 강력한 포괄적인 규범을 구성한다. '전체적인' 또는 '자아의 한정적인' 그리고 '자아의 구속적인' 개념을 강조하는 규범이다. 치료적 대화 속에서 이러한 포괄적인 규범을 만들어 내는 가운데, 치료사는 사회적 지배의 형식을 작동시키는 대리인으로서 암시되기도 한다. 사회적 지배의 형식은 사람들의 인생에 대한 규범적 판단에 기초하고 있다. 이러한 규범적 판단은 사람들이 주장하는 건강의 다양성 가운데서 자신의 입장과 문화적으로 구성된 규범 사이의 간격을 좁히기 위하여 부단한 노력을 기울여야 한다.

세 번째로, 인생과 정체성에 대한 본성적인 진술은 병리적이고 역기능적이며 결핍과 무력함의 산물에서 비롯된 현대의 현상과 관계있는 것으로 취급된다. 예를 들면, 강점이나 장점과 같이 인간 본성의 본질적 요소로 주장되는 정체성의 이해에 기여하는 담론은 연약함과 결핍에 의하여 주도되는 정체성을 대체하는 하나의 담론이 된다. 만약에 사람들이 강점이나 자원이 없다면 결핍과 연약함의 표현으로 인생의 어려움을 표현한다. 만약에 인생의 본성적인 진술에 의하여 제공되는 반대적인 생각이 없다면, 치료사들은 병리적이고 역기능이라는 형태로 사람들의 표현을 이해하지 못한다.

네 번째로, 정체성의 본성적 진술을 위한 잠재성은 사람으로 하여금 소외감을 느끼게 한다. 사람들은 자신의 개별적인 강점과 자원에 대한 진술을 가지고 살아가지 않는다. 사람들이 소외를 당하는 가운데 이러한 본성적인 진술은 사람들의 경험에 대한 정치적인 면을 포함하여 인생의 상황을 희미하게 만든다. 이것은 사람들이 더불어서 존재하는 것을 가능하게 해 주는 물질과 기회를 사람들에게서 빼앗아 가는 불리적인 상황을 만들어 낸다. 이러한 본성적 진술은 또한 인생의 살아가는 기술과 지식의 발전 그리고 개인의 선호하는 정체성의 결론이 무엇이든지 사람들을 소외시키는 것으로 인식될 수 있다.

다섯 번째로, 사람들의 의미 있는 성취에 대한 본성적인 진술은 의심을 자극하며 호기심을 떨어뜨릴 수 있다. 치료적 대화 속에서 이러한 의심은 호기심을 가지고 복잡함을 해결하기 위한 기회를 확장시키는 대화를 못하게 한다. 뿐만 아니라 의심이 치료자의 반응을 형성할 때 이러한 반응 속에서 판단과 정죄로 이해되는 여러 유형, 예를 들면 사람들은 '여지도 없이 단언하는 것' '적극성을 주장하는 것' '더욱 강화시켜 나가는 것' 그리고 '당연한 반응'의 형태로 인하여 상처를 입고 만다. 이것은 사람들의 정체성에 대한 풍성한 서술에 기여하는 효과적인 방식인 인생 이야기의 재진술을 통해서 얻어질 수 있는 실제를 제한하는 결과를 불러온다.

나는 여기서 인생의 의미 있는 발전을 본성적인 진술과 연계된 한계와 위험성에 대해서 몇 가지 사실을 요약하였다. 이 글에서 나의 의도는 이러한 진술에 의하여 형성된 치료적 대화는 전적으로 풍성한 대화의 가능성, 즉 인생을 살아가는 모든 표현이 다중적인 이야기의 특성에 있는 대화를 제한할 수 있다. 이렇게 함으로써 인생의 대안적인 영역이 미지의 영역으로 남고 만다.

정체성과 인생의 본성적 진술 해체하기

만약 이러한 본성적인 진술이 사라지고 인생에서 다중적인 특성이 살아나게 된다면, 이러한 진술이 등장하게 될 때 치료자에게 있어서 가능해지는 선택은 무엇인가? 한 가지 선택으로 이러한 진술을 해체하기 위한 대화를 시작할 수 있다. 이것은 마치 외현화 대화가 사람들의 부정적인 정체성의 결론을 해체하는 것과 같이 긍정적으로 인정할 수 있는 정체성의 결론이 대화의 핵심적인 요소로 등장하게 하는 것이다.

비록 정체성의 본성적 진술의 해체하는 과정이 중요한 이해를 제공하지 않을지라도 이러한 제안은 종종 우리에게 의미 있는 도전을 제공하기도 한다. 우리가 선호하는 정체성을 찾기 위한 시도는 마치 신성한 땅으로 한 발자국 나아가는 것과 같다. 그러나 이러한 도전에 직면하는 것이 쉽지는 않다. 우리는 종종 회피 또는 거절의 경험을 할 수도 있다. 인생과 정체성에 대하여 우리가 안전하고 당연하게 여기는 편안한 감정에 머물고자 하는 마음이 사실 강할 것이다. 그리고 우리가 인격적인 상처를 받는 것이 아닌 경우에 종종 사람들의 정체성의 부정적인 결론의 해체를 위하여 선택하기에 쉬운 것으로 보인다. 그러나 나는 이러한 편안한 감정의 유지와 이러한 도전에 대한 거절이 어느 정도의 대가를 치를 만한 가치가 있다고 생각한다. 그것은 무기력한 인생에 대한 활력을 제공하는 것이기도 하다.

치료적 대화 속에서 정체성의 본성적 진술을 해체하기 위한 선택을 소개하지 않는 것에는 한계가 있다. 이것은 우리와 상담하는 사람들과의 대화 속에서 보다 다양한 대화의 선택을 제한할 수 있고, 그로 인하여 사람들의 인생과 정체성에 대한 풍성한 서술에 장애가 될 수 있다. 이것은 치료적 대화 속에서 예상할 수 없는 결과와 정체성의 새로운 지경과 범위에 따른 기쁨 그리고 사람들의 인생 영역 가운데 흥분되는 잠재성을 배제시키고 만다. 그래서 우리가 기대할 수 있는 것보다 더 많은 정체성의 본성적 진술을 해체해야 한다. 나는 이와 같은 생각과 별도로 이러한 선택을 탐구하지 않기로 한 선택은 우리가 살아가는 인생과 우리의 작업을 이끌어 줄 것이라고 확신한다.

회복 표현하기

나는 지금 헬렌과 함께 앉아 있다. 우리의 대화를 위한 요지는 그녀가 어린 시절과 청소년이었을 때, 그녀가 당했던 학대의 영향을 설명하기 위한 가능성을 탐구해 보는 것이었다. 그녀는 이미 사람들의 도움을 통해서 어느 정도 조절할 수 있다고 생각하였으나, 그녀는 근본적으로 자신의 인생을 새롭게 회복하고 싶었다. 우리의 대화 초기에, 나는 헬렌에게 그녀가 인지했던 자신의 상태를 통해서 헬렌이 자신을 어떻게 보는지 그리고 그녀가 경험했던 학대의 많은 영향 가운데서 자신이 회복되는 데 기여했던 내용이 무엇인지에 대하여 알고 싶었다. 이러한 질문 가운데서 헬렌은 자신이 '회복'의 상태로 돌아가는 것이 가능하다고 말했다. 나는 이러한 회복의 내력에 대한 그녀의 생각에 대해서 의문을 품게 되었고, 이러한 발견이 그녀에게 의미하는 바가 무엇인지 알고 싶어졌다.

나의 질문에 대한 헬렌의 반응은 그녀의 인생을 통하여 표현하고 소유하였던 그녀의 회복에 대한 발견을 깨닫게 해 주었다. 이러한 생각은 매우 가치 있는 정체성의 결론을 구성해 주었다. 이러한 발견을 생각함으로써 그녀는 다음과 같이 말했다. "그러나 회복은 충분하지 않았습니다. 만약 충분했다면 내가 굳이 당신을 만날 이유가 없을 것입니다." 나는 그녀가 말하는 회복이 그녀가 경험했던 학대의 영향과 어떠한 관계가 있었는지 그리고 이와 관련이 있는 그녀의 의지에 관하여 다른 질문을 할 수 있을지에 대해서 그녀의 허락을 요청하였다. 헬렌은 괜찮다고 말했다. 여기서 나는 여러 질문에 대한 약간의 예시를 소개할 것이다. 우리의 대화는 여러 질문이 집요하게 진행된 것은 아니었다. 대신에 이러한 질문은 헬렌의 민감성에 주의하면서 이루어졌다.

다음 첫 번째 단락의 질문이 헬렌이 회복을 희망한다는 하나의 신호로서 풍성하게 묘사하도록 격려하였다.

- 당신의 회복되는 모습이 언제 두드러지게 나타났는가? 어떻게 이것이 당신의 생활에 영향을 미치었는가?
- 인생 속에서 회복되는 모습이 어떻게 당신을 새롭게 형성해 나갔는가?

– 당신이 사람들과의 관계에서 어떻게 회복되어 간다고 생각하는가?
– 당신의 인생 가운데 회복되는 모습이 당신의 인생에 어떻게 도움을 주었는가?
– 당신이 이러한 시기에 회복되는 것이 당신 자신에게 어떻게 영향을 주었는가?

다음 두 번째 단락의 질문은 헬렌이 회복되어 가면서 관계를 풍성하게 묘사하도록 격려하였다.

– 당신이 경험했던 여러 사실로부터 회복의 모습을 유지하기 위하여 당신은 무엇을 할 수 있었는가?
– 당신의 인생 속에서 회복에 대한 연결을 경험하지 못했던 시기가 있었는가?
– 회복에 대한 연결을 유지하기 위하여 당신이 취할 수 있는 방식은 무엇이었는가?

다음 세 번째 단락의 질문은 헬렌이 보여 주는 회복의 모습을 유지시켜 주는 것을 풍성하게 묘사할 수 있는 가능성을 제공해 주었다.

– 많은 시간이 흘렀지만 그럼에도 당신이 회복을 유지하는 모습에 관해서 어떠한 생각을 가지고 있는가?
– 예를 들면, 당신은 회복에 대한 희망을 전부터 가지고 있었는가?
– 당신은 회복을 통한 궁극적인 소망에 대해서 무엇을 말해 줄 수

있는가?

- 인생을 성장시켜 나가기 위해서 당신이 포기하고 싶지 않은 것은 무엇인가?
- 당신의 이전과 다른 인생에 대한 새로운 생각을 어떻게 소개할 수 있는가?

다음 네 번째 단락의 질문은 헬렌이 부당함에 대한 그녀의 인식에 대해서 풍성하게 서술할 수 있도록 해 주었다.

- 당신이 부당하다고 여겼던 사실에 대해서 처음으로 인식했던 것은 언제였는가? 그때 당신은 어떻게 그것을 알게 되었는가?
- 정당함과 부당함에 대한 당신의 입장에 관하여 말할 수 있는 것은 무엇인가?
- 당신 인생의 내력 속에서 표현되었던 정당성에 대한 당신의 입장에 관해서 몇 가지 더 질문해도 괜찮은가?

헬렌은 이러한 질문에 대답하면서, 회복의 개념과 연계되었던 인생의 실제와 지식 그리고 사회적 기술의 풍성한 서술을 발전시켜 나갔다. 여기에는 회복을 위하여 자신의 모습을 유지시켜 나가는 가운데 그녀가 발전시켰던 노하우와 여러 기술, 회복의 과정 속에서 보여주었던 희망 그리고 어떻게 그녀가 그런 희망을 유지시켜 나갈 수 있었는지와 어떻게 이러한 희망을 소개해 줄 수 있었는지에 대한 서술 그리고 그녀가 자신의 인생 가운데 다른 사람들을 대신해서 정당함에 대한 자신의 입장과 방식의 다양성에 대한 풍성한 서술을 발전시켜 나가는 것이 포함되어 있다.

헬렌은 자신의 인생에서 표현하고자 하는 희망에 대해서 그녀가 어떻게 이러한 희망을 표현할 수 있었는지에 대한 질문을 통해 그녀는 고등학교 2학년 때의 학급 선생님을 생각하였다. 그분은 머피 선생님이었다. 헬렌은 그 당시 힘든 시간을 보내고 있었고 학교에 통학하는 날이 많지 않았으며, 학업에 대한 집중력도 한참이나 부족하였다. 헬렌이 놀라웠던 것은 머피 선생님은 그런 자신을 비판하지 않았다는 것이다. 대신에 선생님은 그녀를 기다려 주었고, 헬렌에게서 가급적이면 좋은 면을 보시려고 노력하였으며, 그녀에게 관심을 보여 주었다. 사실 머피 선생님은 학급에서 성적으로 우등하는 것보다 헬렌과 같은 모습에 대해서 더 많은 관심을 보여 준 것 같았다. 헬렌이 자신의 인생 내력 속에서 그런 모습을 기억함으로써 그녀는 머피 선생님이 보여 주었던 행동에 대해서 고마운 마음을 가지고 있었다고 말했다. 그녀는 머피 선생님이 자신에게 대해 준 행동에 대해서도 깊은 인상을 가지고 있었다.

헬렌의 학창 시절 때 있었던 사건들의 진술은 머피 선생님이 헬렌에 관해서 다른 사람들이 깨닫지 못했던 사실에 대하여 새롭게 인식했던 것들을 충분히 나눌 수 있는 대화의 장을 마련해 주었다. 그리고 이것은 어떻게 그런 생각이 헬렌의 인생 속에 기여할 수 있었는지 보여 주는 것이었다. 그리고 또한 머피 선생님이 교사로서 가지고 있는 가치와 신념에 관해서 그리고 선생님의 그러한 행동에 대한 헬렌의 반응이 머피 선생님이 가지고 있었던 가치와 목적에 부합하든지 아니면 부합하지 않았는지에 대해서 대화를 나눌 수 있도록 도와주었다. 헬렌은 자신이 선생님의 목적과 가치에 부합한다는 생각을 하게 되었다. 나는 헬렌에게—14세의 어린 소녀이었지만—머피 선생님과의 경험에서 어떻게 특별한 아이로 인정받을 수 있었는지 물어 보았다. 헬렌에게 있어서 그러한 경험은 자신의 인생에서 머피 선생님이 차지했던 역할에 대해서 생각을 불러일으켜 주는 결과를 가져왔다. 이런 시기에 그녀는 이제 자신의 정체성에 대해서 머피 선생님이 이야기해 주었던 것을 되새길 수 있었으며, 이것은 그녀의 인생 속에서 학대를 경험하게 만들었던 가해자의 목소리를 대체해 주는 데 효과적이었다. 헬렌이 준비되었을 때 우리는 머피 선생님으로 화제의 초점을 맞추어 그녀를 우리의 대화에 초청하였고, 우리의 대화는 참으로 만족스러웠다.

여기서 나는 몇 가지 질문에 대해서 소개하였다. 그리고 헬렌이 회복하는 모습을 소개하는 가운데 기여했던 대화의 부분을 간단히 살펴보았다. 이러한 대화는 헬렌이 자신의 인생에서 경험했던 학대의 영향에 계속 '머무는 자'로서 자신을 표현했던 것으로부터 돌아서기 위한 그녀의 목적을 성취시켜 주는 것이었다. "회복이 되어 가는 모습으로 충분하지는 않다."라고 말했던 대로 그녀가 옳았다. 그러나 회복은 이제 시작된 것이다.

행위적 주체로서의 개인으로 회복되어 가는 모습의 본성적인 진술은 충분하지 않다. 그러나 회복되어 가는 모습이 대안적인 정체성의 결론뿐만 아니라 인생을 살이기는 기술과 지식의 다양한 영역을 위한 하나의 상징으로 볼 때, 이러한 인생의 내력이 더욱더 풍성하게 묘사되거나 그녀 인생의 분명한 표현을 통해서 치료적인 질문이 격려로서 그녀에게 다가갈 때, 새로운 행동을 위한 많은 선택이 헬렌에게 나타날 수 있게 되었다. 이것은 그녀의 인생 가운데 학대의 영향에서 그녀가 벗어날 수 있도록 도움을 주는 선택이었다.

다음 장에서 나는 우리 모두에게 가능성을 보여 줄 수 있는 사례를 들 것이다. 이 이야기에는 우리가 행하는 작업 가운데서 본성적인 진술을 드러낼 수 있는 대화가 담겨 있으며, 이 대화 속에서 우리는 새로운 가능성과 기회를 포착하게 되고, 치료사로서 발전된 실제를 경험할 수 있게 될 것이다.

통찰 드러내기

지역 상담소의 상담가인 조는 나에게 슈퍼비전을 받기로 결심하였다. 그의 이런 결정은 그의 상담 과정에서 경험했던 당혹스러운 경험에 대한 그의 반응에서 비롯되었다. 그가 상담하는 많은 과정 속에서 그가 희망하는 것은 당혹스러움 없이 상담이 진행되는 것이었다. 그는 상담을 하면서 그런 당혹스러운 감정이 사라지기를 희망하였다. 그리고 자신이 보다 편한 상태로 상담을 진행하고 싶었다. "이러한 당혹감이 지속적으로 나타납니까?" 나는 물어 보았다. "대부분요." 그는 대답했다. "비록 그런 경우가 때때로 발생하기는 하지만, 그런 경우에 제가 편하게 느끼는 경우도 있습니다." 나는 어떻게 그가 편안한 감정을 느끼는지 알고 싶어졌다. 그러나 조가 언제 그런 경우를 경험하는지 인식하기가 쉽지 않다는 것을 발견하였다. 그는 그런 시기가 우연히 오는 것으로 생각하고 있었다. '그것은 아마도 어떤 통찰처럼 느껴지는 그런 순간이 아닐까?' 하고 생각했던 것이다. 나는 그가 말하는 통찰에 대해서 물어 보았다. 그리고 비록 조가 이것을 감정의 고조 상태에서 경험하는 것으로 생각할지라도 그의 일상 현장에서는 분명하지 않았기 때문에 그런 감정에 의존할 수밖에 없다는 것을 알게 되었다.

나는 조가 사람들과 대화를 하는 가운데 어떻게 그런 통찰이 나타나는지에 대해서 알고 싶었다. 나는 이런 상황에서 그가 사람들과 '깊은 접촉과 교감'으로 반응하였다는 것을 듣게 되었다. 그리고 이러한 그의 반응은 그와 상담하는 사람들을 위한 중요한 전환점을 제공하는 것으로 보였다. 이것은 조가 그의 상담 과정에서 경험하기를 원하는 것이었다. 나는 그에게 그가 말하는 통찰에 대해서 어떻게 느끼는지를 질문해도 괜찮을지 물어 보았다. 그것에 대해서 무시하는 것은 아니었다. 내가 이해하는 것은 그가 통찰에 대해서 소중히게 생각하고 있다는 점과 그가 통찰을 느끼지 못하는 상황에서도 그가 괜찮다는 것에 대한 나의 생각을 분명히 하고 싶었다. 나는 또한 통찰에 대한 이러한 질문이 우리가 함께 이 과정을 진행하기 위하여 반드시 필요한 것은 아닐지라도, 그가 경험했던 어렵고 힘든 시간의 상황 속에서 그가 경험하였던 당혹스러움에 대한 해결책을 제공해 줄 수 있는 선택을 가질 수 있을 것이라 생각하였다.

조는 이것을 기회로 삼기로 결심하였다. 그리고 통찰에 관하여 내가 몇 가지 질문할 수 있도록 허용하였다. 그래서 나는 최근에 그가 통찰에 대해서 경험하였던 상담의 경우에 대해서 질문하였다. 그는 최근 몇 주 동안 그와 상담했던 한 가족에 대하여 말해 주었다. 나는 그가 그 가족과의 상담 과정에서 경험했던 통찰에 대하여 대화를 나누었다. 그리고 통찰에 대한 경험과 그의 가족의 반응에 대해서도 이야기를 하였다. 또한 나는 조와 그런 경험을 중심으로 여러 대화를 나누었다. 이러한 정보에 따라서 우리는 그다음에 조의 통찰을 표현할 수 있는 대화에 진입하였다. 이러한 대화는 여러 질문과 함께 시작되었다. 나는 여기에 몇 가지 예를 통해서 설명할 것이다. 이러한 질문은 한꺼번에 쏟아져 나오는 그런 질문은 아니었다. 대신에 각각의 질문이 조의 반응에 맞추어서 진행되었다.

다음 첫 번째 단락의 질문은 조가 그의 가족 구성원과의 상담 과정 속에서 조의 치료적인 반응과 연결하도록 격려하였다. 그래서 조는 그의 가족 구성원과 함께 특별한 방식 안에서 상담을 진행해 나갔다.

- 나는 당신이 상담하는 가족 구성원과 당신의 치료적 반응이 나타나는 시기에 당신은 당신이 말하는 통찰이 나타났던 것을 경험한 것 같다. 당신이 이 가족 구성원과 상담을 진행할 때 이 가족 구성원의 인생에서 경험하였던 당신의 통찰은 무엇이었는가?
- 당신의 치료적 반응 속에서 가장 중요시하게 여기는 당신의 통찰에 대하여 느끼는 감정이 있는가?
- 당신은 이런 방식으로 사람들의 인생에 어떻게 개입할 수 있는가?

두 번째 단락의 질문은 가족 구성원이 조에게 보여 주었던 그들의 치료적인 반응에 대한 단서와 조의 경험을 연결시킬 수 있도록 격려하였다. 이러한 질문은 또한 조가 그의 가족과의 상담에서 보여 주었던 기술에 대한 진술을 제공하도록 격려하는 것이었다. 여기에는 그가 사용했던 방식에서 단서가 될 수 있는 것에 대한 그의 관심을 보여 주었다.

- 당신의 반응이 특히 그의 가족 구성원에게 중요한 의미로 보일 때 통찰이 나타났다. 당신이 보여 주었던 반응과 그들이 보여 주었던 행동에 관해서 특별하게 떠오르는 생각이 있는가?
- 당신의 치료적 반응 속에서 이러한 민감성이 어떻게 표현되었는가?
- 민감성의 개발을 위하여 당신의 인생 가운데서 나에게 말해 줄 수 있는 것은 무엇인가?

다음 세 번째 단락의 질문은 조의 치료적 반응 가운데, 특히 그의 가족과 관련이 있는 의식의 발전에 기여하였다. 왜냐하면 그들은 자신 모두에게 의미가 주어지는 것을 우선으로 생각하기 때문이었다.

- 이 가족 구성원이 상담에 성실하게 참여할 때 당신의 통찰이 나타나는 것 같다. 이 가족 구성원이 서로가 공유하고 있는 의미에 대한 인식을 최우선으로 여길 수 있도록 당신은 어떻게 그들에게 도전을 권했는가?

– 당신은 그 가족 구성원이 서로 공유하면서 이 과정을 진행해 나가는 데 기여했던 것이 무엇이었으며, 여기에 관해서 당신이 가지고 있는 생각은 무엇이었는가?

다음 네 번째 단락의 질문은 이 가족 구성원과 상담 과정 가운데 '존재 방식의 이해'로서 그들이 표현했던 기술에 대해서 조가 관심을 가질 수 있도록 이끌어 주었다. 이것은 인생을 이해하는 방식에 대해서 그 가족 구성원과 공명되었고 조의 반응이 표현되었다.

– 이 가족 구성원이 당신에 의하여 깊은 이해를 가지게 되었을 때 통찰이 왕성하게 나타났다. 그리고 그 순간에 당신은 그 가족 구성원이 가지고 있는 인생에 대한 경험을 친밀하게 이해할 수 있었다. 이러한 가족 구성원의 경험을 충분히 이해할 수 있게 된 것은 당신의 개인적인 경험의 내력과 어떻게 연관을 지을 수 있었는가?
– 당신이 여기서 표현했던 이해의 방식이 당신의 인생 가운데 존재하는 기술이나 이해를 통해서 얻어진 것이라면, 여기에서 당신이 생각할 수 있는 것은 무엇인가?
– 이 가족 구성원의 인생 경험을 이해할 수 있도록 기여했던 당신의 치료적인 반응은 무엇이었는가?

다음 다섯 번째 단락의 질문은 조의 치료적 반응 가운데 흥미를 끌 수 있었던 조의 일반적인 기술과 지식의 일부를 구체화하는 데 초점을 두었다.

– 당신의 치료적 반응이 이 가족에게 새로운 의미를 부여했던 가운데 당신의 통찰이 나타난 것 같다. 이러한 통찰이 나타나는 데 기여했던 당신의 노하우나 기술을 알기 위해서 몇 가지 질문을 해도 괜찮은가?
– 당신의 반응 속에서 표현되었던 인생의 지식에 대한 설명을 나에게 해 줄 수 있는가?
– 이러한 기술과 지식의 개발을 위하여 기초를 제공해 주는 당신의 인생에 대한 생각은 무엇인가?

이러한 질문에 대한 반응에 따라 조는 이 가족 구성원과의 상담과정 속에서 그가 노력했던 지식과 기술의 풍성한 서술을 발전시켜 나갔다. 그리고 이러한 기술과 지식은 그의 통찰을 드러내 주었다. 이러한 지식과 기술의 강화와 습득 그리고 생성을 위한 비옥한 토양을 제공해 주는 그의 인생의 많은 부분을 구체화하는 가운데, 자기 인생의 내력과 연결시킬 수 있는 기회를 얻게 되었다. 그의 인생의 내력과 유대를 통해서 그의 인생에 영향을 미쳤던 독특한 무언가가 인식되었는데, 그것은 그의 할머니, 즉 그의 성장과정 속에 특별한 인식을 심어 준 한 여인의 소개였다. 그녀는 점잖은 분이셨으나, 주위에 절망하거나 고통받는 사람들이나 이웃들에게 강한 인상을 심어 주었고 그들을 도우려고 애쓰신 분이었다. 아직까지 조의 인생에는 뭐라고 할 수 있는 특별한 것은 없었다. 그러나 조의 인생 속에서 그분이 차지하고 있는 영향을 발견해 보는 가운데, 이러한 그분의 목소리는 조의 치료적인 진행 속에서 서서히 드러날 수 있었다.

조와 그 이후의 대화 속에서 그의 통찰이 드러날 수 있었던 기회가 있었다. 이러한 치료적 대화에서 우리가 선호하는 치료적인 발전과 치료사가 선호하는 정체성의 결론에 다른 사람들이 기여했던 영향을 가시적으로 드러낼 수 있는 기회가 많았다. 내담자에 의한 정체성의 결론과 이러한 발전에 끼친 공헌을 구체적으로 보여 주기 위한 것이었다. 위에서 언급했던 예에서 이러한 기여는 가족 구성원이 조에게 미쳤던 영향이나 여러 단서를 포함하는 것이었다. 그리고 이것은 우리의 초기 대화를 구체화하거나 인정해 주는 것도 포함되어 있었다. 그 다음에 우리는 보다 많은 대화를 나누었는데, 여기에는 조가 생각하는 통찰을 구체화하는 것과 그의 가족에게 끼친 영향에 대한 이해의 차원까지 확장하는 것이었다.

이러한 기여는 변함없이 의미 있는 작업이었고, 지금까지는 내담자가 인식하지 못했던 것이었다. 치료사에게 찾아오는 사람들은 종종 치료사와 대화를 하는 가운데 풍성하거나 빈약하거나 등의 정도를 가지고 있었을 뿐이다. 이러한 노력 가운데서 사람들은 종종 자신의 이야기를 상실했을 때 치료사를 이해하는 데 어려움을 가지며, 자신이 바르게 진행되고 있다고 생각할 때는 치료사에게 지지를 보내거나 또는 자신이 가지게 된 이해를 가지고 치료사의 반응에 격려를 보내는 경우도 있다. 뿐만 아니라 대화를 살펴보면, 치료사에게 찾아오는 사람들은 자신의 인생과 사람들과의 관계 속에서 치료사를 통해 지지를 받으려는 경향이 있다. 이러한 기여가 치료적 대화 속에서 구체화되고 인식될 때 사람들은 점차로 치료사와 동반자로서 깊은 인식을 가지게 된다. 이런 상황 속에서 치료사는 자신이 부담을 받고 있다는 느낌을 덜 수 있게 되며, 자신이 하고 있는 일에 보다 더 열의를 가지고 임할 수 있게 된다.

통찰을 드러내는 과정을 통해서 조는 자신이 선호하는 정체성의 결론과 자신의 통찰에서 우러나오는 지식과 기술의 풍성한 묘사를 통하여 그가 경험하였던 충격과 좌절을 맛볼 수 있었다. 이제 통찰이라는 보이지 않던 개념이 이제는 무언가 보이는 개념과 친밀한 속성으로 느낄 수 있게 되었다. 이제 이러한 기술과 지식은 조가 자신과 상담하는 내담자와의 관계 속에서 다시 표현하는 것이 가능해졌으며, 이것은 그의 상담에서 자주 등장하는 인식이 되기 시작했다.

결론

이번 장에서 나는 이야기치료의 다양한 면들을 살펴보았다. 다니엘과 그의 가족의 이야기 그리고 문제와 관련된 공유된 입장을 세우기 위한 예비적인 단계들과 자아를 증오하는 것으로부터 벗어나기 위한 제인의 이야기 속에서, 나는 외현화 대화가 사람들의 부정적인 정체성의 결론에서 벗어날 수 있는 데 도움을 제공하는 방식을 설명하였다. 또한 이러한 결론을 드러내는 것으로 충분하지 않다고 인식하는 것이 중요하다. 인생을 살아가는 데 있어서 인생의 대안적인 지식은 맨 먼저 희미한 흔적으로 보이기도 하지만, 반드시 인생과 행동을 위한 새로운 가능성을 창조하기 위하여 풍성하게 서술되어야 한다. 나는 이러한 지식과 실제가 다양한 방식 안에서 이해될 수 있다고 생각한다. 나는 이러한 지식과 실제의 본성적인 진술을 제안하는데, 이것을 '인간 본성'의 본질적인 요소를 표현하는 것으로 해석하였다. 그리고 인생에 대한 새로운 이해로서 역사적이고 문화적인 특별한 이해의 방식이 있다고 언급하였다. 더구나 나는 치료적 대화의 상황 속에서 이러한 본성적인 진술은 지식과 실제와 연계되어 있는 가능성을 무시하려는 위험성과 한계를 가질 수 있다고 제안하였다.

회복을 표현하고자 하는 헬렌의 이야기와 통찰을 드러내기 위한 조의 이야기를 재진술하는 가운데 나는 역사와 문화 그리고 가족과 우리의 본성적인 진술을 넘어설 때 필요한 치료적 대화의 선택이 가능함을 언급하였다. 이러한 본성적 진술을 드러내는 과정을 통해서, 우리는 인생을 살아가는 데 있어서 인생의 실제와 대안적인 지식의 내력을 알아가게 된다. 즉, 이러한 드러냄을 통해서 우리는 어떻게 사람들의 인생이 자신과 사람들 사이에 공유된 주제와 가치를 통해서 서로 연결될 수 있는지를 알게 되는 것이다. 이러한 작업은 우리가 예상할 수 없는 일에 참여할 수 있도록 해 준다. 그러므로 나는 이러한 드러냄이 모든 차이점을 메꾸어 갈 수 있다고 믿는다.

참고문헌

Geertz, C. (1973). 'Thick description: Toward an interpretive theory of culture.'. In C. Geertz (Ed.), *The Interpretation of Cultures*. New York: Basic Books.

White, M. (1992). 'Deconstruction and therapy.'. In D. Epston & M. White (Eds.), *Experience, Contradiction, Narrative and Imagination*. Adelaide: Dulwich Centre Publication.

White, M. (1995). *Re-Authoring Lives: Interviews and essays*. Adelaide: Dulwich Centre Publications.

White, M. (1997). *Narratives of Therapists' Lives*. Adelaide: Dulwich Centre Publications.

후주

1) 내가 여기서 제공하고자 하는 질문은 푸코의 개념에서 비롯된 것이다.

05

개인의 실패 설명하기

개인의 실패에 대한 현상은 최근에 기하급수적으로 증가하고 있는 흐름이다. 전에는 본인 스스로가 이 세상에 쓸모 있는 사람이라고 생각했던 사람들이, 이제는 반대로 자신은 세상에서 실패한 인생을 살았고 아무런 쓸모가 없다고 느끼며 이러한 감정에서 자유롭지 못한 인생을 살아간다는 것이다. 이번 장에서는 개인이 느끼는 실패의 생각을 소개하며, 이와 관련한 치료적인 선택을 설명한다. 이것은 또한 현대적인 힘의 작용을 설명할 수 있는데, 그 이유는 개인의 실패에 대한 극적인 성장과 연계되어 있는 명백한 현대적인 힘의 관계에서 발생하기 때문이다. 이번 장에서는 치료적인 탐구를 위한 지도와 치료적 대화를 제공하면서 실제적인 치료적 기술에 도움을 제공할 수 있는 '개인의 실패에 대한 대화의 실제적인 사례' 로 결론을 맺고자 한다.

현대적인 힘과 개인의 실패에 대한 산물

이야기치료는 때때로 '해결 중심치료'로 인식되기도 하는데, 이것은 아마도 이야기치료의 실제가 사람들의 인생 문제에 새로운 접근을 제공해 주기 때문일 것이다. 그러나 '해결 중심'이란 개념이 적절하지 않은 것은 이야기치료가 모두 사람들의 문제에 초점을 맞추는 것은 아니기 때문이다. 사람들의 문제에 관심을 집중하는 것은 이야기치료의 주제에 대해서 가르치거나, 쓰여 있는 여러 문서를 통해서 보이는 현상이다. 예를 들면, 외현화 대화의 경우에 이러한 대화는 사람들의 인생 가운데 놓여 있는 문제에 대한 새로운 탐구를 소개한다. 문제는 이러한 탐구의 상황 속에서 사람들이 발견하는 정체성과 인생의 핵심에 자리 잡고 있으며, 종종 거대한 실체로 인식되기도 하고, 점차로 비중심적이 되거나 또는 희미해지거나 아니면 사라지기도 한다. 외현화 대화는 이제 광범위한 목적을 위하여 적용되는데, 여기에는 사람들의 인생 속에 정치적이고 문화적이며, 사회적이고 경제적인 상황의 문제가 얼마든지 자리 잡을 수 있기 때문이다.

나는 사람들의 문제에 대하여 내가 오래전부터 가지고 있었던 질문과 관심으로서 개인의 실패에 대한 현상에 대해서 진지한 관심을 보이고 있었다. 이러한 개인의 실패에 대한 관심은 나의 치료적인 실제를 만들어 나갔으며, 지난 15년간의 세월을 넘어 저술이나 가르치는 일 속에서 강조되어 왔다(White, 1987, 1995a). 개인의 실패에 대한 현상에 대해서 말하는 가운데, 사람들이 매일 자신의 인생에서 정해진 목적을 달성하지 못하는 데서 오는 그런 실패를 언급하는 것이 아니다. 예를 들면, 돌봄이 요구되는 행동에 제대로 부응하지 못하는 행동—어린 아이를 양육하거나 보호하는 것 등—또는 정확성이 요구되는 행동에 대한 부적절한 경우—비행기를 조정하거나 운전을 하는 경우 등— 등이다. 나는 사람들이 어떤 규정에 미치지 못했을 때 실패라고 인식하며, 이러한 인식이 그 사람의 정체성에 영향을 미치고, 이에 수반되는 행동을 언급하는 것이다. 여기에는 인생 속에서 주어지는 개인의 실패, '적합한' 사람이라고 의미하는 규범적인 정의가 영향을 미치는 인생의 결과 그리고 현대 문화에서 사람들이 선호하는 정체성의 모습에 적합하다고 여기는 것들이 해당될 수 있을 것이다.

나는 개인의 실패에 대한 현상이 예외적으로 지난 십 수세기 동안 발전되어 왔다고 생각한다. 그 이전에는 실패에 대해 느끼는 의미가 사람들마다 구별되게 느끼는 감정은 아니었을 것이다. 그리고 본인들이 반드시 그래야 한다고 생각하는 것도 아니었을 것이다. 그러나 내가 매일 만나는 내담자들이나 내가 가르치는 현장이나 상담의 실제 속에서 서로의 경험의 정도나 각자의 시간이 다를 뿐 이런 실패의 경험을 가지지 않은 사람들은 없었으며, 이제는 사람들의 인생 속에 널리 퍼져가고 있다고 할 수 있을 것이다—여기서 내가 말하고자 하는 것은 어떤 부적합한 상태나 미숙한 상태, 불충분한 상태, 결핍된 상태 그리고 퇴보적인 상태 등에 대해서 말하는 것이다.

이번 장에서 나의 의도는 이런 개인의 실패를 설명하는 데 있어서 관련이 있는 치료적인 선택을 소개하는 것이다. 이러한 선택을 설명하기 전에 나는 여기서 간단하게 이러한 현상의 발전 속에서 중요한 부분을 차지하고 있는 요인에 대해서 설명하고자 한다. 이것은 바로 현대적인 힘의 작용이다. 왜냐하면 실패의 극적인 성장은 현대적인 힘의 작용과 연관되어 있기 때문이다.

힘의 인식

지난 15년간 나는 현대적인 힘의 체계에 대해서 깊은 관심을 가지고 있었다. 이러한 관심 속에서 나는 기본적으로 사고의 체계를 연구한 프랑스 철학자인 미셸 푸코의 작업에 흥미를 가지게 되었다(Foucault, 1973, 1979, 1980, 1984). 많은 기간 동안 나는 치료적인 실제를 위해 현대적인 힘의 분석에 대한 다양한 적용들을 탐구해 왔고, 이러한 탐구 가운데 일부를 설명하기도 하였다(White, 1988/1989, 1991; White & Epston, 1989).

나는 힘에 대한 인식이 치료적인 탐구의 과정 속에서 발생했을 때 전통적인 힘의 고전적인 분석에 관심을 가지게 되었다. 힘에 대한 이러한 인식은 개인이나 집단이 적절하다고 인정하는 것이었다. 이러한 힘의 개념은 제한된 사람들에 의하여 존재하는 것으로 이해되었으며, 단일한 지배적인 힘의 구조 속에서 최상위의 위치에 있는 사람들로부터 행사되는 것이었다. 기능적인 면에서 기본적으로 부정적인 특징을 가지고 있어서 사람들을 억압하거나 제지하고 제한하며, 억누르기 위하여 작용하는 힘으로 인식되었다. 사람들은 대부분 이러한 힘의 구조 속에 종속되었고, 이러한 힘을 행사하는 사람들은 소수인 경우가 많았다. 현대에 들어와서 이러한 힘의 양상은 종종 '체계'와 동일한 의미로 보이기도 하였는데, 이것은 대부분의 사람들이 힘의 외부에 위치하고 있는 것을 의미하였다. 인생의 위치를 결정하는 가운데, 사람들은 전형적으로 자신 삶의 위치가 인종이나 계급 그리고 경제적이며 사회적인 특권을 가지고 있지 않으면, 그들의 현 주소가 어떠한 상태이든 상관없이 이러한 힘으로부터 배제된 상태로 지목되는 것이었다.

푸코는 이러한 힘의 전통적인 작용의 명암 가운데 존재하는 힘의 또 다른 영향들에 관심을 가지고 있었다. 그의 연구에 따르면 현대적인 힘과 구분되는 체계는 300여 년이 넘게 서양 문화의 여러 분야들 속에서 전통적인 힘의 많은 작용이 진행 중인 상태가 되었다. 이러한 현대적인 힘은 이제 사회적 지배의 성취 속에서 힘의 지배적인 체계가 되었다. 사람들의 인생이나 관계 그리고 그들의 정체성의 방식 가운데 사람들의 참가를 독려하였으며, 이러한 문화에 의하여 구성된 규범에 따라서 사람들은 이러한 힘의 결과물이며 대체품이 되었다. 앞의 진술에 따르면 힘의 체계는 특별하고 은밀하면서도 침투적인 면을 가지고 있었다. 그리고 이러한 힘은 어디에서든지 우리가 살아가는 인생의 경험과 관계 안에서 작용하였다. 푸코는 현대적인 힘의 체계와 관련이 있는 힘의 관계망 내부 안에서 우리가 살아가는 인생의 많은 방식을 살펴볼 것을 추구하였고, 무의식적으로 힘의 도구가 되어 가는 상황에 관심을 보이고 있었다.

푸코는 현대적인 힘의 발전에 대한 역사를 추적하는 상당한 노력을 경주하였다. 나는 여기서 이러한 그의 노력을 제공하려는 것이 나의 의도는 아님에도 불구하고 다음의 내용을 강조하고자 한다.

a) 현대적인 힘의 작용은 수도원이나 병원, 학교 그리고 가족과 같은 작은 단위의 문화 구조에서 발전되었고, 관계를 형성하는 개인의 실제와 자아의 이해를 통하여 얻어진 것이다.
b) 전문적인 분야인 범죄학, 의학/정신의학, 심리학과 사회복지의 역사들은 현대적인 힘과 기술의 발전 속에서 핵심적인 역할을 담당하고 있다.[1)]

현대적인 힘의 은밀하고 침투적인 상태에 관한 푸코의 진술에서 그는 절망으로 점철되는 철학적 사고를 가지고 있었다. 그러나 현대적인 힘에 대한 푸코의 사상을 읽고 난 후에 나는 특별한 기쁨을 경험하였다. 이러한 기쁨은 사람들에 의하여 당연시되면서 전형적으로 수용되는 것을 흔들 수 있는 능력을 가지고 있었다. 그리고 새로운 설레임과 흥분을 제공해 주었다. 나는 이것을 복잡한 생각에서 분리하여 사람들이 전형적으로 치료를 필요로 하는 증상이나 문제에 새로운 질문의 여지를 열어 주었다고 생각하였다. 그러나 이러한 기쁨은 또한 내가 푸코의 저작들을 읽음으로써 내리게 된 결론에 기인하였는데, 그것은 현대적인 힘에 대한 그의 분석과 적용에 관한 그의 생각을 발견함으로써 확증된 것이었다. 나는 이러한 결론을 여기서 몇 가지 나열할 것이다.

a) 만약에 힘의 체계가 사람들의 노력으로 해결될 수 없거나 이러한 현대적인 힘의 작용이 여러 상황 가운데서 인식된다면, 그다음에는 현대적인 힘의 요구에 대한 거절을 표현하는 행동과 이에 관련된 경우가 출현하게 될 것이다. 현대적인 힘의 작용에 대한 분석을 통하여 이것과 상반되는 모습을 기억하고 인식하며, 보다 분명하게 알려지고 가시적으로 표현된다.

b) 만약에 현대적인 힘의 작용이 하나의 도구로서 사람들의 능동적인 참여에 의존한다면, 그다음에는 현대적인 힘의 침투성과 효과성에도 불구하고 전통적인 힘의 구조가 여전히 나타날 수 있다. 사람들의 적극적인 참여를 통해서 개인은 자발적으로 현대적 힘의 작용에 저항하거나 도전할 수 있는 입장을 가진다. 현대적인 힘의 영향을 받은 인생의 모습과 성향에 반기를 드는 가운데, 사람들은 힘의 가능성을 부정하려는 역할을 시도한다.

c) 만약에 현대적인 힘의 작용이 지엽적인 문화 가운데서 발전된 관계의 실제와 자아의 이해를 통해서 발생하고 만약에 그런 힘이 기본적으로 병원이나 학교 그리고 가족 등지에서 작용하는 것이라면, 그다음에는 사람들이 자아를 확고하게 가지게 됨으로써 사회적 변화에 기여하는 잠재성을 가지게 될 것이다. 이러한 관계를 형성하는 실제는 현대 문화에 의하여 구성된 규범들을 직접적으로 생산하지는 않는다.

d) 만약에 전문적인 분야에서 현대적인 힘이 핵심적인 역할을 차지한다면, 치료는 문화와 기술의 발전의 중심부에 위치하게 된다. 이러한 결과는 치료적인 실제의 정치적인 성향을 강조하며,

> 현대적인 힘의 작용에 영향을 받게 된 사람들이 치료자의 도움을 필요로 하는 상황을 발생시키고 만다. 이런 상황 속에서 전문적인 분야의 기술이 상담 현장 속에서 필요로 하게 된다.

이와 같은 내용을 진술하면서, 현대적인 힘에 대한 이러한 분석은 힘의 작용과 관련한 여러 행동의 선택을 보여 준다. 그리고 이러한 선택은 하나의 작은 정치적인 단위로 간주될 수 있다. 그래서 인생의 많은 표현은 현대적인 힘의 작용에 반대 또는 거절의 행동을 보여 주는 것이며, 힘에 대한 전통적인 분석 가운데 일관성이 없는 모습을 가지면서도 점차로 하나의 실체로 자리를 잡아 가는 것이다. 치료적인 실제의 상황 속에서 인생을 인식하는 태도는 치료적인 질문을 풍성하게 만들어 준다.

만약 우리가 고전적인 힘의 개념으로 제한한다면 사람들의 인생과 관계를 형성하는 사회적인 억압의 많은 부분이 우리와 상담하는 사람들과의 상호작용이라는 사실을 놓칠 수도 있다. 그뿐만 아니라 힘과 관련한 행동을 위한 선택의 범위가 참으로 좁아지게 된다. 힘에 대한 고전적인 분석에서는 이 사회가 가지고 있는 기관과 조직의 동의를 얻기 위한 요구와는 별도로 사회적으로 일치되지 않는 행동이나 조직 안에서의 저항 그리고 개인의 영웅적 행동이 힘과 관련한 특별한 행동으로 간주되기도 한다. 그리고 이러한 행동은 현대적인 힘에 반기를 드는 것과 같으며, 여기서 때로는 비밀의 상태로 남겨지거나 결코 부정할 수 없는 상태가 되기도 한다.

이런 이유 때문에 나는 모든 힘의 작용에 대한 이해를 고전적인 분석에만 의지하는 것이야말로 비효과적이고 무력함의 잠재성을 가지고 있다고 생각한다. 이러한 의지의 무력함은 사회 개혁을 촉진하기 위한 노력 가운데서 경험되는 절망감의 한 표현이기도 하다. 이러한 절망감은 반대적인 행동 속에서 발견되며, '체계'를 변화시키기 위하여 이를 무시하는 힘의 고전적인 분석과 관련이 있다고 생각한다. 무력함은 이미 이루어진 사회 개혁과 깊은 관련이 있으며, 현대적인 정서 속에서 보다 분명해질 수 있다. '체계 바깥에 있는 우리와 그 체계를 해체하지 않는다면 변할 수 있는 것은 아무것도 없다. 이것은 너무나 어렵고 불가능한 과제다.' 그리고 '우리가 힘의 핵심에 근접할 수 없기 때문에 힘의 작용에 도전하려는 우리의 노력 가운데 점차 우리의 무모한 행동은 감소될 수밖에 없다.' 힘의 작용에 대한 이해를 위하여 고전적인 분석에 의존하는 것은 종종 현 체제를 유지하기 위한 상태로 보이며, 동시에 이러한 현상에 저항하는 행동은 종종 무력감을 동반하는 결과를 가지고 있다. 건강이나 복지, 상담의 학문적 분야와 여기에 종사하는 사람들이 생각해 볼 수 있는 '신자유주의적 숙명론'[2)]에 대한 현상이 성장하는 것은 이러한 결과의 한 부분이다.

현대적인 힘에 대한 푸코의 분석에 대해 내가 이 글에서 강조하는 것은 힘의 고전적인 분석이 시대적 현상과 깊은 관련이 있다는 것을 강조하기 위한 것이 아니라는 점이다. 현대 서양 문화 속에서 힘의 모든 특징이 현대적인 성격을 의미한다고 제안하는 것도 아니다. 힘의 전통적인 작용이나 형식은 더 이상 사회적인 변화를 위한 요인으로 설명되지 않는다. 의심할 여지 없이 오늘날 힘의 많은 작용이 있는데, 이는 사회적이거나 제도적인 기관을 구성하는 중요한 역할을 담당하고 있으며, 여기서 살펴본 힘의 고전적인 특성을 닮아가고 있다. 힘의 작용이란 그 자체 속에서 억압적이거나 제한적이고 강제적이며, 구속적이고 금지하는 특성을 가지고 있다. 예를 들면, 힘의 많은 작용 가운데 계급, 성, 인종 등에서 살펴볼 수 있는데, 원주민을 지배하거나 여성을 억압하는 사회적 구조와 성의 사회적 문제 그리고 이성애자의 힘의 관계, 동성애자의 격리와 사회적인 냉담, 성전환자에 대한 냉대도 여기에 포함된다.

이런 사실을 진술하면서 힘의 고전적인 분석을 통하여 구체화되는 힘의 작용은 치료적인 상황 속에서 중요한 상태로 남게 된다. 그러나 현대에 들어와서 힘의 많은 부분이 기관이나 제도적인 힘으로 간주되었는데, 이것은 힘의 고전적인 이해로는 설명되지 않는 힘의 관련성과 정체성을 살펴볼 것을 요구한다. 현대적인 정체성의 관심을 주목하는 힘의 작용이 바로 현대적인 힘이다.

어떻게 힘의 작용에 반대되는 것을 선택해 나갈 수 있는가? 이번 장에서 한 가지 사례를 소개하고 있는데, 이것은 치료적 대화와 관련이 있는 현대적인 힘의 분석에 기초하고 있다. 나에게 슈퍼비전을 요청했던 맥스와의 대화를 제공함으로써 이러한 선택을 설명하고자 한다.

맥스

맥스는 상담 센터의 슈퍼바이저인 헬렌에 의하여 나에게 위탁되었다. 그는 11개월 동안 그곳에서 상담을 하였으며, 비록 자신의 일에 책임을 다하여 열심히 하는 것으로 사람들에게 인정을 받으려고 하였지만, 헬렌의 관점으로 볼 때 그는 자신이 가지고 있는 잠재성을 충분히 발휘하고 있는 것으로 보이지 않았다. 헬렌의 생각으로는 그가 하고 있는 상담 일에 적합한 성향을 가지고 있었지만, 일에 대한 맥스 스스로의 자신감 결여를 낮은 자존감에서 비롯된 것으로 생각하고 있었다.

그리고 헬렌은 맥스가 종종 상담자 모임에서 수줍은 모습으로 참여하였고, 자신의 입장에 대해서 확신 있는 태도를 취하지 못하는 것을 보았다. 이러한 상황에도 불구하고 그녀는 맥스가 중요한 사람이라는 생각을 가지고 있었다. 헬렌은 자신이 상담가로서 제대로 능력을 가지고 있는지 확신할 수 없다는 맥스의 이야기를 듣고 난 후, 그가 상담 일을 제대로 감당하지 못할 수 있다는 염려를 하였다. 그녀는 그를 슈퍼비전하면서 그가 상담이 필요하다는 생각을 갖게 되었고, 맥스도 그런 면에 대해서 동의하였다.

맥스와의 첫 번째 만남에서 그는 슈퍼바이저인 헬렌의 염려에 대해서 잘 알고 있었고, 자신감 부족으로 어려움을 호소하고 있다고 말하였다. 그는 스스로가 상담 일과 관련한 전문성의 실패에 대한 의심과 자신이 상담자로서 적합하지 않다고 생각했다. 비록 그가 상담을 의무적으로 해야 한다는 생각은 하지 않을지라도, 본인이 상담가로서 그리고 자신 있는 전문가로서 자신의 일에 매진하기 위해서는 나를 만나는 것이 본인에게 희망을 줄 수 있다고 생각하여 나를 만나는 일에 동의하였다.

맥스: 그것이 바로 본론입니다. 제가 이 시점에서 어떻게 해야 할지 잘 모르겠습니다. '내가 혹시 그만두어야 하지 않을까?' 하는 생각도 하였습니다. 저는 상담가로서 정말로 부적합하다고 생각합니다. 사실 점점 더 어려운 것 같습니다. 전에도 이런 실패와 같은 생각을 했습니다. 아마 더 있다가는 이 일을 그만두어야 할지도 모르겠습니다. 마이클, 제가 어떻게 해야 합니까?

마이클: 당신은 자신이 상담가로서 부적합하고, 실패의 감정을 느낀다고 말했습니다. 당신이 느끼는 그런 부적합한 마음과 관련이 있는 것은 무엇입니까? 무엇이 당신에게 있어서 실패에 대한 생각을 갖도록 만들었습니까?

맥스: 그것은 아마도 저에게 상담하는 일이 적합한지에 대한 의심인 것 같습니다. 슈퍼바이저의 의견에 어떠한 반론도 제기할 수 없을 정도로 저의 상태가 그런 것 같았습니다. 만약에 제가 헬렌의 입장에서 생각한다면 같은 느낌을 가질 수 있을 것입니다. 저도 제 자신에 대해서 같은 생각입니다. 그녀가 보는 저의 일에 대한 신뢰의 부족, 그것은 사실입니다. 그리고 저도 제가 잘 할 수 있으리라 생각하지는 않습니다.

마이클: 무엇이 그렇다는 말입니까? 당신이 할 수 없다고 여기는 것

이 무엇이죠?

맥스: 당신도 알다시피, 상담가로서 일을 해 나가는 것입니다. 제 스스로 더욱 확신을 가지고 해 나가는 것이지요. 그래서 사람들의 신뢰를 얻는 것입니다. 제가 하고 있는 일에 대해서 적절하게 처리하며 지혜롭게 대처하는 것을 말하지요. 제가 하고 있는 일 속에서 발전과 성취가 나타나는 것입니다.

마이클: 당신은 모든 것이 잘못되었다고 생각하는 것 같습니다. 당신이 상담 일에 대해서 적합하다는 생각보다는 부적합하다고 느끼는 것 같습니다. 신뢰를 얻는 것보다 당신은 사람들의 인정을 중요하게 여기는 것 같습니다. 당신은 자신감을 얻는 것 대신에 수동적인 것 같습니다. 자신에 대해서 인정하는 것이 아니라 당신은 여전히 당신 자신에 대해서 못 미더워하는 것 같습니다. 어떻습니까?

맥스: 정확한 것 같습니다. 이보다 더 정확하게 말할 수는 없을 것입니다.

마이클: 그래요. 당신이 그런 생각을 가지고 있는 것 같습니다. 당신은 또한 상담가로서 노력하였다고 말했습니다. 당신은 적합하지 않다는 생각을 하는 가운데서도 노력을 한 것 같습니다. 당신 자신을 적합하게 여기기 위해서 무엇을 하였습니까?

맥스: 힘든 시간을 보냈었습니다. 실제로 그랬지요. 제 나름대로 노력도 하였습니다. 매주 월요일 아침마다 저는 제 자신에게 간단한 대화를 나누곤 하였지요. 제 자신에 대해서 어떻게 생각하는지 그리고 제가 가질 수 있는 저의 이미지에 대해서 일종의 마술

을 거는 것입니다. 저 스스로에게 다음 면담 때나 임원 모임 중에 다르게 행동하도록 말입니다. 저는 항상 일에 대한 생각을 많이 하였습니다.

마이클: 일에 대한 생각이 참으로 많으셨군요.

맥스: 예, 그렇습니다. 그러나 그것은 저를 지치게 만들었습니다. 사실 저도 잘 알고 있습니다. 이제 저는 지쳤습니다.

마이클: 당신이 느꼈던 그런 감정을 통해서 스스로를 평가했던 것이 맞습니까? 이것이 도움이 되었습니까?

맥스: 절대로 그렇지 않았습니다.

마이클: 이것은 나에게 무엇인가 호기심이 일게 만드는군요. 당신은 자신에 대해서 다른 생각을 해 볼 수 있었다고 생각합니다. 그리고 당신은 그렇게 힘든 시기를 경험하였지만 그만두지 않았고 계속해서 그 일을 하였습니다. 당신은 그만둘 수도 있었는데 그만두지 않았습니다. 제가 당신에게 이러한 말을 하는 것에 대해서 어떻게 생각합니까? 당신이 계속해서 그 일을 할 수 있도록 가능하게 해 준 것이 무엇이었습니까? 당신이 그런 힘든 시기에 무엇이 계속해서 상담 일을 할 수 있도록 하였습니까? 어떻게 당신은 상담 일을 계속하였습니까?

맥스: 혹시 당신은 제가 무엇인가 특별한 영감을 가지고 있다고 생각하는 것입니까? 왜냐하면 만약에 당신이 무언가 찾기를 원한다면, 아마도 당신은 그것에 대해서 저에게 질문할 것이기 때문이지요.

마이클: 아니요, 그렇지 않습니다. 저는 무엇인가 극적인 것을 찾는

것이 아닙니다. 당신이 어떻게 해서 계속 상담 일을 할 수 있었는지에 대한 나의 이해를 돕고자 하는 것입니다. 아마도 이것은 작은 도움이 될 수도 있을 것입니다.

맥스: 글쎄, 잘 모르겠습니다. 저도 모르게 그런 힘든 시기에도 불구하고 계속 상담을 하였던 것 같습니다. 사실 이제 생각이 났는데, 제가 무언가 했던 것 같다는 생각이 듭니다. 그러나 그것이 좋은 것인지는 잘 모르겠습니다. 아마도 이것은 일을 하면서 생각했던 것 같습니다. 어떻게 생각하세요?

마이클: 당신이 생각했던 것에 대해서 더 알고 싶습니다. 상담 일을 하는 가운데 당신이 힘든 시간에 견딜 수 있게 하였던 요인을 발견해 보는 것입니다. 당신이 적합하다고 생각하기 위해서 노력했던 수고에 대해서 알고 싶습니다.

맥스: 무엇인가 저를 견딜 수 있도록 도와주었던 것을 의미하는 것입니까?

마이클: 예, 그렇습니다. 혹시 그것이 어떤 도움이나 위로가 아닐까요? 아마도 누군가가 그런 도움을 주었을 수도 있습니다. 저는 잘 모르겠습니다.

맥스: 글쎄요, 보죠. 제가 알고 있는 것은 제 스스로가 내담자들에게 감사하고 있다는 것입니다. 아마도 이것이 저에게 위로가 되었는지도 모르겠습니다. 제가 숨을 쉴 수 있게 해 주는 원동력이라고 표현하고 싶네요. 맞습니다. 아마도 제가 이것을 생각하는 것 같습니다. 그런데 이것이 좋은 것인가요?

마이클: 그 말이 무슨 의미죠?

맥스: 한 가지를 위해서는 좋다고 할 수 있습니다. 저의 한계에 대해서 말입니다.

마이클: 누가 그런 사실을 알고 있습니까? 당신은 당신의 한계에 관해서 말하고 있습니다. 제가 보기에 생각하는 것에도 한계가 있고, 말하는 것에도 한계가 있다고 생각하지는 않습니다. 그러나 당신은 내담자들에 대해서 감사하게 여기는 마음을 갖는 것이 상담 일을 하는 데 확신이나 자신감 그리고 자신에 대하여 인정하는 것 같습니다. 그렇지 않습니까? 당신이 상담 일을 하면서 가졌던 생각은 무엇이었습니까?

맥스: 제가 생각하기에 그렇게 많은 것 같지는 않습니다. 내담자들에 대한 생각에 어떤 의심이 있으리라고 생각하지는 않습니다.

마이클: 상담 일에 대해 당신이 평가할 수 있는 여러 부분이 있을 것 같습니다. 그리고 그런 부분은 당신이 이전에 생각해 보지 않았던 상담 일에 대하여 자신이 누구인가에 대한 질문일 수도 있을 것입니다.

맥스: 글쎄요. 이것이 아주 기본적인 생각을 말하는 것 맞습니까?

마이클: 당신의 내담자들과 관련해서 당신이 가지고 있는 생각은 무엇이죠? 당신이 그런 생각을 위하여 하는 방법은 무엇입니까?

맥스: 제가 무엇을 하는지에 대해서는 잘 모르겠습니다. 쉽지는 않네요. 그들의 인생에 대해 관심이 있습니다. 그래서 그들을 위해 상담 일을 감당하지요.

마이클: 당신이 생각해 볼 수 있는 것이 또 있나요?

맥스: 내담자들은 상처를 받았던 사람들이라고 생각합니다. 그래서

그들은 자신의 인생을 치료사에게 드러내지요. 저는 그들이 상처와 오해를 경험하였을 것이라고 생각합니다. 그래서 제가 그들을 돌보고자 하는 것입니다.

마이클: 내담자들의 인생 속에서 당신이 느끼고자 하는 관심은 무엇입니까? 그리고 그러한 관심을 위하여 당신이 하는 일은 무엇이지요?

맥스: 그것은 제가 어떻게 해야 한다는 것입니다. 글쎄요. 어떻게 할 수 있는지 잘 모르겠습니다.

마이클: 그러한 관심을 위하여 당신이 취하는 단계들에 대한 기초적인 과정이라고 할 수 있지요. 당신이 그러한 과정에 이름을 붙인다면, 물론 그것은 당신이 기본적으로 가지고 있는 생각 가운데 하나겠지요. 어떤 단어가 떠오르나요? 어떤 단어가 당신이 느끼는 편안한 감정을 표현한다고 생각합니까?

맥스: 제 마음에 한 가지 떠오르는 것은 바로 '성실함' 입니다. 이런 생각이 제가 가지고 있는 기본적인 생각을 반영하기를 희망합니다. 그것은 저에게 있어서 중요한 것입니다. 저는 결코 이런 생각을 버린 적이 없었습니다. 비록 때로는 제가 과연 성실한지에 관해서 생각할지라도 말입니다. 왜냐하면…….

마이클: '성실함' 이라……. 이제 당신이 말한 '성실함' 에 대해서 몇 가지 더 물어보고 싶습니다. 그러나 이것은 우리의 만남 중에 반드시 해야 하는 어떤 순서와 같은 것은 아닙니다. 우리가 나누었던 자신감, 확신, 자신을 인정하는 마음에서 좀 더 발전된 단계로 나가도록 할 것입니다. 당신의 적합성을 생각나게 할 기

회를 얻도록 해 줄 것입니다. 괜찮겠습니까?

맥스: 좋습니다. 한번 해 보지요.

맥스의 성실함이 표현되었던 경험과 사실에 대한 탐구하는 과정을 계속함으로써 그는 자신의 인생 속에 핵심이고 본질이라 할 수 있는, 그가 생각하는 신념과 가치를 설명하기 시작하였다. 이러한 표현 가운데는 그가 우선으로 여기는 생각도 포함되었고, 자신이 가치 있게 여기는 신념과 자신이 소유하기 원하는 희망 그리고 자신의 인생을 새롭게 결정할 수 있는 기회도 포함되어 있었다.

나는 맥스에게 나의 질문에 대해 그가 생각하는 가치를 생각하게 함으로써 그가 관계에 있어서 힘의 불균형의 결과를 정확하게 인식한다는 것을 깨닫게 되었고, 특히 사람들의 소외된 관계에 대하여 민감하다는 것을 알게 되었다. 일단 그가 보여 준 인식과 민감성이 표현되었던 그의 인생에 관한 질문을 통해서 나는 그를 양육한 홀어머니에 대해서 새롭게 이해할 수가 있었다. 그는 홀어머니 밑에서 자라면서 소외의 감정을 느끼는 가운데, 자신이 유능하지 못하다는 생각을 가지게 되었다. 그러나 맥스는 어머니를 통해서 경험의 정치술을 깨닫게 되었다. 그리고 그가 표현했던 무능함과 소외의 감정 속에서도 자신이 어머니로부터 귀중한 존재라고 인정받고 있다는 생각을 결코 하지 않은 적이 없었다고 말했다. 맥스는 어머니와의 관계에서 가지고 있는 생각을 자유롭게 말하였다. 다른 사람들과 맥스와의 관계를 탐구해 보는 가운데 그가 생각하는 성실함의 가치를 느낄 수 있었으며, 이것은 그가 보여 주고자 하는 신념과 가치를 풍성하게 묘사해 주는 기회를 제공해 주었다.

맥스의 자아를 구성해 주는 활동—자신의 인생과 상호 관계를 맺는 것과 관련하여—과 그의 관계 형성의 활동—그와 상담하는 사람들과의 상호 관계와 그리고 다른 상담소의 직원들, 그가 일하는 곳에서 근무하는 여러 사람들과 관련하여—을 형성하고 있는 가치와 신념에 부응하는 그의 성실함을 표현할 수 있는 질문을 만들어 내기 위한 가능성을 제공하였다. 이것은 맥스의 성실함이 자신이 속해 있는 현장 속에서 어떻게 하면 더욱더 풍성하게 묘사될 수 있는지를 보여 주었다. 또한 그것은 맥스가 지향하는 가치와 신념에 부응하여 그 가능성을 열어 주었다. 다음의 발췌는 그의 성실함을 서술해 주었다.

발췌 하나: 자아를 형성하는 활동

마이클: 당신이 성실함을 경험할 때와 우리가 논의한 가치에 대해서 느낄 때 그것이 당신에게는 무엇과 같았습니까? 그 순간이 당신에게는 어떠한 순간이었죠? 평상시와는 다른 생각을 갖도록 만들었습니까?

맥스: 아니요, 그렇지 않았습니다. 그때는 무언가 다른 것 같았습니다. 뭐라고 말할 수는 없지만 그때는 자유로움을 느꼈습니다. 어떤 느낌이었냐고요? 글쎄요. 아마도 저 자신에 대하여 편안함을 느꼈다고 할까요? 아마도 그것이 가장 적합한 표현일 것 같습니다.

마이클: 당신 자신에 대해서 편안함을 느꼈습니까? 이것이 당신 자신

에 관하여 느껴지는 다른 생각이었습니까? 또는 아마도…….

맥스: 예, 저 자신에 대한 다른 태도인 것 같았습니다.

마이클: 그것에 관해서 더 말해 주겠습니까?

맥스: 제가 생각하기에 그런 생각은 흔한 것 같습니다. 저 자신에 대해서 제가 수용을 받고 있다는 느낌이 드는 것 같았습니다. 제가 누구인지에 대해서 진심으로 알 것 같습니다.

마이클: 당신 자신이 누구인가에 대해서 진심으로 알 것 같았다는 말에 대해서 알고 싶습니다. 그리고 그때 당신이 수용을 받았던 느낌에 대해서도 알고 싶습니다. 당신이 인생을 어떻게 생각하였는지에 대해서도 알기를 원합니다. 이런 것에 대해서 질문해도 괜찮은지요?

맥스: 예, 좋습니다.

마이클: 좋습니다. 당신의 인생에 대해서 어떻게 생각하였는지 설명해 주세요.

맥스: 예, 그것은 마치…….

발췌 둘: 관계를 형성하는 활동(상담 일과 관련하여)

마이클: 우리는 당신이 상담 일을 하는 가운데 내재되어 있던 당신의 가치와 신념 그리고 당신이 중요하게 여기는 성실함을 탐색해 내는 과정을 거쳐 왔습니다. 우리는 또한 어떻게 이러한 가치들이 당신과 상담하는 사람들과의 관계에 영향을 미쳤는지 그리고 어떻게 그러한 가치들이 내담자들의 인생에 접촉한 수 있었는지에 대해서 이야기를 나누었습니다.

맥스: 예, 저도 이런 이야기를 나누는 것을 좋게 생각하고 있습니다. 그것은 무엇인가 저에게 강한 신념과 기쁨을 가져다 주는 이야기인 것 같습니다. 물론 말로 표현하기가 쉽지는 않지만요.

마이클: 당신의 상담 일에 있어서 당신이 생각하는 그러한 성실함과 가치가 어떻게 당신이 상담하는 가운데 나타났는지 대화를 나누는 것에 관심이 있습니까?

맥스: (조금 망설이며) 물론이죠.

마이클: 좀 자신 없이 말하는 것 같습니다. 확실하게 왜 그런지 말해 주겠습니까?

맥스: 자신이 없는 것은 아닙니다. 왜냐하면 이것은 제게 상담 일을 하는 가운데 새로운 이정표를 제시해 주었다고 생각하기 때문입니다.

마이클: 좋습니다. 자, 그럼 상담 현장 속에 내재되어 표현되었던 당신의 가치와 성실함에 관하여 우리가 알게 되었던 사실로 되돌아가서, 어떻게 이러한 생각이 내담자들과의 관계에 영향을 미치게 되었는지를 살펴봅시다. 그다음에 우리는 당신과 상담하는 사람들에게 가시적으로 보여 줄 수 있는 적합한 방식에 관하여 생각해 볼 수 있을 것입니다.

맥스: 좋습니다. 저는 전에 이런 생각을 해 본 적이 없었습니다. (소리가 커졌다가 사라진다.)

마이클: 여러 이야기 가운데서 당신은 내담자들과 상담하는 가운데 어떤 강요나 부담을 주지 않으려고 노력한다는 말을 하였습니다. 그리고 그들의 문제를 해결하는 데 도움을 줄 수 있는 행동

을 하기 위해서 노력한다고 말하였습니다. 그리고 당신은 제대로 상담을 하고 있는지를 살펴보기 위하여 사람들의 피드백을 듣는다고 말하였습니다. 이러한 당신의 노력을 우리의 대화 속에서 풍성하게 묘사할 수 있을까요?

맥스: 글쎄요, 좋습니다. 한번 해 보겠습니다.

마이클: 그렇다면 실례를 들어서 설명할 수 있습니까?

맥스: 좋습니다. 잠깐 생각해 보죠. 예, 저에게 한 가지 실례가 떠올랐습니다. 저는 내담자와의 초기 만남에서 그들과 대화를 하는 가운데, 그들이 불편해하는 방향으로 대화가 흘러갈 수 있을지도 모른다는 것에 대하여 인식하려고 노력하였습니다. 그리고 상담하는 것에 대해서 그들이 생각하는 것과 대화의 방향에 관해서 그들의 피드백을 부탁드리기도 하였습니다.

마이클: 혹시 또 생각나는 것이 있습니까?

맥스: 당신도 알다시피, 저는 또한 상담 과정 가운데 힘의 불균형에 대해서도 인식하려고 합니다. 왜냐하면 저도 모르게 세 생각을 내담자에게 주입하려는 경향이 있기 때문입니다. 그래서 그들의 피드백을 통해서 다시금 제 자신을 살펴보려고 합니다.

마이클: 당신이 생각하는 그러한 인식에 대해서 더 말해 주겠습니까?

맥스: (웃으며) 인식이라고요? (다시 웃는다.)

마이클: 당신의 상담하는 과정 속에서 내재되어 있던 성실함과 가치에 대한 다른 표현을 찾아봅시다. 그리고 어떻게 이러한 가치가 표현될 수 있는지에 대해서도 이야기해 보죠.

맥스: 참으로 관심 있는 주제입니다.

발췌 셋: 관계를 형성하는 활동(동료들이나 다른 직원들과의 관계에서)

마이클: 저는 당신이 일하고 있는 상담소의 동료들이나 직원들과의 관계에 대해서 당신이 중요하게 여기고 있는 가치나 신념에 관한 이야기를 듣는 것이 참으로 즐겁습니다. 당신의 상담 현장 속에서 당신이 추구하는 성실함과 가치에 대해서 더 말해 줄 것이 있습니까?

맥스: 잘 모르겠습니다.

마이클: 당신이 설명했던 '실제의 경우'에 관해서요. 예를 들면, 성실함과 가치에 의하여 형성된, 실제와는 상반되는 어떠한 상담의 과정도 있었습니까?

맥스: 글쎄요, 제가 생각하기에는 그런 경우도 있었겠지요. 아마 그럴 수 있었을 것입니다. 그때는 제가 불편함을 느꼈을 것이라고 생각합니다. 그것은 저의 태도에 관해서 그럴 수 있었다고 생각합니다.

마이클: 그것이 당신에 관한 것은 아니었는데, 왜 불편한 감정이 들었습니까?

맥스: 글쎄요, 제가 생각하기에는 이러한 가치에 반대되는 방식으로 상담을 진행하는 경우에 해당되었던 것 같습니다.

마이클: 그것에 관해서 더 말해 주겠습니까?

맥스: 예, 그것이 좋은 것은 아니지만, 사람들이 도우려는 마음으로 시도를 하였거나 좋은 의도를 가지고 있었다고 하더라도 내담자들에 관해서 우리가 말하는 방식이 다 같을 수는 없다고 생각합니다. 저도 그러한 가능성에 대해서 걱정됩니다. 내담자들이

오지 않을 때와 더 이상 그들의 소리를 듣지 못할 때, 우리가 진행했던 상담의 결과에 대해 걱정합니다.

마이클: 만약에 우리가 논의했던 성실함과 가치가 표현될 수 있었다면 그리고 당신에 의하여 자유롭게 나타날 수 있었다면, 상담의 과정 안에서 당신은 어떻게 그런 가치와 신념을 가지고 상담에 임할 수 있습니까?

맥스: 저는 내담자들의 인생에 대해 말하는 것과 그들이 상담에 나타나지 않았을 때, 제가 제 자신에 대해서 말해 줄 수 있다고 생각합니다.

마이클: 다른 생각도 있습니까?

맥스: 다른 생각이요? 만약에 제 동료들 가운데 한 명이 어떤 내담자에 대해서 관심을 가지고 있고 사례 모임에 그 사례를 가지고 오기를 원한다면, 우리는 그 내담자에 관해서 대화를 나누고 사례 모임에 그 내담자를 초청할 것을 제안할 것 같습니다.

마이클: 침으로 흥미롭습니다.

맥스: 예, 그러면 그 내담자는 다음 상담에 자신이 참석할 수 있을지에 대해서 선택할 수 있을 것 같습니다. 좋은 생각입니다.

마이클: 그렇습니다.

맥스: 혹시 이상하게 들리시나요? 제가 전에 왜 이런 생각을 못했는지 모르겠습니다.

마이클: 그래요. 이런 생각을 하는 것이 중요합니다. 때로는 상담의 실제에서 당신이 추구하고자 하는 성실함에 상반되게 행동하는 또 다른 경우가 혹시 더 있었습니까?

맥스: 글쎄요. 다른 상황도 있을 수 있었겠죠.

논의

우리는 두 달 동안 네 번의 만남을 가졌고, 맥스는 성공적으로 자신이 지향하는 바를 성취해 나갔다. 그가 깨달아 가는 과정 속에서 그의 인지력은 자연스럽게 드러날 수 있었다. 이것은 그가 귀중하게 생각하는 그의 가치와 신념 그리고 그가 특별하게 생각하는 성실함으로 전달되는 윤리적인 입장을 대변해 주는 것이었다. 그리고 그것은 그가 자신의 인생 속에서 '보다 선한 인생을 성취하기 위한 것' 이라고 이름을 붙인 그의 열망에 적합한 것이었다. 맥스는 더욱더 이런 생각을 풍성하게 묘사하였고, 실제에 적용하기 시작하였다. 그는 자신이 인식한 바를 다양한 표현을 통해서 드러내기를 시도하였다. 이러한 그의 선택은 그의 신념과 가치 그리고 성실함의 표현을 위하여 생성된 제안에 기초를 둔 것이었다. 그는 즉시 자신의 상담에 적극적으로 임하게 되었다. 그는 점차로 직원들과의 관계 속에서 자신의 행동에 대한 목소리를 내기 시작하였다. 이러한 그의 변화된 태도는 비록 그가 다른 동료들과의 관계에서 약간의 마찰이 있을지라도 계속해서 진행해 나갔다.

이러한 몇 가지 마찰을 설명하는 가운데, 맥스는 그의 슈퍼바이저인 헬렌을 다섯 번째 만남에 초청하기로 마음 먹었다. 다섯 번째 만남에서는 인정의식을 중심으로 진술과 재진술의 과정을 진행하였다

(Myerhoff, 1982, 1986; White, 1995b, 1999). 이것은 또한 우리가 맥스의 어머니인 로레타를 초청하는 자리이기도 하였다. 이 모임의 중반 과정에서 헬렌과 로레타가 청중으로 초청을 받았고, 그들은 맥스와 내가 나누었던 대화를 경청하는 시간을 가졌다. 이런 상황 속에서 맥스가 중요하게 생각하는 그의 성실함과 신념 그리고 가치에 대한 로레타의 기여했던 바를 알 수 있었다—맥스의 최근의 상담 활동과 실제 안에서 선호하는 이야기를 발전하는 데 그녀의 기여가 두드러지게 나타났다. 이런 사실은 로레타에게는 참으로 의미가 깊었다. 그녀에게 인정의식의 '외부 증인 반응'에서 진술할 기회가 주어졌을 때, 그녀는 처음으로 이런 사실을 말하기 시작하였다. 헬렌의 재진술은 맥스의 상담 일과 상담 기관에서 그가 보여 주었던 발전적인 모습을 인식할 수 있는 기회를 얻도록 해 주었다. 비록 이러한 발전이 그녀가 맥스를 슈퍼비전하면서 맥스가 추구하고자 하는 결과에 반드시 충족되는 것은 아닐지라도, 상담 일을 하는 데 있어서 갖추어야 할 능력이나 자질에 대해서는 더 이상 의심을 갖지 않도록 해 주었던 것이다. 그녀는 맥스의 이런 면을 높이 인정해 주었다.

우리의 모임 초반에는 맥스가 가지고 있었던 실패에 대한 그의 인식이 대화의 핵심에 있었다. 이때 맥스는 온통 실패의 감정에 휩싸여 있었다. 비록 그가 자신의 적합성에 대한 약간의 자신감은 있었지만, 자신이 상담 일을 제대로 할 수 있을지에 대한 의문을 가지고 있었다. 그는 더 이상 자신이 발전할 수 있으리라고 생각하지 않았으며, 그만둘 것을 심각하게 생각하고 있었다. 맥스는 이러한 자신의 적합성에 대한 의심을 가지고 포기하려고 생각하였다. 그러나 우리는 현대적인 힘의 작용에 대한 인식을 통하여 치료적 대화를 진행하였고, '확증성' '자신을 주장하는 것' 그리고 '확신'에 대한 가치를 귀중하게 여기는 희망을 표현해 나갔다.

맥스와 같이 자신의 인생 가운데 실패에 대한 생각을 경험하는 사람들과 상담하는 것이 나에게 있어서 흔한 일은 아니다. 내가 실패에 대한 생각에 큰 관심을 가지게 된 것은 이러한 주제가 바로 현대적인 힘의 작용과 연결을 갖고 있다고 생각하기 때문이다. 나는 이러한 관심의 결과로서 사람들과 이런 예외적인 대화를 많이 나누었다. 사람들이 개인의 실패 때문에 나에게 상담을 요청할 때, 나는 전형적으로 그들이 보여 주고 있는 정체성의 영역 안으로 진입해 들어간다는, 마치 탐험을 하는 것과 같은 약간의 흥분된 생각을 가지고 있다. 또한 나는 이러한 탐험이 사람들에게 인생의 새로운 단계로 진입해 들어갈 수 있는 기회를 제공하며, 그들의 인생에 새로운 가능성의 영역을 가져다 줄 수 있을 것이라고 생각한다.

이 글에서 나는 어떻게 이러한 탐험이 조성될 수 있는지에 대한 서술을 제공할 것이다. 그러나 나는 먼저 '현대적인 힘'의 생성과 실패에 대한 현 시대 현상과의 연결을 소개하려고 한다.

실패와 현대적인 힘

이 글의 서두에서 설명한 바와 같이 개인의 실패 현상에 대한 극적인 성장은 '규범적 판단'으로 언급될 수 있는 사회적 지배 체계를 형성하는 현대적인 힘의 영향과 연계되어 있다(Foucault, 1973, 1979, 1980). 도덕적 판단— '사람들의 행동이 잘못되었는가, 아니면 옳은가?' '선한가, 아니면 악한가?' '도덕적인가, 아니면 비도덕적인가?'로 결정되는 결과—이 내재된 전통적인 힘의 지배가 작용하는 곳과 억압의 구조를 통해서, 현대적인 힘은 사람들을 사회적으로 구성된 규범—부적합성, 비정상성, 비효율성, 미숙함, 희망이 없는 상태, 무의미함, 결핍, 불완전함 그리고 무가치함의 정도를 반영하는 사람들의 행동을 결정짓는 결과—들에 부응하여 사람들 자신의 인생을 판단하도록 계속해서 선동하였다. 금지하고 제한하고 제약을 가하는 구조화된 도덕적인 판단을 통하여 전통적인 힘이 작용하는 곳에서, 현대적인 힘은 인생을 구성하는 규범적 판단을 통하여 작용한다. 이것은 사람들의 인생을 구성하고 인생을 자극하며 현대 문화 안에서 구성된 규범을 통하여 인생을 평가하기도 한다. 이러한 규범적 판단에 적용되는 사람들은 자신과 자신의 인생 속에 정책적으로 연관을 갖게 되며, 현대적인 힘의 특성을 가지고 있는 사회적 지배의 종속으로 관계를 맺는다.

사람들의 인생 속에 있는 규범적 판단은 사람들과 관계해서 각 개인의 위치와 등급을 매기는 공식이나 인간들이 상상력의 표현을 매기는 척도와 얼마나 자신의 일을 수행해 나가는지에 대한 등급, 정상성과 비정상성의 기준, 다양한 도식들이 내포되어 있는 현대적인 힘의 발전을 통하여 자신을 종속시켜 나간다. 힘의 이러한 기술은 또한 평가의 실제적인 지침들을 포함하고 있는데, 여기에는 사람들의 인생에 개입할 수 있는 도식이나 공식, 기준 그리고 척도들을 가지고 있다.[3)] 비록 이러한 기술의 많은 부분이 공식적으로 정형화된 규칙들에 따라서 다듬어지고, 전문적인 제안에 의하여 개발이 되었다고 하더라도, 이제 그것은 현대인들의 인생과 정체성을 형성하는 기준이 되었으며, 대중문화의 당연하게 여겨지는 비공식적인 실제를 형성해 나갔다—그것은 마치 대중 심리학의 특성과 유사한 것으로 생각해 볼 수 있는데, 이전의 여러 대중적인 잡지나 관심이 있는 글에서 살펴볼 수 있었다.

여러 척도나 절차 그리고 기준의 범위 안에서 사람들이 가지고 있는 각자의 위치를 생각해 보는 가운데, 사람들은 자신 본연의 입장과 사회적으로 구성된 규범에 의하여 규정된 인간 존재에 대한 관점의 차이를 좁힐 수 있도록 유도받는다. 사람들은 사회적인 기준과 생각에 부응하여 자신의 인생을 판단하는 과정에 적극적으로 참여하도록 이끌린다. 인간 존재를 위한 생각은 '진정성'이나 '참된' 인간이 되기 위한 현대적인 규범에 의하여 영향을 받는다. 이러한 전형적인 방식과 문화적으로 넓게 유포된 규범적 판단을 통하여 실패의 의미와 생각이 현대에 들어와서 사람들이 자신의 정체성을 경험하는 데 주된 현상으로 인식하고 있다.

전통적인 힘과 현대적인 힘의 비교

다음의 도표는 전통적인 힘과 현대적인 힘을 비교하는 가운데 서로의 차이점을 발견할 수 있도록 해 준다. 미셸 푸코에 따르면, 17세기 후반 이후 이러한 현대적인 힘의 작용은 서구 문화 속에서 사회적 지배의 근원적인 가치로서 전통적인 힘을 대신하여 나타나는 현상이 되었다(Foucault, 1979, 1980, 1984).

전통적인 힘

전통적인 힘의 체계는 다음과 같다.

- 국가 기관이나 국가에서 위임을 받은 대표자에 의하여 행사되는, 규범적이고 도덕적인 판단을 통한 사회적 지배가 성립된다.
- 도덕적인 가치를 성취하기 위한 이념을 인간들 속에서 세워 나간다.
- 적합하면서도 독점적인 사람들의 특별하고 일치된 관심에 따라서 주장되고 표현되며, 소수의 집단이 핵심의 위치를 가진다.
- 최정상으로부터 지시되고 발전된다.
- 압박하고, 억누르고, 제한하고, 금지하고, 부과하고, 강요하는 행동을 한다.
- 일부의 개인이나 집단으로, 다수 가운데 지배적인 위치에서 행동한다.
- 다수의 사람들은 자신의 영역 외부에 위치한다고 보며, 그들을 지배의 대상으로 본다.

힘의 핵심에 자리를 잡고 있다는 것은 다음을 의미한다.

- 지배자에게 힘을 행사할 수 있는 권리가 있다. 그러한 힘은 강요와 처벌의 방식을 취한다.
- 힘을 통해서 추방이나 탈출, 제명 그리고 처형을 포함한 배타적인 행위를 표현하거나 힘의 행사에 초점을 두고 사용한다.

행사, 의식, 공적인 처벌 그리고 두려움을 야기하는 조직이나 감시와 지배, 사람들을 지배하기 위한 사회적 구조를 포함하며, 사람들에게 영향력을 행사하기 위한 특정한 힘의 기술에 의존한다.

현대적인 힘

현대적인 힘의 체계는 다음과 같다.

- 인생과 자신에 대하여 평가하는 가운데, 사람들에 의하여 지시되는 규범적 판단을 통하여 사회적 지배를 추구해 나간다.
- 규범적 가치를 성취하기 위한 이념을 사람들 안에 심어 둔다.
- 관심과 경쟁을 통해서 연합 또는 동맹을 추구하는 순환적인 관계에서 자신의 위치를 차지하고, 때로는 일시적인 상태이거나 특별한 상황에 의하여 결정되며 서로가 관계적으로 자신의 입장을 구체화한다.
- 문화의 지엽적인 수준에서 형성되거나 개발된다.
- 사람들은 현대 문화에 의하여 구성된 규범에 따라서 자신의 인생과 사회적 과정에 참여한다.
- 정체성과 인생에 관한 현대적인 규범과 관련하여 자신의 위치를 결정하고, 대중 속에서 자신의 행동에 대한 지배를 받는다. 그래서 개별화와 세분화가 요구된다.
- 사람들을 감시와 지배의 통제 속으로 몰아간다.

자신의 인생 속에서 다음의 요소들을 강조한다.

- 만약에 개인의 고유한 특징이 드러나게 될 때, 이것을 공동체에 대한 도전으로 간주한다. 이러한 공동체는 동맹과 연합의 방식을 통해서 구축한 것이다.
- 지배를 받는 사람들의 인생이 표현될 때, 이러한 사람들의 인생은 항상 공적인 평가와 주시와 감시를 받게 되는 상황 가운데 있다.

사람들은 서로를 평가하기 위하여 순위나 등급을 매기는 공식, 인간 표현의 등급을 위한 척도, 수행 능력, 정상성과 이상성의 기준 등에 의한 힘의 요구사항에 직면하게 된다. 그리고 이것은 순위와 등급을 매기기 위한 체계와 척도, 공식으로 사람들의 인생에 대한 평가와 결정의 과정이 된다.

실패

개인의 실패에 대한 현상이 기하급수적으로 성장하기 때문에 나는 '현대적 실패'의 단어로 표현하는 것이 적절하다고 생각한다. 그리고 최근 실패의 개념에 대해서 예외적인 경우가 증가한다는 사실에 대하여 나는 이러한 경우를 이러한 범주에 포함하는 것이 도움이 될 것이라고 생각한다. 예를 들면, 개인의 실패에는 여러 경험이 있을 수 있는데, 이것은 '과실' 또는 '실수'로 불릴 수 있는 경우가 있기 때문이다. 과실의 경우는 다음을 말한다.

a) 사회적으로 경쟁을 하거나 공동체의 요구가 반영되는 사회적인 관계에서 발생하는 실수 또는 단순한 잘못
b) 각자의 고유하고 개별적인 목적과 관련된 결말에 도달하지 못하는 것
c) 개인의 인생을 위한 목적의 과정에서 탈선하는 것
d) 인생의 진화 또는 진행 중인 여정에서 벗어나는 것
e) 세상에서 정체성이 추구하는 것과 소유하는 것에 대한 상반되는 인생의 표현
f) 개인적으로 할당된 사회적 역할의 불만족스러운 수행
g) 개인의 인생을 위하여 성취하고자 하는 목적에서의 퇴보
h) 진정한 확신에 이르는 과정에서의 무지의 표현
i) 진정성이 있는 인간 존재를 위한 개인의 노력 부족이나 결함

다음의 내용은 실수를 반영하는 내용이다.

a) 자신을 또다시 과거의 신중하지 않았던 상태로 경험하도록 내버려 두는 선택
b) 개인의 충만한 잠재성을 깨닫기 위한 기회를 무시하는 것
c) 자신과 사람들을 규범적 판단에 일치시킬 수 있는 기회를 붙잡지 않는 것과 게으름을 피우는 것
d) 성장이나 정상의 기준으로 자신이나 사람들을 지향하는 자세에서 태만한 것
e) 효과성을 평가하는 기회나 자신 또는 사람들을 평가하는 기회를 갖지 못하는 것
f) 자아에 대한 감시와 개인의 인생 발전을 추구하기 위한 포괄적인 영역 속에서 기회를 얻지 못하는 것

여전히 실패를 설명하기 위한 또 다른 설명으로 '저항'이라는 의미를 생각해 볼 수 있을 것이다. 이것은 다양하면서도 지엽적이고 역사적이며 문화적인 것으로, 인생에 관한 지식과 생활의 특별한 기술에 의하여 형성된 것이다. 여기에 사람들은 의식적 또는 무의식적으로 참여하게 된다. 저항은 다음의 사항을 포함하고 있는 광범위한 행동의 영역 안에서 구체화될 수 있다.

a) 적합성을 지향하는 자세의 고의적인 포기
b) 최상위를 추구하기 위한 열정의 강력한 거부

c) 사람들의 인생을 분류하는 태도에 대한 강한 저항

d) 현대적인 문화의 요구에 도전하는 관계적인 형식

e) '자아 실현' '온전성' 그리고 '진정성'과 관련된 현대적 상징에 대한 완고한 거절

내가 이 글에서 '과실' '실수' 그리고 '저항'으로 표현한 개인의 실패에 대한 전형적인 구분은 여러 시도를 통한 가능성에 대하여 진술하고 있다. 분명한 것은 실패에 대한 여러 구분이 여전히 여러 가지의 범주로 분류할 수 있을 정도로 많다는 사실이다.[4)]

거 부

이번 글의 첫 번째 장에서 나는 간단히게 규범적 판단의 기술과 실제에 기초하고 있는 사회적 지배의 현대적인 체계에 대해서 논의하였다. 그리고 나는 제도적이고 도덕적인 판단의 기술과 실제에 기초한 사회적 지배의 전통적인 체계를 비교하였다. 이러한 논의 가운데서 나는 규범적 판단 체계의 발전과 최근에 나타난 개인의 실패에 대한 현상의 기하급수적인 성장을 연계하여 시도해 보았다. 나는 이러한 경험에 이르는 과정과 방식을 서술하고자 한다.

사람들의 경험—개인의 실패에 대한—에서 나오는 긴장감과 우리가 살아가는 문화 속에서 사람으로서의 가치를 부여하는 사회적

으로 구성된 규준과 관념은 여전히 사람들을 지배하며, 사람들에게 직접적으로 영향을 미치는 관계적인 방식이 존재한다. 비록 이러한 방식 안에 기원하는 개인의 실패에 대한 감각이 '진정한 사람'이라는 규범을 성취하는 어려운 과정으로 사람들을 자극할지라도, 개인의 실패에 대한 생각이 현대적인 힘이 내포하는 부분적인 실패의 경우로 이해될 수도 있다. 이것은 힘의 종류로서 그 결과에 기인하는 것이며, 사람들은 현대 문화에서 인간 존재의 본질이 사회적으로 구성된 규범에 일치시키도록 요구받을 뿐만 아니라, 인생을 표현하는 가운데 이러한 규범에 근접하도록 지시를 받는다.

나는 이런 점을 반복할 것이다. 개인의 실패에 대한 경험은 특정한 힘에 대한 실패를 반영할 수 있다. 그리고 이러한 규범에 의하면, 사람들의 정체성이 다듬어지고 형성되는 과정에서 사람들을 선동하거나 각자의 인생과 조화를 이루는 가운데 그 과정에 매이도록 하느냐가 바로 성공 또는 실패의 결론으로 나타난다는 것이다. 이러한 이해를 바탕으로 이 글의 처음 부분에서 설명했던 개인의 실패에 이르는 과정이 사람들의 인생을 대변해 주는 과정으로 보여 줄 수 있을 것이다. 따라서 이것은 구체적으로 현대적인 힘의 부분적인 실패를 나타낼 뿐만 아니라, 점차로 사람들이 인식할 수 있는 현대적인 힘에 대한 사람들의 저항이나 거절을 의미한다.

실제적인 인생을 위한 이러한 이해를 무엇에 적용할 수 있는가? 사람들이 자신을 실패한 자로 표현할 때, 이러한 상황 속에서 현대적인 힘의 효과가 나타난다고 말할 수 있다. 이때 개인의 내면적인 공간은 현대적인 힘에 대하여 저항하는 행동이나 사회적으로 요구되는 것에 대한 거절의 행동으로 특징지을 수 있다. 그러고는 자신의 행동을 구체화한다. 이러한 저항과 거절의 행동은 매우 실제적이어서 사람들은 자신의 정체성으로 인하여 자신을 실패한 자로서 인식할 수 있도록 한다. 이러한 행동은 점점 구체화되고 더 많이 알려지게 되며, 현대적인 힘에 대한 거절의 행동—또는 구성될 수 있는 행동—이 담겨 있는 인생의 여러 영역 속으로 탐험적인 여정을 시작하게 된다. 그리고 이러한 방법을 통해서 개인의 실패에 대한—사람들마다 가지고 있는—잠재성이 공개되고 알려지게 된다.

인생의 방법과 사고의 방법으로서의 거절

현대적인 힘에 대한 사람들의 거절로서 인식될 수 있는 개인의 실패에 대해서 생각해 볼 때, 우리는 다음과 같이 질문할 수 있다. '이러한 거절은 무엇에 기초하고 있는가?' '무엇이 이러한 거절을 가능하게 만드는가?' 한 가지 대답은—비록 미약할지라도—종종 이러한 질문에 대한 반응으로서 거절은 단순히 사람들에 의하여 표현된 직접적인 행동의 결과라는 점이며, 현대적인 힘을 부정하는 사람들의 시도 가운데 있을 수 있다. 또 다른 대답으로—자주 대답되는 것은 아니지만—이러한 거절은 간단히 현대 문화에서 인간 존재의 당위성을 규정하는 규범에 의하여 주장되는 인생의 의무와 기대의 잘못된 이해와 사건의 결과라는 점이다. 이와 같은 대답은 관계적으로 불만족스러울 수 있다. 첫 번째 대답은 인식 부족을 초래할 수 있는데, 왜냐하면 거절의 행동을 위한 단서를 제공하기 때문이다. 즉, 이것은 이러한 거절이나 갈등이 갑자기 나타난 것이 아니라는 점이다. 그리고 비록 두 번째 답변이 거절의 행동을 위한 타당한 진술을 제공한다 할지라도, 거절이 절망과 낙심의 상황이나 잘못된 기회 또는 사건의 결과임에도 불구하고 아무런 설명을 제공할 수 없다는 것이다.

거절을 위한 사람들의 행동에 대한 질문을 생각해 본 다음에 인간 존재의 개념에 관한 영역을 적합하게 설명하기 위한 노력을 생각해 보자. 거절은 종종 사람들의 '진실한 정체성'이나 그들의 '진실한' 의식 그리고 자신에 대한 '진정성'의 요소와 인간성의 '본질'을 표현하는 것으로 이해되기도 한다. 이러한 본성적인 제기, 즉 거절에 대한 이러한 행동을 통해서 우리가 살펴볼 수 있는 것은, 사람들을 본성적인 방식으로만 제한하는 것은 인간 행동에 관한 협소한 정의로 이끌 수 있다는 점이다. 이러한 주장을 질문하기 위해서 많은 기초적인 생각이 존재한다. 예를 들면, 관심이란 정체성의 '본성적인' 진술과 현대의 규범적 판단을 위한 하나의 종착지를 제공해 주며, 이것은 인간의 존재성에 대한 현대적인 규범과 분명하고 근접한 관계로 이끌어 갈 수 있기 때문이다. 인간 존재로서 인식되는 본질과 요소의 개념 그리고 순수한 인간의 본성이 이성적 표현—예를 들면 자아실현, 자아인식, 자아소유 그리고 인생의 자아를 포함한 방식—이라는 인생의 이상적인 방식은 이러한 규범을 형성해 내는 비옥한 조건을 제공하였다. 현대적인 규범은 불가피하게 '자연적인 규율'과 '이성적인 규율'을 통하여 표현된다. 왜냐하면 이러한 규범은 인간 본성에 관한 '진실'을 표현하는 것이고, 그것은 바로 "무엇이 '본성적'이고, '보편적'인 것인가?"와 같은 비평적 고찰을 통하여 이러한 규범에 대한 선택이 줄어들게 되기 때문이다.

정체성에 관한 본성적인 진술과 인간 존재성을 위한 현대적인 규범의 관계 사이에 인간 본성의 표현으로서 거절의 행동을 보여 준다는 주장에 다른 반론을 제시할 수도 있을 것이다. 예를 들면, 인간의 본성을 포함하여 정체성을 새롭게 진술하는 것이 어떻게 가능한지에 대한 많은 질문을 생각해 볼 수 있다. 이것은 사회적이고 문화적이며, 역사적인 산물이 아닌 사람들의 존재를 형성하는 다양한 실재들과 이해의 체계를 넘어선 언어의 외부적인 모습으로 이해될 수 있다.

현대적인 힘의 요구에 대한 거절로 이해될 수 있는 행동을 생각해 볼 때 위의 질문—'이러한 거절을 시도할 수 있는 단서는 무엇인가?' '이러한 거절을 가능하게 만드는 것은 무엇인가?'—에 대한 다른 반응은 만약에 사람들이 자신에게 주어진 인생을 거절하고 세상에서 요구하는 방식대로 살아가는 것을 거부하더라도, 다른 사람들과 구별되는 다른 인생을 살아가는 존재가 될 수 있다. 이전에는 중요하지 않았던 사람이었지만, 지금은 새로운 사실로 각인된다. 이러한 면은 우리의 문화 안에서 사람들에게 수용되는 개성을 위한 규범을 만들어 내는 것이 아닌 새로운 대안적인 정체성을 지향한다. 이러한 환경 속에서 '차별적인 인생'의 탐구와 '익명의 사람들'이 인생의 다른 방식을 표현한다. 그리고 이것은 사회적이고 문화적이며 역사적으로 생각할 수 있는 여지를 남겨 둔다. 이러한 의미 속에서 우리는 실패의 제한적인 특성 가운데 인생의 지식과 현재 세상 속에서 인정되는 규범을 직접적으로 따르지 않는 인생의 실제를 발견하게 된다.

이것은 인생을 살아가는 실제와 인생의 지식으로부터 다양한 질문을 이끌어 낼 수 있으며, 이러한 지식과 실제를 구체화하는 것뿐만 아니라 풍성하게 표현하는 데 기여하게 된다. 이러한 탐구는 인간의 존재성을 위한 규범들을 강요적으로 만들어 내지 않을뿐더러, 사람들에게 대안적인 정체성의 표현을 위한 기초를 제공한다.

다음의 이야기는 실패의 상황 가운데서 인생을 살아가는 실제와 인생의 지식이 포함된 치료적인 질문의 실례를 제공해 준다.

쥬디

쥬디는 40대 중반의 혼자 사는 여인으로, 그녀의 사촌인 에어린에 의하여 나에게 상담이 의뢰되었다. 에어린은 쥬디가 힘들었던 시기에 자포자기의 상태에 있었던 것에 대해 염려하고 있었다. 에어린은 그녀를 회복시키기 위하여 많은 시도를 하였다. 시간이 지나면서 그녀는 쥬디에게 전문적인 도움을 받을 것을 권유하였으나, 쥬디는 적극적으로 반응하지 않았다. 에어린의 여러 번의 간청에 의하여 쥬디는 인간의 잠재성을 강조하는 한 모임에 참여하였다. 그녀는 또한 에어린이 권유한 몇 권의 대중적인 심리학 저서를 읽기 시작하였다.

최근에도 에어린은 쥬디가 전문적인 도움을 받도록 설득한 끝에 쥬디는 상담사를 만나기로 결심하였다. 에어린은 약속을 정하기 위하여 나에게 전화를 하였고, 상담을 시작하게 되었다.

쥬디: 마이클이죠? 에어린이 당신을 만나 보라고 했습니다. 그러나 저는 그녀에게 제가 여전히 망설이고 있다고 말했습니다. 혹시 제가 시간을 낭비하는 것은 아닌지 하고요. 저는 만성적인 아픔을 가지고 있습니다. 사실 희망이 없습니다. 아마 모든 사람들이 저의 이러한 모습을 잘 알 것입니다.

마이클: 왜 당신은 저에게 상담을 받기로 동의하였습니까?

쥬디: 왜냐하면 제 자신이 비참한 지경에 처해 있다고 생각하기 때문입니다. 그리고 저에게 남은 것은 아무것도 없다고 생각합니다. 당신도 알다시피, 에어린만이 나를 알아줄 뿐입니다.

마이클: 당신은 자신이 만성적인 아픔을 가지고 있다고 말하는군요. 당신이 가지고 있는 그 만성적인 아픔은 무엇입니까?

쥬디: 보세요. 저는 의존성 성격 장애를 가지고 있습니다. 모든 사람들이 그것을 알 수 있을 것입니다. 당신이 믿을 수 없겠지만, 정말로 저는 의존적인 사람이랍니다. 그리고 제가 할 수 있는 것은 아무것도 없습니다. 당신에게 말하였듯이 저는 무능합니다.

마이클: 그렇다면…….

쥬디: 마이클, 당신이 무엇을 말할지에 대해서 잘 알고 있습니다. 그러나 그러한 생각은 사실입니다. 제가 저 자신에 관하여 말하는 것은 전적으로 사실이랍니다. 에어린은 그것이 아니라고, 제가 무능한 사람이라고 생각하는 자체가 잘못되었다고 말합니다.

당신도 똑같이 그렇게 생각할 것입니다. 그러나 당신이 저의 기분을 그저 좋게 해 주려고 노력할 뿐이라는 것을 잘 알지요. 저는 말할 수 있습니다. 그러나 그것이 실제로 도움이 되지 않을 것입니다.

마이클: 당신은 자신이 너무나 심하게 의존적이고 무능하다는 생각을 가지고 있군요. 무엇과 관련해서 당신이 심하게 의존적이라는 것입니까? 그리고 무엇과 관련하여 당신이 무능하다고 생각합니까?

쥬디: 당신이 얼마나 이해할 수 있을지 모르겠습니만, 저는 단지 사람들이 한번 결심하는 것처럼 그냥 마음만 바꾸면 되는 것이라고 말하고 싶지 않습니다. 저도 변할 수 있는 사람입니다. 저도 쉽게 사람들에 의하여 영향을 받을 수 있답니다. 저는 저 자신에 대해서 그렇게 강한 사람이라고 생각하지 않습니다. 보통 사람들과 같이 말입니다. 이것은 저의 치명적인 실수 가운데 하나일지도 모릅니다. 저는 이성적이고 독립적인 사람들이 하는 행동을 할 수가 없습니다. 저는 친구들과 가족에게 상당한 부담을 안겨 주고 있습니다. 당신에게도 마찬가지가 될 것입니다. 왜냐하면 제가 당신에게 부담을 줄 수 있을지도 모르기 때문입니다.

마이클: 좋습니다. 저에게 어떤 생각이 떠올랐습니다. 당신은 무언가를 결정할 때, 이성적으로 유능함을 보여 주는 경험을 한 적이 없다고 말하는 것 같습니다. 당신은 스스로 인생의 방향을 세우고 이끌어 갈 수 있는 것에 실패하였다고 생각하는 것 같습니다. 당신은 독립적인 성향을 가지는 것이 당신에게는 너무나

어려운 일이라는 생각을 하는 것 같습니다. 그리고 당신의 의존성을 설명하는 가운데 당신은 사람들에게 부담이 되고 있다고 말하고 있습니다. 저의 이해가 어떻습니까?

쥬디: 그렇다면 무엇이 도움이 될 수 있습니까?

마이클: 도움이라니요?

쥬디: 당신이 깨달았던 그러한 사실로부터 벗어나기 위하여 저에게 무언가 시도할 것 아니겠습니까? 그러나 당신은 제가 정말 할 수 있다고 말하지는 않았습니다.

마이클: 당신이 오랜 시간 동안 자신에 관하여 부정적인 생각을 가지고 있었다는 것을 이해합니다.

쥬디: 예, 제가 마치 오랜 시간 느끼고 있던 것 같이 말입니다. 아마 영원히 느낄 것 같습니다. 정말 고통스럽습니다. 그러나 그런 사실로부터 빠져 나올 방법이 없습니다.

마이클: 고통스럽다는 것은 당신에게는 어떤 의미입니까? 그러한 부정적인 생각이 강하게 작용하였던 시기에 당신이 느꼈을 경험이나 생각에 대해서 더 말해 주겠습니까? 그런 생각이 당신 자신을 어떻게 느끼도록 만들었습니까? 당신이 했던 일에 대해서 그것들이 어떻게 영향을 미치었습니까?

쥬디: 확실하게 당신은 무언가를 이해하고 있는 것 같습니다.

마이클: 저도 당신처럼 부정적인 생각이 나의 인생에 영향을 미쳤던 경험이 있었습니다. 물론 우리는 서로 다른 경우이겠지만요.

쥬디: 글쎄요. 정말 그런 생각이 저의 인생을 어떻게 가지고 놀았는지에 대해서 말하기가 쉽지는 않을 것 같습니다. 저는 전적으로

스트레스를 받고 있습니다. 피곤하고요.

마이클: 제가 보아도 그런 부정적인 생각이 당신을 힘들게 만드는 것 같이 보입니다.

쥬디: 제가 생각하기에 그런 생각이 전적으로 저의 의욕을 빼앗아 가 버렸습니다. 당신도 생각하다시피요. 인생에서 무엇인가를 시도할 때 제가 노력했던 일에 대해서 아주 참담한 감정을 느끼고 말았습니다. 제가 시도하는 것이 무엇이든지 그런 것 같았습니다. 그런 생각은 제 자신이 독립적인 사람이 되거나 유능한 사람이 되려는 시도에 역시 참담한 기분이 들게 했습니다.

마이클: 그러한 부정적인 인식이 명백하게 당신의 무서운 감독자가 되었군요. 그것이 당신의 인생에 강하게 나타났을 때, 자신을 아주 고통스럽게 하였거나 그런 생각이 당신이 시도하는 모든 일에서 당신의 노력을 비웃거나 헛되게 하지는 않았습니까?

쥬디: 예, 참담함을 느낄 때면, 어김없이 그런 생각이 거기에 있었습니다.

마이클: 당신이 참담한 느낌을 갖지 않았던 시기에도 그러한 부정적인 인식이 당신에게 무언가를 요구하였는지에 대해서 알고 싶습니다. 그런 생각 때문에 그렇게 하지 못했던 실제적인 경우가 혹시 있었습니까?

쥬디: 그런 경우가 많이 있었습니다. 저는 저 자신을 위해서 많은 시도를 해 왔습니다. 자신을 개발하려는 책도 많이 읽었습니다. 그리고 제가 할 수 있는 것과 인생에서 저의 유능함을 발견할 수 있다면, 무엇을 할 수 있을지에 대해서 많은 사실을 발견하려고

노력하였습니다. 그리고 사람들이 추천하는, 인간의 성장을 위한 노력을 경주해 왔습니다. 잘못된 감정을 지우기 위하여 노력도 하였습니다. 제 자신이 무능하다고 느낄수록 그리고 제 자신이 의존적일수록 말입니다. 사람들의 잠재성을 개발하기 위한 모임에도 참석했습니다. 제가 보기에 저와 비슷한 유형의 사람들이 많이 있는 것 같았습니다. 그러나 저에게 있어서…… 제가 보기에도 그들도 그렇게 보였습니다.

마이클: 무엇이 그렇게 보였다는 말입니까?

쥬디: 저의 절망적인 경우와 같이 말입니다.

마이클: 그것도 분명히 존재하는 것입니다.

쥬디: 그래요? 희망이 없는 것 말입니다.

마이클: 그것보다는 당신이 원했던 결과가 당신에게 만족스럽지 않았을 때, 그러한 생각 속에서 당신은 당신 자신을 다르게 생각할 수도 있었을 것입니다.

쥬디: 그러니 이제는 그런 생각을 인 할 수 있습니다. 진부는 아니지만요. 왜냐하면 제가 당신과 여기서 말하고 있기 때문입니다. 그러나 아직도 그런 요소가 남아 있습니다.

마이클: 당신은 이제야 할 수 있다고 말하는 것 같습니다. 그동안 당신에게 영향을 미쳤던 그러한 생각으로부터 당신이 한발 뒤로 물러설 수 있었다는 말은 무엇을 뜻하는 것입니까?

쥬디: 예, 제가 생각해 볼 때 그렇다는 것입니다. 어떤 면에서 저는 그것을 인정하는 것이 부끄러울 수 있을 것 같습니다. 그것이 좋은 신호는 아닐 것입니다. 그러나 지금 제가 말할 수 있는 것은 저에

게도 희망이 전혀 없다고 생각했던 때가 있었다는 것입니다.

마이클: 당신은 어떻게 그런 생각으로부터 물러설 수 있게 되었습니까?

쥬디: 제가 물러설 수 있었다고요? 제가 그렇게 말했나요? 저는 정말 희망이 없는 사람입니다.

마이클: 그러나 당신은 자신을 개선시키기 위하여 실제로 노력했던 흔적 속에서 무언가 중요한 것을 남겨 놓았습니다. 당신은 그런 책을 몇 권 읽었고, 인간의 성장을 위한 모임에도 참석 하였습니다. 그리고 당신은 다른 프로그램에도 등록을 하였습니다.

쥬디: 아, 그렇군요. 제가 잊고 있었습니다. 참 많이 있었네요. 그런데 이제 더 이상은 없습니다.

마이클: 당신의 그러한 모습이 확고해 보입니다. 저는 어떤 면에서 당신을 힘들게 한, 그러한 영향으로부터 당신이 돌이키기 위하여 노력하였는지에 대해서 더 알고자 합니다. 그러나 지금 당장은 그러한 시도가 어디서 비롯되었는지에 관심이 있습니다.

쥬디: 그러한 시도가 어디에서 비롯되었는지요? 저는 사실 '어디서' 또는 '그것을' 그리고 저의 인생에 있었던 '무엇'이란 단어에 익숙하지 않습니다. 이런 것이 어디에서 왔냐고요? 아마도 이것은 저 자신을 보호하기 위한 생각에서 나왔던 것 같습니다. 당신이 어떻게 생각할지 모르겠지만요.

마이클: 자신을 보호한다는 생각에서요? 당신 자신을 보호한다는 것은 무엇입니까?

쥬디: 잘 모릅니다. 제가 어떻게 알 수 있겠습니까? 그것은 단지 저

의 입에서 나온 것입니다.

마이클: 흥미롭습니다. 당신은 당신 자신 속에 있었던 그런 생각에서 벗어나기 위하여 여러 행동을 하였습니다. 그리고 당신은 이것을 '자신을 보호하는 것'이라고 말했습니다.

쥬디: 예, 맞습니다.

마이클: 당신이 취했던 그러한 행동이 당신을 보호하기 위한 생각에서 나온 것이라고 말했을 때, 마음속에 떠오르는 어떤 대상이 있습니까?

쥬디: 무엇을 말하는 것인지요?

마이클: 마치 당신이 알고 있는 사람일 수도 있습니다. 또는 당신의 인생 가운데 당신 자신에 대해서 말입니다. 당신의 인생에서 중요하게 여기는 사람일 수도 있을 것입니다.

쥬디: 특별하게 떠오르는 것이 없습니다.

마이클: 당신이 인식할 수 있는 확실한 이미지일 수도 있습니다. 또는 당신이 읽었던 책의 표현일 수도 있고요. 책에서 등장했던 어떤 주인공의 이미지일 수도 있습니다. 아니면 다른 이미지일 수도 있고요.

쥬디: 뭐라고 말할 수는 없지만, 글쎄요. 제가 당신의 질문에 대해서 생각해 보니 어머니와 클라라 숙모님이 생각나네요. 숙모님은 돌아가셔서 지금은 안 계십니다.

마이클: 어떻게 그분이 생각났습니까?

쥬디: 숙모께서 어떻게 돌아가셨냐고요?

마이클: 아니요, 왜 당신의 마음속에 숙모님이 떠올랐는지 묻는 것

입니다.

쥬디: 확실하지는 않지만 숙모님은 무언가 다른 점을 보여 주셨던 것 같습니다.

마이클: 그분에게서 자신을 보호하는 것을 볼 수 있었습니까?

쥬디: 예, 제가 생각하기에 그분은 그랬던 것 같았습니다. 사람들이 숙모께 어떤 것을 요구하더라도 그분은 거기에 휩쓸리지 않았습니다. 그분은 사람들이 무엇을 하라고 요구하는 것이 힘들든지, 힘들지 않든지 상관하지 않으셨고 사람들에 의하여 떠밀려서 일하지도 않으셨습니다. 사람들에 의하여 요동하지도 않으셨습니다. 만약에 어떤 일이 숙모님을 압박하더라도 상관하지 않고 자신의 방식대로 일을 하곤 하셨습니다.

마이클: 그것은 마치 자신의 결정에 따라서 행동하는 사람 같아 보이는군요.

쥬디: 예, 클라라 숙모께서는 사람들의 압박에 따라서 반응하지 않으셨습니다. 그녀는 그렇게 행동하지도 않으셨습니다. 왜냐하면 그분은 항상 틀에 박힌 대로 살지 않으셨거든요. 사실 그분에 대해서 생각할수록 그분이 얼마나 특이했는가를 생각할 수 있습니다. 그분은 자신의 방식대로 행동하고 사셨습니다. 저는 그분이 사람들 이목에 신경 쓰면서 인생을 사셨다고 생각하지 않습니다.

마이클: 당신은 그분이 자신의 방식대로 살아가셨다고 말했습니다. 그분은 사람들에 대해서도 항상 독단적이었습니까?

쥬디: 아닙니다. 모두 다 그런 것은 아니었습니다. 제가 그분에 대해

서 말한 것이 전부는 아닙니다. 반대의 경우도 있었습니다. 제가 기억하기로 그분은 항상 사람들과 함께하는 것을 좋아하셨습니다. 그분은 정말로 사람들과 함께하는 것에 대한 가치를 중요하게 여기셨습니다. 저는 항상 그분이 결코 자신이 해야 하는 일에 대해서 혼란스러워 하지 않으셨다는 것을 기억하고 있습니다. 사람들과 함께하는 일에 대해서 말입니다. 어느 누구의 기대에 맞추기 위하여 자신에게 지나친 부담을 주지 않으셨습니다. 그분은 정말로 인내했습니다. 그리고 그분은 그것이 중요하다고 생각한다면 그것을 인정하는 것이 필요하다고 생각하셨습니다. 그분은 일이 계획대로 진행되지 않을지라도 사람들을 낙심시키지 않으셨습니다.

마이클: 자신을 보호하는 태도가 어디에서 나온 것 같습니까? 그분의 '자아'에 있어서 어떤 특별한 개념은 아닐까요?

쥬디: 제가 생각하기에 자신을 보호하는 것은 다른 방식이었던 것 같습니다. 클라라 숙모께서는 항상 인생을 소중하게 여기셨습니다. 예를 들면, 그분은 인생을 살아가는 것을 함께하는 여정이라고 생각하셨습니다. 이런 생각이 늘 그분에게서 보였습니다.

마이클: 클라라 숙모께서 가치 있게 여기셨던 것에 관해서 당신이 이해한 것은 무엇이었습니까?

쥬디: 글쎄요, 제가 생각하기에 사람들과 함께하는 것입니다. 단어 하나가 떠오르는데 금방 생각나지는 않네요.

마이클: 협력 말입니까? 동반자나…….

쥬디: 동반자, 바로 그 단어입니다.

마이클: 제가 당신에게 부정적인 생각으로부터 벗어나기 위한 행동에 대해서 질문했을 때 당신이 행동했던 방식이…….

쥬디: 구체적으로 표현한다면요?

마이클: 예, 제가 당신의 행동에 대해서 질문했을 때 당신은 그것이 '자신을 보호하는 것'에 기초한 것이라고 말했습니다. 그러고 나서 당신은 클라라 숙모에 대해서 말하기 시작했습니다. 당신의 인생과 숙모님의 인생이 어떤 방식 안에서 서로 연결되었다고 생각합니까? 예를 들면, 당신의 인생이 자신을 보호하는 어떤 특별한 방식 안에서 서로 연결될 수 있는지요? 그리고 당신이 사람들과 동반자라는 관계가 어떤 의미를 줄 수 있다고 생각합니까?

쥬디: 잘 모르겠습니다. 저는 결코 이전에 이런 것을 생각해 본 적이 없었습니다.

마이클: 당신의 인생에서 자신을 보호하는 것과 연결될 수 있다고 생각합니까? 그리고 당신도 동의할 수 있는, 중요하게 여기는 것이 있다면 그것은 무엇입니까?

쥬디: 예, 저도 그렇게 생각합니다. 어느 부분은 일치한다고 생각합니다. 최소한 어떤 면에서 말입니다. 저는 결코 이전에는 이런 것을 생각해 본 적이 없었습니다. 그리고 제 생각 속에서 이런 것을 떠올려 본 적도 없었지요. 그리고…….

마이클: 당신의 인생과 클라라 숙모님의 인생이 어떤 면에서 서로 비슷하다고 생각합니까?

쥬디: (눈물을 흘리며) 그것은 아주 큰 것입니다.

마이클: 아주 크다니요?

쥬디: (한숨을 내쉬며) 왜냐하면 그분의 발자취를 제가 따를 수 있을지 한번도 생각해 본 적이 없어서 그렇습니다.

마이클: 그러나 당신은 지금 생각하고 있지 않습니까?

쥬디: (더욱 한숨을 내쉬며 눈물을 흘린다.) 예, 더욱 감정적으로 느낌이 다가옵니다.

마이클: 왜 그렇게 느끼나요?

쥬디: 왜냐하면 그것은 저에게 안심을 주는 것 같습니다. 당신도 알다시피 그분은 특별한 여인이었습니다. 그리고 자신의 인생에 대해서 특별한 방식을 가지고 계셨습니다. 나는 그런 모습을 생각할 수 있을 것 같습니다. 제가 이것을 제대로 말하고 있는지 잘 모르겠지만, 그분이 사셨던 인생처럼 저도 인생을 그런 방식으로 살아가고 싶습니다. (눈물을 흘리며 머리를 만진다.)

마이클: 당신에게 떠오르는 그런 방식이 있다면 그것은 어떤 것입니까? 이것은 당신이 무능하다고 생각하는 것과 관련이 있습니까?

쥬디: (웃다가 울면서) 한 가지, 이것도 한 가지입니다.

마이클: (눈물을 머금고 웃으면서) 저는 이미 그 말을 들었다고 생각합니다.

쥬디: 그래요? 제가 이미 말했었습니까? 참 놀랍습니다.

마이클: 당신이 클라라 숙모님에 대해서 말하는 것과 자신을 보호하는 것, 그분이 다른 사람들과 동반자 관계를 맺는 것, 그분의 인생을 살아가는 방식에 관해서 더 말해 볼까요? 제가 이것을 질문하는 이유는 이것이 당신의 인생 속에 있는 가치와 연결할 수

있도록 당신에게 도움을 줄 수 있기 때문입니다. 그것은 또한 당신이 의존적인 사람이라고 스스로 깨닫게 된 당신의 정체성을 다른 차원에서 바라볼 수 있게 해 주고, 당신은 결코 이성적이고 독립적인 사람이 될 수 없다는 생각을 버리도록 도와줍니다. 만약 당신이 원한다면 말입니다.

쥬디: 그것은 정말 필요한 것 같군요.

마이클: 또한 이러한 대화는 당신의 인생과 관계에 관하여 당신이 실제로 취했던 방식과 당신의 생각을 발전시켜 줄 수 있는 실마리를 우리에게 제공해 줍니다. 그러나 우리가 이것을 진행하기 전에 어떻게 이것이 당신에게 가능할지에 대해서 말해 주겠습니까?

쥬디: 저의 인생은 마치 종국에 이른 것 같았고, 아무것도 할 수 없었던 상황까지 갔었습니다. 하지만 지금은 우리의 초기 대화 이후로 마음이 밝아졌다고 말하고 싶습니다. 아주 오랜 전에 느꼈던 감정인 것 같습니다. 마음이 따뜻해짐을 느낍니다. 저는 지금 이런 방식으로 계속해야 할 것 같은 생각이 듭니다.

마이클: 제가 보기에도 이런 방식으로 계속해서 진행해 나가는 것이 좋을 것이라고 생각합니다. 그러나 이제 우리에게 주어진 시간이 별로 없습니다. 저는 우리에게 주어진 시간 안에서, 당신에게 우리의 만남 초기에 당신이 말했던 의존성과 당신이 반드시 하고 싶었지만 할 수가 없었던 것들에 대해서 질문하고 싶은데 괜찮을까요?

쥬디: 네, 괜찮습니다.

마이클: 만약에 인생을 살아가는 방식과 클라라 숙모께서 보여 주셨던 자신을 보호하는 인식과 동반자라는 생각이 당신과 연결될 수 있다면, 당신의 인생이 그러한 연결점을 통해서 당신 자신을 보다 강화시킬 수 있다고 생각합니까?

쥬디: 제가 생각하기에, 저의 이런 생각이 다른 사람들과 동반자 관계를 맺는 기초가 될 것 같습니다. 그리고 저는 항상 사람들에게 인정받기를 원했습니다. 그것은 사람들과의 관계에서 아무렇게나 저를 공개하는 것을 의미하는 것은 아니었습니다. 그러나 제 인생에서 사람들과 적극적인 관계를 맺도록 그들을 제 인생에 초청하기를 원합니다.

마이클: 그리고 클라라 숙모께서 보여 주셨던 것에 대해서 당신이 가지게 된 생각은 무엇이었습니까? 그분이 보여 주셨던 여러 경험 가운데 말입니다.

쥬디: 만약에 앞으로 힘든 시간이 저를 당황스럽게 만들고 힘들게 할지라도 결코 포기하지 않을 것입니다. 그리고 제 자신에게 희망이 없다는 생각을 갖지 않을 것입니다.

마이클: 우리는 여기서 멈추어야 할 것 같습니다. 당신이 말했던 내용에 관해서 몇 가지를 기록하였습니다. 이것을 토대로 다음 번 모임에 더 자세히 대화를 나누어 보겠습니다.

쥬디: 네, 정말 좋은 생각입니다.

논의

쥬디를 보호하는 생각의—클라라 숙모의 인생 속에 강력하게 표현되었던—풍성한 서술에 관한 우리의 대화가 진행되었다. 이것은 자신을 보호해야 한다는 그녀의 가치와 인생의 특성이 반영된 그녀의 자아와 관계 형성의 행동을 대화를 통해서 구체화하기 시작하였다. 우리의 대화 가운데서 쥬디는 이러한 주제와 관련된 클라라 숙모의 인생과 자신의 인생을 서로 연결할 수 있는 다양한 방식을 드러내기 시작하였다. 그리고 쥬디는 이러한 주제를 자신의 인생 가운데 두드러지게 표현하기 시작하였다. 우리의 일곱 번째 만남에서, 그녀가 의존적이고 무능한 사람이라는 전제는 그녀가 자신의 인생을 새로운 관점으로 인식하는 것으로 대체되었다. 이것은 사람들과 동반자라는 의식 속에서 보여 주었던 그녀의 가치를 표현해 주는 것이었다. 그리고 인생 가운데 새로운 가능성을 위한 기초를 세우는데 필요한 시간적인 여유를 제공해 주는 그녀의 헌신이 포함되었다. 지금까지의 노력의 과정 속에서 단기간에 성취해야 하는 목적에 의하여, 거절에 대한 새로운 의미를 제공해 주었다.

우리의 마지막 모임에서 쥬디가 사람들을 초청하는 가운데, 우리는 에어린과 쥬디가 자신이 '의존적'이고 '무능함'의 부담을 안고 있었을 때 그녀가 신뢰할 수 있었던 세 명의 친구를 초청하였다. 쥬디와 나는 세 명의 참가자들을 우리의 대화에 초청하여 쥬디 인생의 발전된 모습을 보여 주었다. 이러한 작업이 진행되는 가운데 쥬디는 독립적인 행동과 생각에 관한 새로운 질문을 나누었으며, 그녀의 인생 안에서 새롭게 추가될 수 있었던 동반자라는 의식을 강하게 진술하였다. 에어린과 쥬디의 친구들은 자신의 인생 가운데 쥬디가 포함되었던 것에 대한 아름다운 영향을 말하였다. 그리고 자신의 인생 속에서 표현되었던 동반자라는 인식을 탐구하며 실제적으로 표현하였다.

우리의 모임을 마칠 즈음 쥬디는 의존성과 무능함의 존재가 실제적이었다는 '인식'을 고백하였다. 이러한 인식은 자신이 앞으로 나아가고자 하는 방향에 진일보할 수 있는 기초를 마련해 주었고, 때때로 그러한 의존성과 무능함의 인식은 현대의 문화적인 규범과도 연결될 수 있는 것이었다. 이러한 노력 안에서 쥬디는 현대적인 힘의 작용 속에 자신이 연루되어 있었다는 인식에 집중하게 되었고, 이제 자신은 이러한 영향을 단호하게 극복해 나갈 수 있다는 생각을 하게 되었다. 이것은 바로 그녀가 지금까지 가지고 있었던 개인의 실패에 관한 생각이었다. 현대적인 힘의 작용을 분석하는 이해와 이러한 작용이 쥬디의 인생 가운데 나타났던 위기 가운데서 분명한 역할을 하였다. 그리고 그녀가 가지고 있었던 실패에 대한 그녀의 생각을 설명하는 데 새로운 치료의 주도성을 가질 수 있도록 도와주었다. 이러한 주도성은 대인적인 정체성의 계획으로 구성되었다. 이러한 주도성 가운데 개인의 실패에 대한 대안적인 생각의 기초를 제공하는 것과 인생을 살아가는 데 있어서 현대적인 힘의 작용에 대한 쥬디의 대처 반응이 구체화되었다. 쥬디의 생각과 인생의 기술은 점차로 풍성하게 드러나게 되었고, 이는 그녀의 인생 가운데 자신이 규범적 판단으로 지배받고 있다는 생각을 줄여 주었다.

이 다음 글에서 나는 하나의 프레임을 소개할 것인데, 이러한 프레임은 바로 치료적 대화의 상황 속에서 대안적인 정체성의 계획 발전에 이바지할 수 있는 지침을 제공해 줄 것이다.

대안적인 정체성의 표현

나는 이 글의 여러 부분에서 현대적인 힘에 대한 거절을 주장하기 위하여 설명하는 가운데 개인의 실패에 대한 생각을 지지해 주는 여러 가능성을 제시하였다. 나는 또한 이러한 실패의 그림자 안에서 인생을 살아가는 실제의 모습과 인생의 지식을 구체화하며 풍성하게 서술해 나갈 수 있는 방식을 소개하였다. 그리고 나는 개별적인 독특성—현대 서구 문화에서 관심을 받고 있는—을 표현할 수 있는 대안적인 정체성을 제시하기 위한 기초를 제공해 주는 질의적인 형태를 제안하였다.

이러한 제안이 어떻게 이러한 내용을 생각해 내는지에 관한 다음의 의문을 생각해 본다. 거절의 행동에 상반되는 풍성한 진술과 구체화에 기여할 수 있는 질문은 무엇인가? 이러한 행동의 기초를 마련해 주는 생각과 사고방식은 무엇인가? 그리고 우리의 문화에서 개별성이 존중되지 못할 때 어떻게 이러한 질문이 자아에 대한 가치 있는 발전을 제공할 수 있는가?

이것은 의미 있는 질문이다. 왜냐하면 이러한 질문은 인생의 결과에 관한 새로운 인식을 요구하며, 그것은 정체성의 구성과 인간성의 주제와도 같은 것이기 때문이다. 나는 정체성의 구성에 대한 인식이 정체성을 새롭게 형성해 나갈 수 있는 가능성을 보장해 주는 치료적인 질문에 도움이 된다고 생각한다. 이러한 상황 속에서 나는 다시 미셸 푸코의 작업을 언급할 것이다. 나는 푸코의 작업 가운데 인간이라는 주제에 특별한 초점을 가지고 설명하였다. 푸코의 작업은 도덕적인 기관으로서 자아의 구성을 강조한 것이었다. 이러한 그의 노력 안에서 푸코는 차별된 부분을 통하여 인생과 사람에 대한 관계 형성의 질문을 이어 갔으며, 윤리에 대한 학문으로서 인간의 주제를 언급하였다.

푸코의 학문 속에서 그는 차별적인 논의를 통하여 도덕적인 기관으로서 자아를 구성하는 네 가지의 부분을 구체화하는 것으로 결론을 맺었는데, 이것은 '윤리적인 본질' '주관성의 유형' '금욕주의' 그리고 '목적론'[5]이며, 이 네 부분에 대해 각각 논의할 것이다.

윤리적인 본질

푸코: 도덕적인 지배와 관련되는 나 자신 또는 자신의 행동 부분이나 영역은 어느 것인가?

대답: 솔직하게 말하자면, 기독교인에게 그것은 하나의 욕망이다. 그러나 칸트에게 있어서 그것은 동기가 된다. 그것은 우리를

위한 하나의 자유라고 말할 수 있는가?

푸코: 좋다. 당신은 무엇인가를 말하고 있다. 그것이 항상 윤리적인 판단을 위하여 관련 있는 우리 자신의 동일한 부분이나 우리의 행동을 말하는 것은 아니다. 내가 윤리적인 본질이라고 말하는 부분이다(Foucault, 1994a).

인생의 영역 속에서 윤리적인 본질이란 근원적으로 윤리적인 판단과 관련이 있는 것으로 인식하였다. 이러한 윤리적인 본질은 인생을 훌륭하게 살아가는 것에 관한 우리의 책임감을 말하는 것이다. 자아의 구성에 대한 역사를 살펴보는 가운데, 푸코는 '윤리적인 본질'이 한 시대에서 다음 시대로 변화되는 것으로 그 관련성을 묘사하고 있다. 예를 들면, 고대 그리스 문화에서 그것은 '쾌락'이었고, 어떻게 하면 사람들이 쾌락을 즐길 수 있는지에 대한 이슈가 중요한 화제로 등장하였다. 그러나 초기 기독교 시대에 들어와서 그것은 하나의 '욕망'이 되었고, 종종 육체의 정욕으로 언급되었다.

현대에 들어와서 정체성에 대한 대부분의 이해는 '자아'의 현대적인 개념에 의하여 형성되었다. 비록 자아에 대한 이러한 개념이 비교적 세상 문화의 역사 가운데 나타난 허구적인 생각일지 모르지만, 서구적 상황의 순환적인 구조 속에서는 전형적으로 이러한 자아가 '사실'에 존재하는 것으로 그리고 개인적인 정체성의 근원으로 수용되고 있다는 점이다. 인간 본성에 관하여 광범위하게 지지되는 신념은 이렇게 당연시되는 '진리'를 중심으로 구성되었고, 사람들은 이러한 신념에 대해서 어떠한 의심도 허용하지 않았다.

윤리적인 판단에 대한 근원적인 관계성으로 인식되는 자아의 영역은 자아를 범주화하는데, 여기에는 개인의 근원적인 '감정', 개인의 깊은 '욕망', 개인의 '소유', 개별적인 '자원', 인간의 '필요성', 하나의 본능적인 '속성', 선천적인 '경향성', 무의식적인 '동기' 등이 포함된다. 자아에 대한 범주로서 '우리는 우리 자신이 어떠한 위치를 차지하느냐?'에 대하여 질문을 받게 되는데, 여기에는 신앙을 유지하려는 개인의 '감정'이나 자유롭기를 원하는 개인의 '욕망', 풍성하기를 원하는 개인의 '소유', 인생의 순환 속에서 만족하려는 개인적인 '자원'들, 만족을 소원하는 인간적인 '필요성', 표현하기 원하는 본능적인 '속성', 지배를 받고 싶어하는 타고난 '성향', 드러내 보이려는 무의식의 '동기'다. 윤리적인 본질에 대한 이러한 새로운 이해는 도덕적인 인식으로부터 규범적인 인식으로의 전환을 알려 주었다.

주관성의 유형

사람들이 자신의 도덕적인 의무를 인식하기 위하여 사람들을 초청하거나 선동하는 방식에 관한 것이다. 예를 들면, 신성한 법이 본문 안에서 계시되어 있는가? 자연적인 법은 우주적인 순서나 모든 살아가는 존재를 위하여 동일한 것인가? 그것은 이성적인 규칙인가? 당신의 존재를 가장 아름답고 가능한 형식으로 제공하기 위한 시도인가?(Foucault, 1994a).

도덕적 기관으로서 자아에 대한 두 번째 부분은 '주관성의 유형'—종속이 아니다—이다. 주관성의 유형은 윤리적 본질과 관련하여 사람들에게 도덕적인 의무를 인식하도록 요구 또는 장려를 통해서 특정한 체계나 순서를 제공한다. 예를 들면, 윤리적인 본질에 따른 개인의 판단 속에서 다음의 사항을 언급할 수 있는데, 여기에는 신성한 법, 자연적인 법, 이성적인 규칙, 가치나 원칙의 특별한 체계—예를 들면, 어떤 특정한 종교나 휴머니즘의 이야기, 인생의 생태적인 개념 속에서 표현되는 가치의 체계와 같은 것, 또는 예술적 작업으로서 인생의 개념과 연계되어 있는 가치의 체계와 같은 것이다—가 있다.

고대 그리스와 초기 기독교 시대의 주관성의 유형에 관한 푸코의 이해에 따르면, 고대 그리스에서의 심미적 가치란 개인이 쾌락을 추구하는 가운데 수행해야 하는 의무를 인식하는 것이 주된 가치였다. 그리고 초기 기독교 시대에서의 신성한 법이란 개인의 욕망에 대한 의무 사항을 알고 있는 것이라고 생각했다. 이러한 의무를 준수하는 것이 바로 미덕으로 간주되었다.

현대와 비교해 볼 때 우리는 기본적으로 '진리'에 대한 담론이 사회적으로 구성된 규범과 연관되어 있다는 것을 전제할 수 있으며, 이것이 '이성적인 규칙'이나 '자연적인 법' 그리고 '개인적인 권리' 안에 표현된다고 생각한다. 그리고 사람들은 도덕적인 의무가 아닌 규범적인 의무로 자기 스스로를 인식하도록 요구받는다. 이러한 규범적 의무는 인간 본성의 감정 표현이나 욕구의 자유, 개인적인 소유의 풍성함, 하고 싶어하는 생각을 추구하고자 하는 생각과 인식, 개별적 필요성의 만족, 본능적인 속성의 표현, 선천적인 경향성의 지배 그리고 자신의 무의식적인 동기를 드러내는 것이다. 자신이 누구인지에 대한 '진실'과 의식적인 인식을 통해서, 사람들은 점차로 미덕을 갖추게 되고 모범적인 인생을 살아갈 수 있다고 생각한다.

금욕주의

> '윤리적 주체가 되기 위하여 우리가 우리 자신을 변화시킬 수 있다.'는 의미는 무엇인가? 우리가 할 수 있는 것이란, 즉 우리의 행동을 조절하는 것이나 우리가 무엇인가에 대해서 해석하는 것, 또는 우리의 욕구를 제거하는 것이다. 아이를 갖는 것과 같이 확실한 목적을 얻기 위하여 성적인 욕구를 사용하는 것은 무엇인가? 윤리적으로 행동하기 위한 우리 자신의 노력에 대해서 이것이 세 번째 부분이다. 자아를 형성하는 행동이라 불리는, 즉 모든 의미 속에서의 금욕주의라고 말할 수 있다(Foucault, 1994a).

푸코는 도덕적 기관으로서 자아의 구성에 관한 세 번째 부분을 '금욕주의'로 언급하였으며, 이 부분을 광범위한 개념으로 소개하였다. 금욕주의는 인생의 스타일에 관한 것이다. 그것은 자아와 관계 형태의 활동으로 윤리적인 존재의 추구 속에서 윤리적인 주체가 되는 의무나 규칙을 준수할 때 발생한다.[6] 개인은 이러한 자아와 관계 형성의 활동을 통하여 윤리적으로 자신의 인생과 정체성을 형성해 나간다.

푸코에 의하여 강조되었던 자아와 관계 형성의 활동은 '인생의 기술' 그리고 '자아의 기술'이라 불리는 것이었다. 이는 하나의 윤리적 주체로서 자신을 인식하기 위하여 사용하는 기술이다. 이러한 인생과 자아의 기술은 자아와 관계 형성의 모든 활동을 포함하는데, 여기에는 다음의 요소가 있다.

a) 개인의 쾌락을 지배하는 것(고대 그리스에서 개인의 미학이나 도시의 기반을 다지기 위한 정치적인 행위와 개인의 미적인 활동을 포함하였다.)
b) 개인의 욕구를 지배하거나 해석하는 행위(초기 기독교 시대에 신앙고백을 포함하였다.)
c) 개인의 감정을 사실로 받아들인다. 개인의 욕구를 자유롭게 한다. 개인의 소유를 풍성하게 한다. 개인의 자원을 갖게 만든다. 개인의 필요성을 만족시킨다. 개인의 속성을 표현한다. 개인의 잠재성을 드러낸다. 개인의 동기를 표현한다(현대의 개념에 의하면, 이 글의 초기 부분에서 논의한 대로, 진단과 평가의 광범위한 영역에 의하여 형성된 규범적 판단의 실제적 행위를 포함하는 것이다.).

여러 시대 가운데서 자아의 구성에 반대하는 푸코의 목적은 자아를 형성하는 활동을 보여 주기 위한 것이었다. 이것은 하나의 윤리적인 본질로서 고려되는 것과 주관성의 유형을 구체화하면서 결정된다. 예술적인 작업으로서 자아의 창조에 집착하게 될 때 개인의 인생에 미치는 형식이 자아의 '발견' 또는 자아의 '부정'에 집착하고 만다면, 이것은 개인의 인생에 제공되는 형식이 아니다. 이것은 차별적인 자아 형성의 활동을 보여 주는 것이다. 그리고 차별적인 관계 형성의 활동이 된다. 비록 푸코가 이러한 자아 형성의 활동을 자아의 기술로 강조하였을지라도 이것은 또한 사람들이나 공동체와의 관계를 의미하였다. 예를 들면, 푸코는 고대 그리스에서 '도시건설'을 시도할 때 인간의 쾌락을 조절해 나갈지에 대한 기술도 함께 논의하였던 것을 설명하였다.

목적론

> 우리가 도덕적인 방식으로 행동할 때, 우리가 열망하는 존재의 의미는 무엇인가? 예로, '우리가 순수해질 수 있는가? 우리가 비도덕적이거나 자유롭게 되거나 우리 자신의 주인이 될 수 있는가?'를 들 수 있다. 그래서 나는 이것을 목적론이라고 말한다(Foucault, 1994a).

도덕적 기관으로서 자아의 구성에 관한 네 번째 부분은 '목적론'이다. 목적론은 우리가 규범적 가치의 인정과 더불어서 우리에게 제공되는 방식이나 현 시대에 도덕적 방식으로 행동할 때, 우리 자신이 염원하는 존재의 종류 또는 존재의 양식에 관한 것이다.

목적론은 인간이 정체성의 표현에 도달하기 위하여 찾아 나서는 궁극적인 입장 또는 목적을 표현한다. 예를 들면, 자아의 성숙함이나 존재의 순수함, 아름다워지려는 예술적인 인생이나 신의 경지 등의 인생을 성취하기 위한 열망을 의미하는 것이다. 그리고 추앙 받는 명성이나 영원한 인생 또는 구원을 성취하기 위한 목적일 수도 있다. 대체적으로 현대 이성주의의 인도 아래에서 자아를 소유하기 위한 인생이나 개인적인 성취, 자아의 실현, 자아의 자유를 반영하고 성취하기 위한 열망으로 표현되기도 한다.

논 의

서구 문화의 다양한 시대에 따라 도덕적 기관으로서 자아의 구성에 관한 역사들을 살펴보는 가운데, 푸코는 현대 인생 속에서 인생과 정체성에 관한 규준과 연결될 수 있는 존재를 확증하기 위하여 노력하였다. 그는 또한 '진실'로 인식된 규준을 추구하였다. 이러한 진술 가운데서 존재에 대한 현대적인 양식은 점차로 개인이 지식의 형태라고 간주하는 것이다. 푸코는 '의심이 더 이상 가능하지 않은 곳과 우리가 마침내 알 수 있는 곳에서 존재 양식의 성취'에 대한 데카르트(Descartes, R.)의 지침을 추적하였다. 푸코(Foucault, 1994b)는 이것에 관한 근본적인 질문을 다음과 같이 말하고 있다.

> 결국 무엇이 진리인가? 왜 우리가 자아의 돌봄보다 진리에 신경

을 쓰는가? 그리고 왜 자아의 돌봄은 오직 진리에 대한 간구를 통하여 발생하는가? 나는 우리가 여기서 이런 근본적인 질문에 관심을 가져야 한다고 생각한다. 나는 이렇게 질문하고 싶다. 서구 문화의 모든 것이 진리에 대한 의무를 중심으로 발전하였다는 사실에 관해서 어떻게 이해해야 하는가?

이러한 질문을 생각하는 데 있어서, 푸코의 목적은 인간이 살아가면서 금욕을 지향하는 새로운 탐구를 설명하는 것이었다. 이러한 탐구는 '진리'의 의무와 연결되지 않았거나 포기의 윤리와도 연결되지 않았다. 그러나 스스로를 변형하거나 개발하기 위하여, 사람들이 시도하는 자아의 훈련을 위한 그리고 존재의 확실한 모습을 이루기 위한 것이다(Foucault, 1994b). 자아의 훈련은 '주제에 관한 최상위 이론의 거부'를 요구한다. 그리고 인간의 주제가 '본질'이 아닌 '형태'라는 인식과 연관된다. 이 글에서 묘사하고 있는 치료적인 실제는 규범적 판단과 연계되어 있는 '진리의 의무'로부터 인생을 분리하기 위하여 사람들에게 기회를 제공한다. 이러한 실제는 사람들이 자아와 관계 형성의 활동에 집중할 수 있는 기회를 제공하는데, 이것은 금욕주의적인 사고와 비구조적인 도덕적 사고를 포함한 여러 광범위한 인식과 연결되어 있었다. 권위적이고 훈육적인 구조를 가지고 있는, 지엽적이고 종교적이며 사회적인 특별한 기관에 의하여 규정된 도덕적인 판단과 연결되지 않은 도덕적인 기관을 위한 기초를 제공해 주었다. 푸코는 이러한 도덕적 기관을 '자율적인 인생의 윤리'로 언급하였다.

실제적인 적용

나는 이번 장의 서두에서 사람들의 인생 문제에 대하여 오랜 시간 동안 가지고 있었던 나의 관심에 관하여 언급하였다. 그리고 개인의 실패에 관한 현대의 논의에 초점을 두었다. 내가 보기에 이러한 이슈는 계속해서 증가하고 있다. 나는 이러한 현상이 도덕적인 판단보다 사람들에 대한 규범적 판단의 실제에 기초한 사회적 지배가 존재하는 현대 사회 체계와 가깝게 연계되어 있다고 설명하였다. 이제 개인의 실패에 이르게 하는 통로가 다양하기 때문에 나는 이러한 종류, 예를 들면 탈선, 태만, 저항 등을 생각해 보았다.

그 다음에 개인의 실패가 현대적인 힘 가운데서 실패의 느낌을 가져다 줄 수 있다고 제안하였는데, 이러한 힘은 사회적인 규준과 어울리는 정체성이 아닌, 우리의 문화에서 인간됨을 위하여 사회적으로 구성된 규준을 구성하는 사람들이 만들어 내는 정체성의 요구에 충족되어야 한다. 그러나 나는 이러한 실패가—현대적인 힘의 거부를 위하여—사람들의 행동을 위한 고백적 차원이 될 수 있다고 제안하였다. 이러한 기초 위에서 나는 거절의 행동이 갑자기 발생하는 것이 아닌, 우리가 살고 있는 세상에서 본인들이 희망하는 개별적 독특성을 추구하지 못하게 만드는 사고와 인생에 반대해서 표현하는 것이라고 설명하였다. 이것은 어떤 탐구에 이르는 논의에 초점을 두는 것으로, 거절의 행동은 개인의 정체성 안에서 사람들이 선택할 수 있는 대안적인 정체성을 보여줄 수 있다. 정체성의 표현과 주장에 대한 이러한 생각은 인간 주제에 관하여 상세한 인식을 촉진하여 주었다. 나는 이러한 상황 속에서 도덕적 기관으로서 자아의 구성에 관한 미셸 푸코의 작업을 언급하였다.

바로 이 대목에서 나는 개인의 실패에 대한 치료적인 질문의 지도를 제공할 것이다. 내가 희망하는 것은 이 글을 읽는 독자가 이 글 속에서 가지게 된 생각의 실제적인 적용을 위하여 새로운 탐구를 하는 가운데, 유용한 결과를 발견하기를 바라는 것이다. 이러한 치료적인 질문은 다음 범주를 포함한다.

a) 현대적인 힘의 요구에 대해 사람들이 가지고 있는 거부의 구체적인 모습을 가능하게 해 준다.
b) 전적으로 현대 문화에서 요구하는 종속적인 개별성과 관련이 없는 사고와 인생의 풍성한 서술에 기여한다.
c) 진리의 담론과 현대적인 합리성이 연결되는 정체성에 대한 대안을 제공하는 정체성의 표현을 위한 기초를 제공한다. 그리고 개인의 실패에 대한 현대적인 현상의 기초를 제공한다.

이러한 지도는 8가지의 구별된 단계들로 표현되며, 비록 이러한 질문이 생동감 있는 실제의 상황 속에서 분명하게 보이지 못할지라도 이러한 질문은 분명한 형식을 가지고 있다. 그리고 이러한 질문이 서로 비슷한 의미를 가지지 않더라도 이러한 치료적 대화는 어떤 단계에서는 많은 내용을 포함하기도 한다. 내가 희망하는 것은 이러한 지도가 치료자가 개인의 인생 속에서 사람들의 실패를 독특한 방식으로 탐색하는 데 도움이 되는 것이다. 그래서 그들이 실패에 대한 많은 과정을 구체화할 수 있으며, 기존의 과정과 차별적인 의미를 제시할 수 있기를 바란다. 나는 비록 이러한 지도가 '반드시 그렇게 해야 한다.'는 하나의 의무 규정으로 보일 수 있을지라도 우리의 치료적 대화 방향이 도식화되어서는 안 된다는 사실에 무게를 두고 싶다. 그리고 지도에 의한 과정이 사람들의 인생 가운데 무시된 영역에 대해서 의도적인 탐구를 가능하도록 도움을 제공할 수 있을 것이라 생각한다.

비록 내가 이 글에서 제시하는 치료적 질문의 예화가 정체성의 표현을 위한 진입의 단계로서 '탈선'이나 '실수'에 초점을 두고 있다 하더라도 이것은 실패를 보여 주는 자원도 아니고, 대안적인 정체성의 표현을 위한 과정도 아니다.

나는 이러한 지도를 설명하는 가운데, 이러한 방식에 반응할 수 있는 개인의 실패에 대한 모든 경험이나 현대적인 힘의 결과로 인한 개인의 실패에 대한 모든 경험을 제안하지 않는다. 외상을 가지고 있는 사람들을 포함하여 개인의 실패를 심각한 지경에 이르게 하는 인생의 많은 상황이 있다. 그러나 나는 아주 심각한 외상의 경우라 할지라도, 이러한 '실패 대화 지도'는 본인에게 경험되는 외상적인 기억이 규범적 판단의 과도한 영향으로 손상을 입은 사람들에게도 지속적인 영향을 미치는 것으로 볼 수 있다. 이러한 상황 속에서 실패 대화 지도는 기억 시스템에서 외상의 결과를 진술하는 데 효과적인 질문의 방식을 소개해 준다.

실패 대화 지도

실패와 관련된 질문

첫 번째 질문의 유형은 사람들이 자신의 인생 속에서 적절하지 못한 행동을 하였다고 생각하는 그들의 기준이나 기대 그리고 규범을 드러낼 수 있는 질문으로 구성된다. 이러한 규준이나 기준 그리고 기대는 사람들이 자신을 부적절하고 무능하며, 쓸모없고 무가치하다는 결론에 이르게 한다.

이번 장에서 이미 주어진 예화에서는 이러한 질문을 보여 준다.

맥스에게: 당신은 자신이 부적합한 사람이라고 생각한다고 말했습니다. 그리고 당신은 실패의 감정을 느낀다고 말했습니다. 당신이 느끼는 부적합한 감정은 무엇과 연관되어서 느끼는 것입니까? 당신이 이루고자 하는 목적에 실패했다는 것에 관해서 무슨 생각이 듭니까?

쥬디에게: 당신은 자신이 너무 무능하고 의존적이라고 말했습니다. 무엇과 관련해서 당신이 의존적인 사람이라고 말하는 것입니까? 당신이 무엇과 관련해서 무능하다는 것입니까?

실패에 대한 반응

다음 두 번째 질문의 유형은 사람들이 말하는 실패와 부적합성을 설명하는 표현 속에서, 그들이 행동했던 사항에 관한 질문으로 구성된다. 여기에는 자신을 평가하거나 사람들의 기대와 규준 그리고 기준에 충족하기 위한 본인의 노력 가운데서, 인생이나 관계적인 패턴과 관련하여 취했던 행동이 포함된다. 이러한 질문은 사람들이 자신의 행동을 진술하도록 격려하며, 이러한 행동은 종종 예외적으로 내면의 심리적인 상태나 행동을 보여 주기도 한다. 이러한 질문에 대한 반응으로 사람들은 보통 자아와 관계 패턴을 훈련하는 방법이나 관리, 평가, 진행, 프로그램, 과정의 여러 영역을 제공한다.

이번 장에서 이미 보여 준 실제적인 예시 가운데서 이러한 질문은 다음과 같다.

맥스에게: 당신은 상담 기관의 상담원으로서 당신이 노력했던 모습을 말했습니다. 당신의 모습을 확인하기 위하여 당신이 한 일은 무엇이었습니까? 당신이 적합성을 가지기 위하여 노력했던 일은 무엇이었습니까?

쥬디에게: 고통이란 당신에게 어떠한 의미였습니까? 당신이 가지고 있는 부정적인 인식이 강하게 나타났던 그런 시기에 당신이 가지고 있던 경험은 무엇이었는지 말해 주겠습니까? 어떻게 그러한 감정이 당신이 느끼는 자신에 대한 생각에 영향을 미치었습니까? 당신이 하고 있는 일에 어떻게 영향을 미치었습니까? 저

는 당신이 비참하다고 느끼지 않았던 그런 시기에도, 당신이 가지고 있었던 부정적인 생각에 대해서 알고 싶습니다. 그런 생각이 당신의 인생에 어떻게 영향을 미치었습니까?

독특한 결과

세 번째 질문의 유형은 사람들의 상황 속에서 구체화할 수 있는 잠재적인 독특한 결과를 탐색하는 질문으로서 구성된다. 이러한 독특한 질문은 다음과 같은 경우에 명백하게 나타날 수 있다.

a) 사람들의 기대와 규준 그리고 기준에 적합하지 않더라도, 본인의 인생에 대한 경험이나 사건을 수용하고 인정하려고 하는 표현
b) 본인이 사람들의 기대와 규준 그리고 기준에 적합하지 않는 반응을 하였을지라도 또는 사람들이 자신을 인정하지 않을지라도 그런 행동에 결코 연연하지 않는 반응
c) 거절의 형식을 가진 행동일 수도 있으며, 전체적으로 불가능하게 보이는 기대나 규준 그리고 기준에 대해서 의문해 보는 것

이번 장에서 이미 소개한 실제적인 예시 가운데 이러한 질문을 볼 수가 있다.

맥스에게: 이것은 저에게 참으로 호기심이 들게 하였습니다. 당신이

그렇게 힘들었던 시기에도 자신을 인정하려고 했으며, 정죄하지 않았다고 생각합니다. 당신은 그런 마음을 계속 유지하였고, 그만두지 않았습니다. 당신은 거의 포기할 수도 있었지만, 그렇게 하지 않았습니다. 당신은 어떻게 그런 마음을 유지할 수 있었습니까? 무엇이 당신이 계속할 수 있도록 도왔습니까? 때때로 당신 스스로에게 가지고 있었던 생각은 무엇이었습니까? 당신은 어떻게 그것을 계속할 수 있었습니까?

쥬디에게: 당신은 기분 내키는 대로 그만둘 수도 있었다고 말했습니다. 그러나 당신은 어떻게 해서 포기하고 싶었던 생각으로부터 한발 뒤로 물러설 수 있었습니까?

행동의 기초

네 번째 질문의 유형은 거절과 연계되어 있는 행동을 구체화하는 질문에 의하여 구성된다. 이러한 질문은 사람들이 가지고 있는 성취를 위한 기초를 제공해 주는 개인적인 장점이 드러나도록 해 준다. 이러한 성취는 기대와 규준 그리고 기준뿐만 아니라 사회적으로 구성된 규준과 연계되어 있는 도구나 방법, 평가, 과정, 프로그램, 작용, 통치의 여러 분야에 대한 거절의 형태를 제공한다. 이번 장의 실제적인 예시 가운데 이러한 질문은 다음과 같다.

맥스에게: 당신이 내담자들에 대하여 가지고 있는 인식이나 느낌은 무엇입니까? 이를 위하여 당신은 어떤 단계들을 밟아 나갔습니까?

쥬디에게: 어떻게 당신은 이러한 모든 시도를 행동에 적용할 수 있었습니까? 당신은 이제 확고한 결정을 내린 것 같아 보입니다. 당신이 어떻게 그러한 확고한 결정과 행동을 취할 수 있었는지 당신의 생각과 결정에 대해서 더 알고 싶습니다.

윤리적 본질(밑바닥에 있는 생각)

다섯 번째 질문의 유형은 사람들이 거절의 입장을 취하는 가운데 필요한 단계들을 표현하도록 사람들을 초청하는 질문으로 구성된다. 이러한 질문은 사람들이 어떻게 자신의 인생을 살아가는지, 그리고 본인에게 적합한 생각과 행동을 수행하기 위하여 자신의 책임의 정도와 관련이 있는 근원적인 인생의 모습을 구체화한다. 이러한 유형의 질문은 사람들이 자신의 인생 속에서 '친밀한 경험'을 구체화할 수 있도록 격려한다. 맥스의 경우에 이것을 '성실함'으로 이야기하였고, 쥬디의 경우에는 이것을 '자신을 유지하는 것'으로 소개하였다.

이번 장에서 이미 소개해 준 실제적인 사례 가운데 이러한 질문은 다음과 같다.

맥스에게: 내담자를 생각해 볼 때, 그들을 향하여 당신이 가지고 있는 기본적인 원칙은 무엇입니까? 당신이 그런 생각을 위하여 실시하는 방법은 무엇이 있습니까?

만약에 당신이 실제로 행동에 적용하기 위하여 당신이 생각하는 가치나 신념에 이름을 붙일 수 있다면, 어떤 단어를 생각할 수 있겠습니까? 물론 그 단어는 당신이 기본적으로 가지고 있는 당신의 생각 가운데 하나겠지요. 어떤 단어가 당신이 느끼는 감정을 대변할 수 있다고 생각합니까?

쥬디에게: 당신이 내렸던 결정이 확고해 보입니다. 당신을 힘들게 만들었던 그러한 부정적인 생각에서 당신이 돌이킬 수 있었던 사실에 대해 더 알고자 합니다. 저는 지금 그러한 시도가 어디서 비롯되었는지 알고 싶습니다.

주관성의 유형(가치와 원칙의 규칙이나 본질에 대한 체계)

여섯 번째 질문의 유형은 사람들의 인생 가운데에는 근원적이고 윤리적인 관련성(내면의 깊은 인식)의 인식에 대하여 그것을 표현하고 유지하려는 질문으로 구성된다. 예를 들면, 이러한 질문에 대한 반응으로서 사람들은 다음과 같은 내용을 말할 수 있다.

a) 신념이나 종교와 같이 구별된 체계와 연결되는 확고한 원칙이나 가치이며, 이떤 상황에서는 '규칙' 또는 인생의 '법'
b) '공정한 인생'에 관한 문화적이고 특별한 이야기에 의하여 형성된 원칙이나 가치

이러한 질문은 사람들이 특별한 가치와 신념으로 나타낼 수 있는 새로운 질문으로 이끌어 나간다. 예를 들면, 사람들은 자신의 의무

로 생각하는 규칙이나 책임감 그리고 선호하는 생각을 윤리적인 본질로 생각할 수 있는데, 여기에서 독특한 가치와 신념을 발견할 수 있게 된다.

이번 장에서 이미 주어진 실제적인 사례 가운데 이러한 질문을 살펴볼 수가 있다.

맥스에게: '성실함'이라, 당신이 말했던 '성실함'에 대해서 몇 가지 더 물어보고 싶습니다. 그러나 이것은 우리의 만남 중에 반드시 해야 하는 어떤 순서와 같은 것은 아닙니다. 우리가 대화를 나누었던 자신감, 확신, 자신을 인정하는 마음 등에서 좀 더 발전된 과정으로 나아가도록 할 것입니다. 당신 자신이 적합한지에 대한 생각보다 더 나은 생각이 들도록 도와줄 것입니다. 괜찮겠습니까?

쥬디에게: 당신이 취했던 그러한 행동이 자신을 보호하기 위한 생각에서 나온 것이라고 말했을 때 당신의 마음속에 떠오르는 이미지나 그림이 있었습니까? 클라라 숙모님이 가치 있게 여기셨던 신념이나 생각에 관해서 당신은 어떻게 생각하였습니까?

금욕주의(자아와 관계 형성의 활동)

일곱 번째 질문의 유형은 사람들의 정체성을 만들고 관계를 형성하는 활동을 통해 윤리적인 존재를 지향하는 가운데, 윤리적인 인간 또는 주체가 되도록 책임감을 살펴보는 것이다. 이러한 질문은 사람들의 자아와 관계 형성의 활동을 의미한다. 이러한 활동은 탐구가 가능한 인생의 스타일이며, '주관성의 유형'을 탐색하는 질문 속에서 구체화된 원칙과 가치의 체계에 상응하는 윤리적인 본질이라고 간주할 수 있는, 사람들의 노력이다.

이번 장의 여러 실제적인 사례 가운데 이러한 질문은 다음과 같이 소개되었다.

맥스에게: 당신이 성실함을 경험했던 사실에 대해서 말하였을 때와 우리가 당신의 가치에 대해서 대화를 나누었을 때 당신에게 느껴지는 감정은 무엇이었습니까? 그런 감정이 당신이 평소에 느끼는 감정이었습니까, 아니면 다른 감정이었습니까?

우리가 상담을 하는 가운데 당신이 중요하게 여기는 가치와 신념 그리고 성실함을 탐색하는 과정을 진행하였습니다. 우리는 또한 어떻게 이러한 가치와 신념이 내담자들과의 관계에 영향을 미치었는지 그리고 어떻게 이러한 가치와 신념이 내담자들의 인생 가운데도 영향을 미칠 수 있었는지에 대해서 이야기를 나누었습니다.

당신이 생각하는 성실함과 가치가 어떻게 상담하는 일 가운데 표현될 수 있었는지에 대해서 물어 보아도 되겠습니까?

우리가 대화를 나누었던 이러한 성실함과 가치가 당신에게서 가시적으로 표현되고 자유롭게 나타나기 위하여, 당신은 이러한 상담 과정에 어떻게 반응해야 합니까?

쥬디에게: 만약에 당신의 인생을 살아가는 방식과 자신을 보호해야

한다는 생각이 숙모가 보여 주었던 사람들과 동반자라는 관계 속에서 서로 연결될 수 있다면, 당신은 어떻게 이러한 생각을 당신의 인생 속에서 적극적으로 적용하며 살아갈 수 있습니까?

목적론(목적이나 소원의 마지막 상태)

여덟 번째 질문의 유형은 사람들의 인생 가운데 가지고 있는 목적이나 윤리적 방식을 추구하기 위하여, 사람들이 노력하는 행동이나 인생 속에서 성취하고자 하는 목적에 관한 질문으로 구성된다. 목적론은 사람들이 소원하는 것을 성취하기 위하여 행동에 어떻게 적용할 수 있는지를 진술하는 것이다.

맥스의 인생에서 목적론은 '선한 인생을 성취하는 것'이었으며, 쥬디에게는 '인생의 동반자로서의 존재가 되는 것'이었다.

나는 이번 글에서 다음의 질문을 통하여 목적론에 관한 치료적 대화를 소개하였다.

맥스에게: 맥스, 당신이 중요하게 여기는 가치와 성실함에 어울리는 당신의 인생 가운데 드러난 최근의 모습을 저에게 알려 주어서 고맙습니다. 그러한 당신의 인생 가운데 당신이 성취하고자 하는 목적은 무엇입니까?

쥬디에게: 당신은 당신이 소중하게 여기는 동반자라는 가치와 자신을 유지하려는 생각이 당신의 인생과 클라라 숙모의 인생과 서로 연결된다고 생각하였습니다. 그리고 이러한 연결이 당신의

> 인생 속에서도 강하게 표현되었다는 것을 발견하였습니다. 당신의 인생 가운데 나타난 이러한 변화에 대해서 클라라 숙모께서는 당신에게 무엇이라고 말하실 것 같습니까? 이러한 생각을 서로 나눌 수 있을 것이라고 생각합니까?

나는 지금까지의 논의를 통해서 개인의 실패에 대한 현대적인 현상을 설명하는 데 도움을 제공하는 '실패 대화 지도'를 서술하였다. 그리고 나는 지도의 여덟 가지 질문 유형을 소개하는 가운데 이번 장의 실제적인 사례—맥스와 쥬디와의 대화 지문—를 소개하였다. 나는 이제 24세의 여성인 데니스와 그녀의 부모인 캐서린과 고든과의 만남에서 내가 제시하였던 지도의 적용을 살펴볼 것이다. 나는 독자들이 이 가족과의 대화 지문을 살펴봄으로써 실패 대화 지도를 적용해 볼 것을 권유하고 싶다. 이것은 각각의 질문을 어떻게 시작할 수 있는지를 구체화하며, 어떻게 이러한 대화의 과정이 진행될 수 있는지를 알기 쉽게 보여 주기 위함이다.

데니스, 캐서린 그리고 고든

나는 대기실에서 데니스와 그녀의 가족인 캐서린과 고든에게 나를 소개하였다. 세 사람은 감정이 흥분되어 있는 상태였고, 나는 곧 데니스와 캐서린이 울었었다는 것을 알게 되었다. 데니스의 동작은 매우 느렸으며, 상담실에서 우리의 만남도 더디게 진행되는 것 같았다. 우리가 자리에 앉았을 때, 고든과 캐서린은 나와의 약속에 대해서 데니스가 그렇게 흥미를 갖고 있지 않았다고 말해 주었다. 그리고 그녀가 가지고 있었던 염려에 대해서 말하기 시작하였다. 이에 대한 반응 속에서 나는 우리의 약속에 대해 데니스가 알고 있었는지를 물어 보았고, 그녀가 계속해서 참석할 수 있을지 물어 보았다. 몇 마디 하기 전에 그녀는 자신은 상담에 참석하고 싶지 않았지만, 그렇다고 억지로 참석하는 것은 아니라고 말했다. 그러나 데니스는 부모님을 위해서 참석할 것이라고 말해 주었다.

나는 데니스에게 그녀에 대한 부모님의 염려 사항을 부모님이 직접 말해도 되는지, 아니면 부모님의 염려에 대하여 데니스가 알고 있는 대로 그녀가 직접 말하는 것이 좋은지에 대해서 물어 보았다. 나는 이러한 대안을 제시하면서 데니스에게 그녀가 가지고 있는 생각과 부모님이 가지고 있는 그녀에 대한 염려를 직접 말할 수 있는지 물어 보았다. 이에 대하여 데니스는 고든과 캐서린이 말하는 것도 괜찮다고 말했다.

10분이 지나고서 나는 데니스가 정신병적인 증상을 보인 후에 정신분열증의 진단을 받았다는 것을 알게 되었다. 그녀는 정신병적인 증상 때문에 여러 종류의 진정제를 투여받았고, 병원에 입원하기도 하였다. 비록 데니스가 이제 약을 통해서 진정을 찾았고, 정신병 때문에 겪는 고통스러운 상황도 어느 정도 진전된 상태를 보이고 있었지만, 자신의 인생에 대한 그녀의 생각은 정말로 형편없는 상태였다. 그녀는 심한 외로움을 겪고 있었고, 내성적인 성격을 가지고 있었다. 그리고 마치 인생을 포기한 사람 같았고 때때로 심한 절망에 빠지기도 하였으며, 자신의 미래에 대해서 아무런 희망도 갖지 못했다. 나는 데니스에게 부모님이 그녀에 대해서 심각한 걱정을 하고 있다는 것을 그녀가 알고 있는지에 대해서 물어보았다.

캐서린과 고든은 최근 데니스의 자살 소동 이후에 나와 상담 약속을 잡았다. 데니스의 자살 소동은 벌써 다섯 번째 일어난 사건이었으며, 그녀는 자신의 인생을 포기하려는 것 같았다. 데니스의 마음 속에는 자신은 인생에서 철저한 실패자라는 인식을 가지고 있었으며, 자신의 인생이 결코 회복될 수 없을 것이라는 절망적인 생각을 가지고 있었다.

고든: 그래서 우리가 당신과 상담을 하고자 한 것입니다. 우리가 이제는 무엇인가를 해야 할 것 같습니다.

캐서린: 맞습니다. 데니스는 자신의 인생에서 행복한 적이 없었다고 생각합니다. 얘야, 그렇지 않니? (데니스를 향해 눈물을 흘리며 말한다.) 이 아이는 자신이 실패한 자라고 생각하는 것 같습니다. 그러나 이 아이는 그렇지 않습니다. 우리가 이 아이를 얼마나 사랑하는데요.

데니스: (흐느껴 운다.)

캐서린: 네가 여기에 오고 싶지 않았다는 것을 잘 알고 있단다. 그러나 네가 우리를 위해서 온 것을 알고 있지. (마이클을 향해서) 이 아이를 밖으로 데리고 나오는 것은 정말 힘들었지요.

마이클: (데니스를 향해서) 너의 부모님이 나에게 무엇을 원하는지 지금 말씀하신 것 같구나. 난 정말 최선을 다해 보고 싶단다. 그

리고 네가 어떻게 생각할지에 대해서 나도 이해할 것 같구나. 내가 몇 가지 물어보아도 괜찮겠니?

데니스: (고개를 끄덕인다.)

마이클: 부모님께서 너 자신이 실패자라고 생각한다고 말씀하시는 것에 대해서 너도 동의하니?

데니스: (어깨를 움츠리고 나서 동의한다는 식으로 고개를 끄덕인다.)

마이클: 그것에 관해서 이야기해 줄 수 있니?

데니스: (여전히 흐느껴 울면서) 네.

마이클: 부모님이 너에 대한 자신의 생각을 나에게 직접 말해도 괜찮겠니?

데니스: 좋아요.

마이클: (캐서린과 고든을 보면서) 데니스에게 가지고 있는 당신들의 생각에 대해서 말해 주겠습니까?

고든: 시간이 지나면서 우리는 데니스가 자신의 인생에서 무기력해지는 모습을 보았습니다. 시간이 흐르면서 이 아이는 더욱더 자신을 무너트리는 것 같았습니다. 그리고 모든 것이 사라진 것 같았습니다. 아마도 이 아이는 자신이 실패한 인생을 사는 존재로 여기는 것 같다는 생각이 들었습니다.

캐서린: 이 아이가 자신에 대해 비관적으로 생각하여 무너지는 것을 보았을 때, 우리는 이 아이에 대해서 많은 생각을 하였습니다. 그래도 이 아이에게 괜찮다고 말해 주었지요. 그러나 더 이상 그 이상의 것을 해 줄 수 없었습니다. 이제 우리가 데니스를 위해서 아무것도 해 줄 수 없다는 것이 너무나 가슴이 아픕니다.

(캐서린과 데니스의 눈길이 서로 마주치면서 그들의 눈에 눈물이 흐르고 있다.)

마이클: 당신은 데니스에게 어떤 기대를 가지고 있었습니까? 데니스가 기대에 못 미쳐서 실패했다고 느끼게 했던 그러한 기대는 무엇이었습니까?

캐서린: 단지 정상이 되는 것이었지요. 이 아이가 정상적으로 인생을 살아가는 것입니다.

마이클: 인생에서의 어떤 기대를 말하는 것입니까?

캐서린: 당신도 알다시피 모든 것이 의존적이지요. 이 아이는 아무런 목적도 없답니다. 이 사회에서 자신의 인생을 스스로 살아갈 수 있어야 하는데 말입니다. 마치 사람들과 사회적인 관계를 가지고 살아가는 것입니다. 사람들과 관계를 맺는 것과 사회적인 경력들을 쌓고 살아가는 것 말입니다.

고든: 예, 자신의 잠재력을 최선을 다해서 성취해 나가는 것 말입니다.

마이클: 그러한 기대들이 어디서 온 것입니까?

캐서린: 당신이 이런 질문을 해 주는 것을 좋게 생각합니다. 왜냐하면 이것은 우리의 생각에서 비롯된 것은 아니었기 때문입니다. 그렇지 않습니까, 고든?

고든: 우리는 이러한 기대들을 수시로 듣습니다. 사람들은 항상 데니스에게 무엇이 필요한지 생각해 보라고 말을 합니다. 그녀가 무엇을 할 수 있는지에 관해서 말입니다. 그리고 부모로서 우리가 무엇을 해 줄 수 있는지에 대해서도 말입니다. 만약에 그들이 데니스의 부모이고 데니스가 그들의 딸이었다면, 데니스가

그들을 위해서 무언가 해야 한다고 생각해 볼 수 있을 것입니다. 결국 데니스는 자신의 능력에 따라서 살아가야 한다는 것을 저도 알고 있습니다.

캐서린: 모든 방면에서요. 우리가 노력하지 않았던 것은 아니지만 그래도 우리는 나름대로 최선을 다했습니다. 그리고 우리 역시 이러한 기대를 데니스에게 가지고 있을지도 모르지요. (데니스를 향해서) 그렇지 않니?

데니스: (그녀는 듣고 있는 내용에 대해서 고개를 끄덕인다.)

캐서린: 우리는 이것이 별로 도움이 되지 않는다는 것을 잘 압니다. 그리고 우리가 당신에게 많은 것을 요구할 때 결코 쉽지 않다는 것도 알고 있습니다.

마이클: 당신과 고든에게서 이것은 무엇입니까? 어떻게 그러한 기대가 영향을 미쳤다고 생각합니까? 데니스의 부모로서 당신 자신을 어떻게 생각합니까? 이러한 생각이 데니스의 부모로서 자신의 역할에 어떠한 영향을 미치었습니까?

캐서린: 저는 이런 점에 관해서 좋게 생각하지는 않았습니다. 고든도 동일하게 느낄 것입니다. 우리는 그것을 받아들일 수 없었습니다. 그리고 우리도 노력하였습니다. 그러나 제가 생각하기에 우리 역시 부모로서의 역할에 실패한 것 같습니다. 우리가 정말 잘해야 하는 데 말입니다. (데니스를 향해서) 그리고 너도 절망하지 않았으면 좋겠구나. 그러나 저는 데니스가 자신을 어떻게 생각할지에 대해서 잘 모르겠습니다. 우리는 그렇게 생각하지만 그렇다고 데니스도 그렇게 생각한다고는 말할 수 없겠지요.

마이클: 고든, 당신의 생각은 어떻습니까?

고든: (한숨을 쉬면서) 예, 사실입니다. 우리는 이런 생각이 어디에서 비롯되었는지 잘 모릅니다. 아마 다른 부모에게 이런 말을 할 수는 없을 것입니다. 그들도 각자 자신의 생각이 있기 때문입니다. (한숨을 쉰다.)

마이클: 저는 그동안 사람들이 자신의 인생을 위하여 많은 기대와 생각을 가지고 있었지만, 결국 본인이 실패한 자라고 생각하는 많은 사람들을 만났었습니다. 그리고 이런 사실에 대해서 당신이 듣고 놀라지 않을 수도 있을 것입니다. 사실 본인이 실패했다고 생각하는 많은 이유가 있을 것입니다. 몇 년 전에 저는 사람들이 왜 자신이 실패했다고 생각하는지에 대해서 많은 관심을 가지고 있었습니다. 만약에 당신들이 실패했다고 여기는 여러 생각에 대한 기대와 생각의 목록을 작성한다면 우리의 대화에 큰 도움이 될 수 있을 것입니다. 아마 새로운 무언가를 제공해 줄 수도 있을 것입니다.

고든: (미소를 지으며) 저도 참여하고 싶군요.

캐서린: (역시 미소를 지으며) 저도요.

마이클: 데니스, 너는 어떠니?

데니스: 예, 저도 도움이 되고 싶어요.

마이클: 좋습니다. 한번 시작해 보죠.

30분이 넘게 데니스와 캐서린 그리고 고든은 그들이 무언가를 성취하는 데 본인들이 실패했다고 여기는 생각 가운데서 사람들과의 관계, 본인들의 인생을 위한 희망과 기대의 목록을 나와 함께 작성하였다. 우리는 또한 이러한 생각과 기대를 확증해 주는 요소 몇 가지를 구체화하는 일을 함께하였다. 그리고 우리는 인생이 반드시 이렇게 되어야 한다는 식의 마땅하게 생각하는 전제와 평가, 추측, 관점, 태도, 결론, 판단의 다양한 의견을 발견하였다. 그 결과 고든과 캐서린 그리고 데니스는 이러한 모든 것이 정말로 말도 안 되는 생각이라는 결론을 얻게 되었다.

그리고 나서 나는 이 가족 구성원과 그들이 가지게 된 기대들이 어떻게 그들의 정체성에서 부정적인 결론을 형성하게 되었는지 그리고 그들의 관계와 인생에 어떻게 영향을 미쳤는지에 관해서 면담할 기회를 가졌다. 이러한 대화가 진행되면서 데니스는 적극적으로 참여하기 시작하였다. 사실 대화가 진행되는 가운데 드러난 이러한 기대는 데니스에게 있어서 지속적인 긴장의 상태가 되기도 하였다. 이러한 기대는 데니스의 생각이나 행동이 진실로 충분한지에 대해서 끊임없이 평가하게 만들었으며, 그녀가 생각하고 행동한 모든 것에 대한 의심과 그녀의 인생에 관한 모든 것에 의문을 제공해 주었다. 그리고 그녀가 다른 사람들과 관계를 잘 가질 수 있을지에 대해 염려하도록 하였다. 그러한 기대는 캐서린이 영구적으로 모든 사람들에게 의무적으로 잘해야 한다는 생각이 들도록 하였으며, 자신이 어머니와 여성으로서 본인에게 부정적인 판단을 하도록 하였다. 그리고 항상 자신의 말이나 행동을 저속하게 평가하게 하였고, 하루를 마감할 때 하루에 행동했던 자신의 일에 대해서 만족스럽지 못한 생각이 들게 하였다. 이러한 기대는 사회적으로 요구되는 말이나 행동에 적합하도록 처신할 것을 요구하였는데, 결국 데니스가 다른 친구들이나 동료들로부터 소외당하는 결과를 가져왔던 것이다.

두 번째 상담 시간에 우리는 내가 몇 년 넘게 작성해 왔던 목록표와 우리가 첫 번째 상담 시간에 구성했던 목록에서 실패를 가져왔던 기대를 서로 비교해 보았다. 우리는 이러한 목록표의 실패를 일으키는 기대의 대부분이 이미 작성했던 목록표에 있다는 것을 발견하였다—비록 이러한 사항이 내가 이전에 작성했던 목록표상에서 중복이 될지라도 말이다. 우리는 또한 캐서린과 고든 그리고 데니스가 이러한 기대에 지배를 당하였거나 또는 지배를 당하지 않았을지라도 여전히 그런 기대 속에서 영향을 받고 있다는 것을 발견하였다. 나는 왜 그들이 자신의 인생 속에서 이러한 기대에 부응하며 살지 못했다고 여기는지 그리고 그들이 힘든 시기에 스스로를 충분히 돌아보지 못했는지에 대해서 심각한 의문을 갖게 되었다. 나는 고든과 데니스 그리고 캐서린이 나의 질문에 다르게 반응하는 것을 발견하였다. 그들은 그동안 이러한 기대에 대해서 깊이 생각하지 못했다고 말해 주었다—만약에 그들이 인생에서 이러한 경험을 하지 못하였다면 말이다.

이러한 관찰은 우리의 대화 속에서 극적인 효과를 가지고 있었다. 데니스는 갑자기 생기를 되찾았고, 목록표의 많은 기대 가운데 자신이 할 수 없는 것뿐만 아니라 그녀가 할 수 있을지라도 중도에 포기하고 말았던 여러 경험에 대해서 말해 주었다. 생기와 활력을 다시 찾게 된 인간이 보여 주는 모습과도 일치하는 것이었다. 그녀는 자신이 평가할 수 있는 방식은 없었지만, 더 이상 그러한 불편함을 경험하고 싶지 않다고 말했다. 마침내 데니스는 "이제는 약간의 재미와 여유가 생기는 것 같습니다."라고 말할 수 있었다.

마이클: 당신은 어떻게 이러한 기대에서 잠시 뒤로 물러나 생각할 수 있었나요?

데니스: 방금 한 것처럼 말입니다.

마이클: 정말 그것은 엄청난 일처럼 보입니다. 그 점에 대해서 더 말해 주겠습니까?

데니스: 글쎄요. 아마 저의 마음이 가는 대로 생각했던 것 같습니다.

마이클: 무엇이 당신의 마음을 가는 대로 하였습니까?

데니스: 글쎄요. 이것은……. 저도 이제 이러한 기대에 '아니요'라고 말할 수 있는 마음이 생긴 것 같습니다. 실제로 그랬고요. 이제 제가 하고 싶은 대로 말입니다. 보세요.

캐서린: 이것은 마치 의지력을 보여 주는 것 같습니다. 강한 의지력 말입니다.

데니스: 예, 맞습니다. 제가 찾고자 하는 단어가 바로 그것입니다. 의지력입니다.

마이클: 당신이 중요하게 여기는 것이 당신의 인생에 의지력을 갖는 것인가요?

데니스: 예, 제가 생각하기에 그렇습니다. 그러나 저는 그것을 잃어버렸지요.

캐서린: 제가 생각하기에 이 아이는 항상 자신을 자랑스러워했던 것 같습니다.

마이클: (데니스에게) 당신은 어떻게 이러한 의지를 마음에 품게 되었습니까?

데니스: 글쎄요, 잘 모르겠습니다. 그러나 확실한 것은 ……엄마는 어떻게 생각하세요?

캐서린: 제가 생각하기에 네가 네 자신을 인정하려고 여러 가지로 노력하는 것 같구나. 그리고 너는 자신이 가치 있는 존재라고 생각하고 있단다. 이것은 과거에도 네가 많이 보여 준 것이었단다. 너는 전부터 이러한 생각을 했었지. 내가 기억하는 한 더 많은 것을 생각할 수 있단다. 많은 사람들이 기대하는 것에 네가 미치지 못했던 그런 경우가 많았지. 그러나 너는 견디었으며 어떻게 될지 지켜보려고 했단다. 심지어 인내하는 것이 너에게 아픔을 가져다 주었을지라도 말이다. 그리고 우리가 너로 인하여 힘들어해도 너는 계속해서 스스로를 이해하려고 노력했던 것 같구나.

마이클: 당신은 데니스가 자신을 이해하고 수용하는 방식에 대해서 말하였습니다. 그리고 이것이 그녀의 생각과 비슷하다고 말했습니다.

캐서린: 예, 이것이 이 아이 인생의 중요한 신념이라고 말하고 싶습니다. (데니스를 향해서) 너는 이러한 이해와 수용이라는 신념을 굳건하게 붙들고 있었단다. 심지어 우리가 네가 상처를 받는 것에 대해서 염려를 하더라도 너는 결코 포기하지 않을 것임을 우리는 알고 있단다. 우리가 이런 걱정을 한쪽에 제쳐 둘 때마다 항상 너를 바라보는 우리의 마음이 새로워지는 것을 느낄 수

있단다. 물론 쉽지는 않았지만 말이다. 그렇지 않아요, 고든?

고든: 저도 캐서린의 생각에 동의합니다. 저 역시 이런 모습을 보았습니다. 심지어 네가 어린 아이였을 때도 이러한 이해와 수용은 너의 할아버지에게서 비롯되었다고 할 수 있지. 너의 할아버지께서는 자신의 기억이 가물가물해지고 행동에 불편이 있을지라도 포기하지 않으셨단다.

마이클: 데니스, 너는 어떻게 생각하니? 너의 부모님이 이러한 신념에 대해서 말하는 것과 관련이 있는 것이 혹시 있었니?

데니스: 저는 그 점에 관해서 그렇게 많이 생각하지는 않았습니다.

마이클: 이제는 생각해 볼 수 있겠구나? 혹시 생각나는 것이 있니?

데니스: 지금 생각하고 있어요. 예, 지금 생각나려고 합니다.

마이클: 사람들의 기대들로부터 자유롭게 되기 위하여 본인 스스로가 의지력을 사용한다는 것을 네가 알고 있는 한 이해와 수용에 대한 신념이 너에게 중요한 영향을 미쳤다고 생각한다. 너는 어떻게 생각하니?

데니스: 정말 좋은 것 같아요.

마이클: 왜 좋다고 생각하니?

데니스: 글쎄요. 이것은 저를 정말 자유롭게 해 주는 것 같아요.

마이클: 이러한 의지력이 너의 인생 가운데 등장했던 경우와 그리고 네가 중요하게 생각하는 너의 신념에 따라서 행동했던 그런 경우에 관해서 말하는 것이 괜찮겠니?

데니스: 예, 그러나 부모님께서 도와주셨어요. 그렇지 않았나요? (부모님을 바라본다.)

캐서린: 예, 이것이 이 아이에게 나타났을 때, 이 아이는 지금 느끼는 것과 같이 그렇게 힘들어하지 않았어요. 아마 다른 사람들도 자신 있다고 말할 것 같지 않습니다. 제가 알기로도 다른 사람들도 할 수 없거나, 할 수 있더라도 조금밖에 할 수 없을 것이라고 생각합니다. 따라서 무능하다고 해서 긴장하거나 두려워할 필요가 없다고 생각합니다. 데니스는 다른 사람들의 불평이나 그들의 핑계에 대해서 이해할 수 있을 것입니다. 그들도 마찬가지로 자신의 모습에 대해서 알고 있어야 한다고 생각합니다.

고든: 데니스에게도 좋은 면이 있답니다. 이 아이는 사람들에게 일종의 피난처와 같은 능력을 가지고 있습니다. 제가 생각할 때 사람들은 데니스의 이런 점을 잘 알고 있습니다.

마이클: 피난처라! 정말로 이러한 표현은 깊은 의미를 가지고 있는 것 같습니다. 데니스, 네가 부모님의 피난처란 말을 들었을 때 너의 머릿속에 떠오르는 이미지가 있다면 그것은 무엇이니?

데니스: 글쎄요. 사람들은 저에 대해서 어떤 생각을 하기가 쉽지 않았을 텐데요. 그러나 저는 사람들이 좋습니다.

마이클: 만약 그러한 이미지가 너에게 떠오른다면 그리고 네가 그런 이미지에 대해서 마음에 들어한다면, 그것이 정말로 너에게 도움이 될 것이라고 생각하니?

데니스: 예.

마이클: 왜 도움이 될 수 있을 것이라고 생각하니?

데니스: 이러한 이미지가 저 자신에 관해서 좀 더 편하게 해 줄 수 있을 것 같아요. 그리고 큰 차이를 만들어 줄 것 같아요.

마이클: 어떤 차이를 말하니?

데니스: 아마도 걱정하거나 절망하지 않는 것이죠.

마이클: 너는 인생의 신념에 관해서 말하고 싶은 것이니? 우리를 위해서 좀 더 말해 줄 수 있겠니?

데니스: 예.

캐서린: 제가 생각하기에 이것은 데니스에게 확신을 안겨다 주는 것 같습니다. 그리고 저도 많은 생각을 할 수 있었습니다. 아마 도움이 많이 될 것 같습니다. 특히 실패의 생각에 대해서요. 저도 편하고 자유로워지는 데 도움이 되었습니다. 우리 모두에게요.

마이클: 고든도 그렇습니까?

고든: 예, 제가 생각하기에 우리는 이것에 관해서 더 이야기를 하면 좋을 것 같습니다. 당신이 이런 면에 대해서 생각해 볼 때 우리 딸이 정말로 창의적인 아이라는 생각이 듭니다. 이 아이는 정말 그렇지요. 그리고 이 아이를 위해서 이러한 특성을 아는 것이 필요할 것 같아요. 정말 환상적이에요.

캐서린, 고든, 데니스 그리고 마이클: (모두 데니스의 핵심적인 성향인 '창의적' 이라는 훌륭한 표현에 흥분되어 들떠 있다.)

마이클: 창의적이라! 정말로 일치한다는 생각이 드는군요.

논 의

나는 12개월이 조금 넘는 동안 8번의 상담 과정을 데니스와 캐서린 그리고 고든과 함께 진행해 나갔다. 그러고 나서 12개월 후에 3번의 상담 과정을 더 진행하였다. 우리의 모임에서 나누었던 대화는 다음의 풍성한 서술에 기여하였다.

a) 의지력에 대한 데니스의 표현이 반영된 신념
b) 데니스가 무엇이든지 잘해야 한다는 사람들의 기대에 상관하지 않는 세상의 존재 방식
c) 세상 속에서 존재의 방식과 관련되어 살아가는 기술
d) 데니스의 인생을 위하여 데니스가 가졌던 독특한 열망: 더 이상 '정상의 인생'이나 '생산적인' 인생을 추구하지 않는 것, 그러나 고든은 우리의 세 번째 상담 시간에 '명예로운 인생'으로 그런 신념을 새롭게 표현하였다.

시간이 지나면서 이러한 대화는 데니스에게 자아와 관계 형성의 새로운 탐구를 위한 기초를 제공해 주었다. 그녀는 점차로 스트레스를 덜 받기 시작했고, 더욱더 자신에 대해서 자랑스러워 하는 마음이 들었으며, 과거에 그녀를 혼란에 빠뜨렸던 악의적인 소리(이상한 환청)로 인한 불안감이 줄어들게 되었다. 그녀의 인생 속에 나타난 이러한 발전과 더불어서, 그녀는 이제 사회적으로 새로운 모험을 감당할 수 있게 되었다. 절망감은 그녀가 새롭게 되찾은 인생의 활력으로 대체되었다.

이러한 상담의 결과로서 고든과 캐서린은 또한 자신이 평상시에 경험하였던 스트레스와 관련하여 의미 있는 발전이었다고 이야기해

주었다. 그들은 좀처럼 본인들이 인식하지 못했던 자신 속에서 새롭게 변화되는 경험을 하였고, 사람들의 기대와 의견에 더 이상 상처를 받지 않게 되었다. 그리고 그들은 지금까지 '지난 시간의 거의 대부분 동안 걱정에 매여 사는 인생'이었지만, 이제는 그렇지 않게 되었다고 말했다. 그들은 이제 더욱더 자신의 입장을 견지할 수 있게 되었으며, 자신의 말이나 행동에 대해서 다른 사람들의 '이중적인 평가'에 신경을 쓰지 않을 수 있게 되었다.

나는 이 가족과 진행하였던 대화를 제공하는 가운데 그들이 말하는 정신분열증이 무엇인가에 대하여 직접적으로 설명을 시도하려는 것이 아니었음을 강조하고 싶다. 나는 우리가 협력해서 사람들의 증상에 대해서 다른 접근을 제시하려는 것도 아니며, 약물의 사용과 생물 화학적인 이해를 추구한 것도 아니었다. 내가 이해하였던 것은 실패에 대한 지배적인 경험과 생각이 우리의 문화 속에 상당히 깊게 자리를 잡고 있다는 것이다. 예를 들면, 자아를 적극적으로 표현하거나 자아를 제어하려는 목적을 성취하려는 것과 같이 사람들은 얼마든지 실패를 경험할 수 있다. 그리고 사람들은 정신적 긴장 속에서 진단과 증상을 가지고 진실(규범적인 기준)과 규합하고, 그 결과로 자신의 인생 가운데 심각한 긴장과 스트레스를 경험하게 된다. 결국 사람들은 자신의 인생을 황폐화하게 만들거나 심각한 상처를 입고 만다. 우리의 만남이 지속되면서 데니스는 이러한 정신적 사고의 증상으로부터 자유롭게 되었고, 사회적 기준과 요구와 연계되어 있는 규범적 판단으로부터 자유로움을 느낄 수 있었다. 그녀는 규범적 판단과 연관된 '자신의 잠재력을 인식하는 것' 대신에 '자신을 위한 명예로운 인생'을 받아들일 수 있었다.

심화된 인식과 윤리적 적용

이 글의 서두에서 나는 이번 글에서 설명하고자 하는 현대적인 힘의 비평에 대해서 설명하였다. 여기에는 다음과 같은 내용이 포함되었다.

a) 이러한 비평과 행동은 사람들의 '순수한' 관심을 볼 수 있도록 해 주며, 그들 자신이 누구인지에 대한 잘못된 개념으로부터 자유롭게 만들어 주는 결과를 가지고 자신이 '진정한 사람'이 되려는 것을 가능하도록 도와준다.
b) 이러한 힘에 대한 비평은 모든 힘의 작용의 해체와 비슷한 의미를 가진다. 모든 힘의 관계가 사라질 수 있거나 사라져야 한다는 개념과도 일치한다.

두 번째로 나는 치료적 실제를 위하여 현대적인 힘의 정치적인 적용에 대한 논의를 다시 살펴보거나 자세하게 발전시켜 나갔다. 이러한 주제는 이 글의 서두에서 다루었던 주제였지만, 이러한 적용이 중복될지라도 그만큼 중요하다고 생각하였다. 세 번째로 나는 이 글에서 살펴보았던 인생의 형성에 관한 비평적 접근을 통해서 명확하게 볼 수 있었던 공동체의 윤리와 개인의 윤리에 대해서 살펴보았다. 마지막으로 나는 이 글에서 탐구했던 실제와 사고에 의하여 의미가 전달된 전문적인 윤리적 접근을 하면서 이번 장을 마치려고 한다.

제도로서의 인생

이번 장에서 논의했던 '거절의 행동'에 대한 개념은 거절의 행동을 통해서 자신이 누구인지에 대한 '잘못된' 인식으로부터 자유롭기 위하여 제안하는 것이 아니다. 그리고 이러한 행동은 그들이 진정 누구인지에 대한 지식을 이끌어 내거나 그들의 순수한 관심을 불러일으킬 수 있도록 가능하게 해 주는 것도 아니다. 이러한 지식은 사람들이 힘 때문에 더 이상 상처를 받지 않도록 도와주는 것이다.[7] 게다가 '거절의 행동'에 대한 개념은 인생과 정체성이 불가피하게 제도화되어 있다는 생각과 연결되어 있으며, 이러한 거절은 여러 다양한 방식 안에서 인생을 구성하기 위한 가능성에 연결되어 있다. 이러한 거절의 구체화는 사람들이 대안적인 정체성의 표현을 가능하게 해 준다는 사실을 소개할 것이다. 여기에는 다음의 내용이 포함된다.

a) 다른 정체성의 범주에 연결되는 인생을 최우선으로 표현하기
b) 인생의 경험을 형성하기 위한 다른 신념과 가치 살펴보기
c) 자아와 관계 형성의 활동 조사하기

d) 사람들의 인생을 위한 다른 목적 탐구하기

이러한 대안적인 정체성의 표현을 통하여 사람들은 인생이 사회적이고 역사적이며 문화적인 생산물이 될 수 있다는 생각과 인생의 유형과도 친숙해진다. 인생과 생각의 유형에 대한 보다 자세한 탐구는 자신의 역사와도 관계되어서 창조적인 개입을 위한 기회를 제공해 준다.

힘 비난하지 않기

현대적인 힘의 주제에 관한 보다 자세한 설명으로서 내가 여기서 소개하는 방식 가운데, 현대적인 힘의 작용에 대한 푸코의 비평적 견해를 소개하는 것은 사회적 지배의 체계로 규범적 판단을 비난하는 것이 아니다. 더구나 기존의 고착화된 규범적 판단에 기초한 사회적 지배의 체계를 제안하는 것도 아니다. 최근 역사 속에서 서구 문화의 규범적 판단이 제도화된 도덕적 판단의 남용에 도전을 던지는 많은 경우가 있었다. 이와는 반대로 도덕적 판단이 규범적 판단의 남용에 도전하였던 경우도 발견된다. 현대적인 힘을 비평하는 것은 마치 '현대적인 힘은 나쁜 것이고, 전통적인 힘은 좋은 것'처럼 그 특징을 말하는 것도 아니며, 현대적인 힘의 작용으로 생긴 공백을 전통적인 힘으로 다시 복귀하자고 제안하는 것도 아니다. 더구나 현대적인 힘을 비평하는 것은 다음의 이유로, 정당하지 못하다.

a) 힘의 모든 작용을 비난하는 것

b) 모든 힘의 관계가 제거될 수 있거나 제거되어야 한다는 제안

c) 현대적인 인생 속에서 유행이나 개인적인 능력을 발휘하는 것, 능력의 한계를 넘어서는 것, 현대 서구 문화 가운데서 확실하고 검증된 인생을 살아가는 기술의 완성 등 이런 내용 속에서 현대적인 힘의 작용과 효과와 사용을 부정하는 것

게다가 나는 푸코의 비평을 다시 소개하면서 현대 문화의 여러 작용 가운데 은폐가 그 가운데 하나라는 것을 폭로하기 위하여 그의 노력을 설명하였다. 그리고 사회적 지배 체계에 대한 제안과 특별한 위험성의 일부를 언급하였다. 이것은 푸코의 희망으로서 우리에게 도전을 던져 주는 것이었다. 즉, 법의 규칙이나 기술을 집행하는 것 그리고 도덕이나 윤리, 자아의 실제를 경험하는 것이다. 이것은 우리가 가능한 적은 노력을 통해서도 힘의 게임에 참여하는 것을 허용할 것이다(Foucault, 1994b). 현대적인 힘에 대한 이러한 비평적인 상황 속에서 푸코는 비판적인 의미로 '게임'이란 단어를 사용한 것도, 단순하게 힘의 관계 속으로 우리의 참여를 제안하려는 것도 아니었다.

이 글에서 나는 현대적인 힘의 비평과 분석에 많은 시사점을 설명하거나 소개하기 위하여 노력하였다. 그리고 나는 치료적 실제의 발전 속에서 규범적 판단의 남용을 확인하는 과정이 필요하다는 사실을 발견하였다. 비록 치료적 실제를 위하여 현대적인 힘의 분석에 대해서 많은 적용이 있을지라도, 나는 이번 글에서 실패라고 여기는

정체성에 의하여 자아를 구성하고 있는 사람들과의 치료적인 과정에 초점을 두었다.

절망의 해독제

이번 글에서 나는 치료적 실제를 위하여 몇 가지 적용을 설명하면서 푸코의 저작에서 원칙적으로 제기하고 있는 현대적인 힘의 분석을 소개하였다. 이것은 힘의 체계를 말하는 것으로 권위나 강요, 물리력을 통하여 작용되고 사회적 지배에 의존하는 힘의 체계가 아닌, 사회적으로 구성된 규준이 사람들의 인생을 다스리고 사람들을 조정하는 결과를 가지고 있다. 이러한 현대적인 힘의 작용은 현대인의 인생과 정체성에 실질적인 역할을 담당하고 있으며, 이러한 작용은 이제 사실적으로 인생의 범위와 영역 가운데 무제한적으로 나타나고 있다—가족이나 직장, 건강, 교육 그리고 레저 등에서도 나타나고 있다.

이 글의 서두에서 논의하였던 주목을 다시 살펴보기 위하여 이러한 분석은 때로는 절망의 원인을 제공해 주었던 현대적인 힘이 점차로 확산되는 상황을 강조하게 된다. 그러나 나는 내담자와의 상담과정 속에서 가능성의 근원과 희망의 이유, 즉 절망의 해독제라 할 수 있는 요소를 고찰하면서 이와 관련이 있는 현대적인 힘의 분석을 발견하였다. 만약에 현대적인 힘의 작용이 광범위한 곳에서 발견되고 우리의 적극적인 참여에 의존하게 된다면, 이러한 작용에 대한 반대는 여러 곳에서 직면할 수 있으며 우리를 향한 현대적인 힘의 요구에 거절할 수 있는 기회가 될 것이다.

현대적인 힘의 작용에 대한 나의 이해는 모든 치료적 실제에서 정치적인 특성을 강조한다. 그리고 현대적인 힘의 요구나 거절이나 반대를 구체화하는 특별한 치료적 실제의 발전을 통한 정치적인 행동의 선택을 제공해 준다. 이것은 '치료'란 이름으로 우리가 하고 있는 일에 새로운 의미를 부여할 수 있다. 만약에 우리가 힘의 모든 작용을 전통적인 형식, 즉 제한된 핵심이나 기술의 적용에서 최고 또는 최하의 상태, 금지를 위해 사회적 지배를 통한 행동, 그리고 제한하고 강요하는 전통적인 분석의 형태로만 제한한다면, 그 다음에 힘에 대항하기 위한 우리의 행동 가능성은 점차로 좁아지게 될 것이다. 힘의 작용에 대한 반대적인 모습은 보통 법이나 규칙에 의해 지지되어야 하거나 기관에 의하여 집행되어야 한다. 그리고 이러한 과정은 저항에 대한 개인의 행동과 사람들의 갈등을 포함할 수 있다. 만약에 우리가 이러한 전통적이고 고전적인 개념에 의한 모든 힘의 작용을 인식하고 정치적인 행동의 남용에 도전하기 위한 자원을 가지고 있을지라도, 때로는 낙심이나 피로, 절망, 포기 그리고 의지의 무력함의 상황에 직면할 수도 있을 것이다. 무력함은 힘의 고전적인 분석 상황 속에서 나온 결과다.

a) 정치적인 행동의 제한된 영역은 힘의 작용에 대한 효과적이고 반대적인 기준으로 간주된다.

b) 힘의 작용에 대한 효과적이고 반대적인 기준으로 간주되는 정

치적인 행동은 현대적인 힘에 미약한 영향을 미치게 될 것이다. 그리고 현대 서구 문화의 사회적 지배 속에서 동반자가 될 것이다.

c) 현대적인 힘의 작용에 반대하는 행동을 보여 주는 인생의 표현과 요구에 대한 거절은 모순되는 것이다.

이러한 상황 가운데 우리는 힘의 작용에 반대해야 하는 책임을 져야 하며, 이러한 책임감은 힘의 작용과 제도에 관하여 우리가 할 수 있는 것은 아무것도 없다는 생각이 들도록 한다. 그래서 이러한 책임감을 통해, 우리는 신자유주의적 숙명론에 빠지지 않게 된다.

앞부분에서 언급했던 대로 치료적 실제 안에서 가능성을 강조하는 것은 현대적인 힘의 분석과 연계되어 있는 일부의 정치적 행동이 사회적 불일치와 힘의 고전적 또는 전통적 구조의 출현을 결코 부인하는 것은 아니다. 불가피하게 형식적이고 제도화된 힘이 거대하게 작용하여 금지나 규정, 압박을 가하기도 한다. 예를 들면, 토착 원주민에 대한 차별, 인종에 관한 차별, 성의 관계나 여성에 대한 차별적인 입장, 이성애 중심의 입장, 게이와 레즈비언 그리고 양성애자에 대한 편견과 차별 등에서 힘의 작용이 보이는 것이다. 그러나 현대에 들어와서 이렇게 제도화된 힘의 구조는 사람들에 대한 규범적 판단을 통하여 사회적 지배를 사용하는 경우가 증가하고 있다. 그리고 사회적 지배를 달성하기 위한 현대적인 힘을 사용하게 될 때, 강요와 압력의 고전적인 작용이 나타나게 된다.

인생의 윤리

실패한 정체성을 가졌다고 생각하는 사람들이 내린 결론 속에서 규범적 판단의 결과는 이 글에서 논의했던 주제였다. 이러한 주제에 관심을 기울이는 가운데, 규범적 판단의 남용에 의문을 가지는 태도는 규범적 판단과 연계되어 있는 관계와 자아의 훈련에 도전을 준다. 그리고 정체성의 탐구에 관한 전제는 '검증되지 않은 인생' 또는 '무엇인가 잘못된 것'이다. 왜냐하면 그것은 때때로 '만약에 사람들이 인생에 관하여 보편적으로 수용되는 개념에 대항해서 자신의 행동을 결정하지 않는다면, 어떻게 검증된 인생을 살아갈 가능성을 가질 수 있느냐?'와 같이 질문된다.

그러나 '검증되지 않은 인생이란 어떤 것인가?'를 제안하려는 것은 아니다. 사실 이와는 반대로 이 글에서 제안하려는 것은 비제도적인 도덕적[8] 사고와 그리고 심미적 사고 규범적 판단에 의하여 특징되는 자아와 관계 형성의 활동에 반대해서—에 의하여 특징되는 자아와 관계 형성의 활동에 기초한 인생에 대한 비평적 접근이다. 이 글에서 설명했던 치료적 실제의 상황 속에서 사람들은 자신의 행동에 대한 정당성과 판단에 따라 규범적 기준을 거절하기 위한 기회를 제공받게 된다. 그러나 그 대신에 비제도적인 도덕적 사고와 심미적 사고를 포함한 여러 인식 가운데 발견된 자아와 관계 형성의 활동의 결과를 탐구하게 된다. 개인의 인생과 관계를 형성하면서, 개인의 활동 결과에 대한 초점은 개인과 공동체 윤리의 발전을 위한 풍성한 대지를 제공하는 데 있다.

전문적 윤리

우리가 실제의 전문적인 윤리에 대한 새로운 질문에 직면하지 않고서는, 인생의 윤리에 대한 탐구의 과정 속에서 우리가 만나는 내담자와 함께한다는 것이 가능하다고 생각하지 않는다. 그리고 이것을 통하여 우리는 윤리적인 실제가 하나의 목적이 된다는 생각에 이르게 된다. 사실 우리는 이러한 점을 인식할수록, 불가피하게 이러한 질문이 발생하는 상황 속에서 윤리를 인식한다는 것은 쉽지 않다. 이런 점을 생각하면서 나는 우리가 이러한 질문을 고려해 볼 때 전문적인 분야에서의 윤리적인 실제가 점차로 늘어나고 있다는 흐름을 뒤집을 수 있는 결과를 가지고 있다고 생각한다. 윤리적이라는 것이 간단히 소수의 규정과 규칙으로 이루어지는 우리의 작업에 적합함의 이름으로 보는 것이 하나의 흐름이 되고 있다. 이러한 규칙과 규정은 현대적인 합리성에 근거한—우리의 실제를 위한—정당성을 가지는 것이나 '경계선의 규정'과 협력하기도 한다. 이러한 합리성은 가족이나 관계, '인간의 본성' 그리고 인생에 관하여 당연하게 여기고 전형적으로 수용되는 보편적이고 심리적인 '진리' 위에 세워진다. 그리고 이러한 진리의 소유는 우리가 '마치 사실인 것처럼' 분명하게 세상을 인식할 수 있도록 해 준다.

전문적 분야의 윤리적인 형태를 보여 주기 위한 규정과 규칙과 관련해서 나는 우리가 이러한 규정이나 규칙이 없어도 얼마든지 가능하다는 것을 제안하는 것은 아니다. 이러한 양식은 윤리의 빈약한 정보를 제공할 뿐이다. 우리의 실제 속에서 보다 윤리적으로 되기 위해서는 의무를 가지고 있어야 한다. 우리는 의무적으로 개인적인 윤리와 공동체의 윤리를 조화시키면서 감당해야만 하는 많은 상황이 있다. 현대의 합리성에 기초하여 우리의 실제를 설명하는 것은 우리의 작업이 보다 '윤리적'으로 되어야 하는데, 여기에는 내담자의 인생 속에서 치료적 실제의 결과와 실제적인 치료의 발전이 무엇이든 간에 현대의 합리성에 기초해서 우리의 작업이 '윤리적'으로 되어야 한다.

윤리에 관한 질문으로 발생하게 된 도전에 대한 우리의 실제적인 개입은 전문적인 규정과 규칙을 최우선으로 여기지만, 보편적인 진리로 되어 있는 윤리적인 실제를 구성하는 관점을 무시하기도 한다. 이러한 도전은 또 다른 윤리의 차원으로 이끌기도 하며, 이러한 윤리의 또 다른 차원은 수동적으로 받아들여진다. 그러나 이것은 우리의 활동 결과이기도 하다. 이러한 활동은 우리가 우리 자신을 훈련시키면서 발견한 것이다. 우리는 지속적으로 다음과 같이 행동한다.

a) 우리가 행하는 실제의 맨 밑바닥에 있는 사고를 살펴본다.
b) 우리가 행하는 작업 가운데 가지고 있는 가치를 평가한다.
c) 우리의 인생과 실제를 형성하는 자아와 관계 형성의 활동을 탐구한다.
d) 우리의 인생과 실제를 위해 우리가 가지고 있는 열정으로 이러

한 활동을 성찰한다.

내가 바라는 희망은 우리가 윤리에 관한 질문에 의하여 발생되는 도전에 참여할 수 있는 기회를 보다 더 얻도록 하는 것이며, 이것은 발전적인 윤리를 지향하기 위함이다. 나는 우리가 효과적으로 실천하기 위하여, 이러한 윤리가 우리에게 요구된다고 믿는다. 여러 사항 가운데 이러한 윤리적 활동이 다음과 같은 사항을 위하여 필요하다고 생각한다.

a) 우리의 치료적 대화 속에서 우리가 직면하는 심미적이고 정치적인 선택을 인식하기 위하여
b) 우리의 내담자에게 가시적이고 심미적이며 정치적인 선택을 제공하기 위하여,
   사람들이 자신의 고통을 감소시키기 위하여 우리에게 도움을 요청할 때, 우리가 행하는 일에 대한 가치를 명예롭게 여길 수 있는 치료적 실제를 성취하기 위하여
c) 우리가 치료의 이름으로 실시하는 활동을 성찰해 보는 것과 우리의 인생과 내담자의 인생 가운데 우리의 작업에 대한 효과를 살펴볼 수 있는 구조를 개발하면서, 새로운 주도적인 결단을 추구하기 위하여
d) 우리가 치료라는 이름으로 실시하는 과정의 결과와 관련하여, 우리가 가지는 특별한 책임감을 보다 고양시킬 수 있는 방식을 탐구하기 위하여

e) 우리의 실제를 다시 강화시키고 형성하는 과정에서 사고와 탐구를 구체화하기 위하여

결론

이 글에서 나는 현대적인 현상으로서 실패에 초점을 맞추었다. 개인의 실패에 대한 현상은 사회적 지배의 현대적인 체계 안에 깊이 뿌리를 내리며 발전해 왔다. 나는 실패가 점점 사람들에게 많은 영향력을 미치고 있다는 점과 이러한 탐구가 가치 있는 과정이라는 사실에 따라 실패를 흥미로운 주제로 이해하였다. 나는 과실이나 실수에 대한 내용이 현대적인 힘의 요구에 대한 사람들의 거절을 구체화할 수 있도록 이끌어 주는 여지를 제공해 줄 수 있다고 제안하였다.

더구나 나는 이러한 질문이 개인의 실패에 대한 생각을 넘어서 상담을 요청하는 사람들에 의하여 수용될 수 있는 인생의 기술이나, 지식의 풍성한 서술과 인식에 기여할 수 있다고 제안하였다. 이러한 인생의 지식과 기술은 현대적인 힘의 요구와 연관되는 것을 직접적으로 만들어 내지는 않는다. 나는 서구 문화의 역사 속에서 정체성의 구성에 관한 푸코의 생각을 언급하였다. 나는 정체성의 재구성에 기여하는 치료적 실제에 영향을 미치는 그의 생각을 소개하였다. 그리고 이러한 실제의 몇 가지 사례를 소개하였다.

나는 작업을 계속하면서 맥스, 쥬디, 데니스, 캐서린 그리고 고든

과 같이 개인의 실패를 통해서 자신의 능력에 관하여 심각한 무능함을 의식하고 있거나 자신의 부적합성의 고통을 경험하거나 또는 절망과 황폐함에 직면해 있는 사람들을 계속해서 만나게 될 것이다. 개인의 실패에 대한 현상의 증가 속에서, 핵심적인 역할을 담당하는 '인간 과학'의 전문가에게 도움을 요청하려는 사람들이 개인의 실패와 관련이 있다는 것은 하나의 역설이 아닐 수 없다. 심리학이나 사회복지 그리고 정신의학을 포함한 현대의 전문적인 분야는 '인간 과학' 가운데 견고하게 자리를 잡고 있는 규범적 판단의 기술과 사상의 산물 속에 우세한 위치를 차지하고 있다. 이러한 이유 때문에 나는 현대적인 힘의 작용에 대한 우리의 이해를 확장시켜 나가야 하고, 비규범적인 자아와의 관계 형성 활동에 대한 풍성한 서술을 인정하는 것과 구체화를 위한 가능성을 확장시켜 나갈 수 있는 치료적 실제를 개발할 특별한 책임이 우리에게 있다고 생각한다. 이러한 자아와 관계 형성의 활동은 푸코가 '진리의 체계'라고 언급했던 사실과 현대의 합리성을 부정하는 정체성을 구성해 나간다. 우리의 작업 속에서 이러한 자아와 관계 형성 활동을 확증해 나가는 가운데 나타나는 성공은 사람들의 인생이 풍성한 다양성을 가지고 있다는 인식을 개발시켜 주는 데 기여할 것이며, 동시에 현대적인 힘이 인생의 판단을 완화시켜 주는 효과를 가지고 있다는 것을 보여 줄 것이다.

대안적인 정체성의 가능성을 이끌어 주는 방식 가운데 실패와 부적합성 그리고 무능력에 관하여 심지어 말할 수 없는 부분까지 이번 글에서 표현되었던 생각으로 가족과 친구들, 동료들, 내담자들과의 대화 속에 독자인 당신을 초청하며 이 글을 종결할 것이다.

실패 대화 연습

나는 때때로 워크숍의 참가자에게 '실패 대화 지도'를 소개한다. 그리고 워크숍의 참가자를 중심으로 소그룹을 구성하여 실패 대화 지도를 적용한 치료 실습을 격려한다.[9] 이러한 실습의 초점은 실천적인 기술을 발전시켜 나가는 데 있다. 나는 항상 치료사에 요구되는 책임성을 고취하기 위하여 치료적인 기술을 발전시켜 나가는 것이 필요하다고 생각한다. 나는 워크숍을 인도하는 가운데 이러한 실습이 중요하다는 것을 강조한다. 치료적 대화의 실습에서 요구되는 이러한 기술은 숙련된 능력을 형성하기 위하여 실습을 반복적으로 함으로써 성취될 수 있다고 생각한다.

사람들이 처음 실습을 시작할 때, 항상 쉽게 진행되는 것은 아니다. 치료사가 실습을 통하여 새로운 영역으로 인내를 가지고 진행하다 보면 때로는 좌절을 경험하거나 인식의 부재 그리고 불편한 감정을 동반하기도 한다. 내가 인도하는 워크숍에서 참가자에게 나는 종종 이런 말을 한다. 그것은 만약에 그들이—내가 소개하는 기술을 발전시키기 위하여—실습을 진행하면서 두려움을 경험하지 않는다면 새로운 실제의 영역으로 모험을 감행하지 않는 것이나 다름없다.

치료적 기술의 개발에 초점을 두는 치료적 대화를 구조화하는 실습에 참여하기 전에 참여자가 수시로 현장에서 그들이 자연스러운 태도를 가지고 상담에 임할 수 있을지에 대한 염려를 한다. 그러나 치료를 위한 이러한 지도와 기술을 참가자가 개발시켜 나감으로써,

자연스러운 해결과 경직된 해결 사이의 현저한 갈등을 줄여 나갈 수 있다. 다른 한편으로 특별한 기술 개발에 세심하게 관심을 갖는 것과 즉흥적으로 진행하는 것 사이의 특별한 갈등은 없다. 사람들이 묘사하는 자연스러운 인생의 표현은 자신의 기술을 개발해 나가는 사회적인 기술에 기초한다. 이러한 활동 가운데서 볼 수 있는 즉흥성이나 자연스러움 그리고 숙련성의 정도를 요구하는 어떠한 활동은 기술의 개발에 관한 세심한 관심이나 실습의 까다로운 과정을 통해서 성취된다. 자연스러움과 즉흥성을 위한 기초가 점차 발전됨으로써 참가자는 실습에 대한 편안함의 감정을 경험하게 된다. 그리고 참가자는 자신이 치료적 기술을 개발시켜 나가는 것과 자신이 살아온 경험 사이에 새로운 공명을 경험하기도 한다.

내가 여기서 소개하는 실습은 참여자에게 '실패 대화 지도'의 실제적인 면을 적용하기 위한 상황을 제공한다. 그리고 실제적인 기술을 개발하기 위한 기회를 제공한다. 이러한 실습의 구조는 또한 치료적 실제를 위한 또 다른 지도의 탐구를 인식할 수 있게 해 준다.

구 조

이러한 실습은 한 소그룹에 보통 4~5명으로 구성된다. 한 자원자는 인터뷰를 진행하는 리더가 되고, 다른 자원자는 개인의 실패에 대한 자신의 경험을 말한다. 그룹의 나머지 참가자들은 외부 증인으로 참여한다(White, 1995b, 1997, 1999).

여기에는 네 단계의 과정이 있다. 첫 번째는 리더가 참가자와 인터뷰를 한다. 두 번째는 외부 증인이 첫 번째 단계에서 인터뷰 대상자의 풍성한 경험이 담긴 이야기에 대해 자신의 반응을 말하는 단계다. 세 번째는 리더가 인터뷰 대상자에게 외부 증인이 말했던 이야기를 듣고 자신의 반응을 말하도록 하는 단계다. 네 번째는 그룹의 모든 참가자들이 자신의 생각을 나누는 단계다. 이러한 실습에서 리더만이 모든 과정을 이끌어야 하는 책임감을 갖는 것이 아니라는 점을 강조해야 한다. 즉, 전체 참가자들은 결과를 위하여 서로의 책임감을 공유해야 하는 것이다.

첫 번째 단계

인터뷰를 진행할 리더는 개인의 실패에 관한 이야기를 인터뷰할 수 있도록 준비한다. 이것은 인터뷰 대상자의 직접적인 경험에 관한 이야기이며, 대상자는 또한 역할을 바꾸어서 자신이 경험했던 실패에 대한 이야기를 설명한다. 리더와 대상자는 실패 대화 지도를 참고하며, 그들의 대화가 발전하면서 리더와 대상자가 명백하게 지도에 따라 공개적인 상황 속에서 대화를 진행해 나간다. 그리고 인터뷰 과정 동안에 외부 증인은 청중으로 위치하게 된다.

리더와 대상자는 인터뷰의 첫 번째 대화 과정 중에 어떤 지점에서 시간 종료를 선언할 수 있다. 바로 이 순간에 시간 종료를 선언했던 리더 또는 대상자의 의도를 알고, 이에 따라 그 다음 과정을 이어 나간다. 다음의 사항이 시간 종료를 선언할 수 있는 여러 경우 가운데 하나가 될 수 있다.

시간 종료는 다양한 목적을 위하여 선언될 수 있는데, 예를 들면 다음의 경우다.

a) 리더가 집단의 특별하거나 또는 일반적인 도움을 요청하기 위하여 시간 종료를 요구할 수 있다.

"저는 실패 대화 지도의 세 번째 과정을 하는 가운데 한 가지 감정을 느끼게 되었습니다. 그러나 제가 느끼기에 이 감정은 과연 적절한지에 대해 약간의 혼란이 생기는 것 같습니다. 이러한 질문이 의미하는 바가 무엇인지 생각할 수 있도록 설명을 해 주시겠습니까?"

"저는 이 부분에서 약간 거북한 감이 듭니다. 혹시 일곱 번째 질문의 유형에 적합한 몇 가지 질문에 대해서 말씀하실 분이 계십니까?"

이런 상황 속에서 집단의 참여자가 인터뷰의 과정대로 반응하는 것은 자연스러운 일이다. 여기에는 인터뷰 대상자도 포함되며, 치료적 질문의 과정 속에 참여하는 사람들도 포함될 수 있다. 인터뷰의 리더가 시간 종료를 선언하게 되면 집단의 다른 참여자는 자신이 가지고 있는 생각을 설명한다. 그러나 인터뷰를 진행해 나가는 가운데 자신의 생각을 주입하기 위한 경우는 옳지 못하다.

b) 인터뷰 대상자는 집단에서 자신의 생각을 나누기 위하여 시간

종료를 선언할 수 있다. 이때 이 사람은 치료적 질문에 기여하는 내용을 질문할 수 있다. 또는 대상자는 다음 질문을 위하여 집단의 참가자에게서 제안을 들을 수도 있다.

"나는 이러한 질문이 흥미롭다는 것을 발견하였습니다. 그러나 나는 몇 가지 질문에 대해서 특별한 생각을 가지고 있습니다. 이러한 질문이 치료적 과정에 기여할 수 있다고 생각합니다. 또한 질문에 관한 이러한 생각은 나에게 도움이 됩니다. 나는 이러한 생각을 나누기를 원하며, 어떻게 이러한 질문이 우리의 과정에 필요한지 그리고 어떻게 이러한 질문이 대화를 형성해 나갈 수 있는지에 관해서 여러분과 말하고 싶습니다."

"저는 인터뷰의 리더가 자신을 개방하기 위하여 시도하려는 것을 알고 있습니다. 이것에 관해서 말하고 싶습니다. 그리고 우리 자신을 위하여 이러한 질문 가운데 우리도 참여할 수 있는 질문을 생각해 보고 싶습니다."

바로 이 순간에 집단의 모든 참가자는 인터뷰 대상자의 생각에 반응할 수 있다.

두 번째 단계

외부 증인은 '인정의식'이라 특징되는 의식에 의하여 구조화된 재진술에 반응한다(Myerhoff, 1982, 1986). 재진술의 과정 중에서 인터뷰의 리더와 대상자는 청중의 입장에 서게 된다. 외부 증인의 재진술은 이 과정의 첫 번째 단계에서 진술한 내용을 가지고 다음의

반응에 따른 유형에 의하여 구성된다.[10)]

표현 구체화하기

당신은 인정의식의 주인공 위치에 있는 사람의 인생 이야기를 들음으로써 어떤 표현이 당신의 관심을 끌었습니까? 당신의 주목을 끈 것은 무엇입니까? 당신의 심정을 강하게 사로잡았던 부분은 어느 것입니까? 당신에게 일치되는 생각은 어느 것입니까?

이미지 묘사하기

사람들의 인생이나 정체성 그리고 일반적으로 다가왔던 이미지가 사람들의 표현 속에서 느꼈던 것은 무엇입니까? 사람들의 목적이나 가치, 신념, 희망 그리고 꿈과 각오에 관해서 당신의 마음을 끌었던 표현은 무엇입니까?

공명 파악하기

당신의 마음이나 관심이 끌렸다는 것은 이러한 표현이 당신의 인생 가운데서도 비슷한 경험이 있을 수 있다고 생각합니다. 그렇다면 그러한 관심을 끌었던 것은 무엇입니까? 이러한 표현에 의하여 생각하게 된 이미지와 표현에 공명이 되는 당신 인생의 경험은 무엇입니까?

공명 인정하기

이러한 인생을 주목하는 것이 어떻게 당신의 마음에 영향을 주었습니까? 만약에 당신이 이 대화에 청중으로 참석하지 않았다면, 당신은 어디서 이러한 경험을 얻을 수 있다고 생각합니까? 당신이 이러한 이야기에 반응하는 이유가 무엇입니까? 당신이 원하는 특별한 소원은 무엇입니까?

내가 여기서 제안했던 동일한 질문은 예시적인 목적을 위하여 제공한 것이다. 이러한 질문은 인정의식의 특징이 되는 인정의 방식을 설명하기 위하여, 어떻게 외부 증인 반응이 구성될 수 있는지에 대한 설명을 제공한다. 다른 질문도 외부 증인 반응의 유형에 따라 구성될 수 있다.

외부 증인의 재진술은 실제적인 질문의 결과가 되며, 수동적인 반응은 아니다. 외부 증인은 전형적으로 각 사람들과 인터뷰를 나누며, 그들의 반응은 인정의식의 지도에 의하여 형성된 것이며, 사람들의 기여와 서로 관련이 있다. 재진술의 과정에서 외부 증인은 자신의 반응에 대한 사람들의 조언을 구하기 위하여 시간 종료를 요청할 수 있다. 바로 이때 시간 종료를 요청한 외부 증인의 요구에 반응하는 것은 집단 참여자의 책임이기도 하다. 외부 증인은 다른 집단의 구성원을 대상으로 특별한 질문을 위하여 초청할 수도 있으며, 일반적인 도움을 요청할 수도 있다. 과정 중에서 인터뷰의 리더와 대상자는 시간 종료의 선택을 가지고 있지만, 그들은 최선을 다해서 외부 증인의 초청과 요청에 반응해야 한다.

외부 증인이 시간 종료를 요청할 수 있는 많은 경우가 있는데, 다음의 예가 그러한 경우에 속한다.

"저는 시간 종료를 요청하려 합니다. 왜냐하면 공명에 대한 반응을 제대로 깨달았는지에 관하여 그 사람에게서 피드백을 받고 싶었습니다. 만약 그렇다면 어떠한 공명을 받았는지에 관해서 반영적 경청을 하고 싶습니다. 저는 또한 인터뷰의 대상자에게 우리가 대상자의 경험을 통해서 받았던 공명을 대상자가 어떻게 생각하는지 묻고 싶습니다."

"공명을 인정하는 것과 재진술을 하는 데 있어서 제가 가지고 있는 생각에 관한 사람들의 생각을 알고 싶습니다. 또한 우리가 여기서 탐구하고 인정하는 부분과 우리가 진행하고 있는 방향이 서로 비슷한지에 대해서 확인하고 싶습니다."

"저는 우리가 외부 증인의 재진술 과정 중에 다른 입장을 가지고 있을 수 있다고 생각합니다. 우리는 의미를 되새길 수 있는 반응을 보일 수 있다고 생각합니다. 인터뷰의 리더와 대상자는 우리가 적극성을 가지기를 원하거나 이러한 과정을 적극적으로 진행하기를 원할 것입니다. 그래서 이것에 관해서 대화를 나누거나 과제를 보다 잘할 수 있도록 우리가 해야 할 일이 무엇인지에 대해서 대화를 나누는 것은 좋은 방법인 것 같습니다."

세 번째 단계

인터뷰의 리더는 대상자와 외부 증인의 재진술의 반응에 관해서 인터뷰한다. 그리고 외부 증인은 청중의 입장에 서게 된다. 리더는 재진술의 전체적인 내용을 다시 진술하도록 격려하기 위한 의도로 진행하는 것은 아니다. 게다가 리더는 외부 증인 반응에 따라서 질문을 구성한다. 나는 여기서 이러한 유형의 예시를 설명하지는 않았지만, 이러한 유형을 간단히 요약하는 것이 필요하다고 생각한다. 리더는 대상자에게 다음 사항에 관해서 인터뷰한다.

a) 그의 관심을 끌었던 외부 증인의 표현은 무엇인가?
b) 대상자를 위하여 생각났던 이러한 표현은 무엇인가?
c) 이러한 표현이 대상자를 위하여 공명되는 것은 무엇인가?
d) 인터뷰의 대상자가 정한 목적은 무엇인가?

이러한 실습의 과정 속에서 인터뷰의 리더와 대상자는 외부 증인이 재진술하는 동안에 시간 종료를 요청할 수 있는 선택을 얻게 된다. 리더 또는 대상자에 의하여 시간 종료가 요청될 때, 요청한 사람의 요구에 반응하기 위하여 집단의 구성원이 반응하는 것은 일종의 책임감이다.

네 번째 단계

집단의 참여자들은 실습의 과정 중 다른 사람들과 함께할 수 있다. 바로 이때 그들은 다른 단계에서 자신의 경험에 대하여 말할 수 있는 기회를 얻는다. 그리고 중요한 기여에 관하여 다른 사람들에게 질문할 수도 있다. 이것은 또한 실습에서 얻은 일반적인 깨달음을 기록하거나 이름을 붙이거나 구체화를 위한 시간이기도 한다. 그리고 실패 대화 지도의 다양한 범주로 질문을 이끌어 나가면서 특별한 효과를 발견할 수도 있다. 이러한 과정은 실패 대화 지도에 관련이 있는 치료적 기술의 풍성한 발전에 기여하게 된다. 또한 이러한 지도의 풍성한 탐구를 위한 과정은 이때 제안할 수도 있다.

참고문헌

Foucault, M. (1973). *The Birth of the Clinic: An archaeology of medical perception*. London: Tavistock.

Foucault, M. (1979). *Discipline and Punish: The birth of the prison*. Middlesex: Peregrine Books.

Foucault, M. (1980). *Power/knowledge: Selected interviews and other writings*. New York: Pantheon Books.

Foucault, M. (1984). *The History of Sexuality*. Great Britain: Peregrine Books.

Foucault, M. (1994a). 'On the genealogy of ethics.'. In M. Foucault, 1994: *Ethics: The essential works 1*. (edited by P. Rabinow) London: Penguin Press.

Foucault, M. (1994b). 'The ethics of the concern for self as a practice of freedom.'. In M. Foucault, 1994: *Ethics: The essential works 1*. (edited by P. Rabinow) London: Penguin Press.

Foucault, M. (1994c). 'On the genealogy of ethics.'. In M. Foucault, 1994: *Ethics: The essential works 1*. (edited by P. Rabinow) London: Penguin Press.

Freire, P. (1999). 'Making history and unveiling oppression' (an interview). *Dulwich Centre Journal, 3,* 37-39.

Myerhoff, B. (1982). 'Life history among the elderly: Performance, visibility and re-membering'. In J. Ruby (Ed.), *A Crack in the Mirror: Reflexive perspectives in anthropology.* Philadelphia: University of Pennsylvania Press.

Myerhoff, B. (1986). 'Life not death in Venice: Its second life?'. In V. Turner & E. Bruner (Eds.), 1986: the Anthropology of Experience. Chicago: University of Illinois Press.

White, M. (1987). "Family therapy and schizophrenia: Addressing the 'in-the corner' lifestyle.". *Dulwich Centre Newsletter.* Reproduced In M. White 1989: *Selected Papers.* Adelaide: Dulwich Centre Publications.

White, M. (1988/1989). 'The externalizing of the problem and the re-authoring of lives and relationships.' Dulwich Centre Newsletter, Summer. Reproduced In M. White & D. Epston, 1990: *Narrative Means to Therapeutic Ends.* New York: W. W. Norton.

White, M. (1991). 'Deconstruction and therapy.'. *Dulwich Centre Newsletter.* Reproduced In D. Epston & M. White, 1992: *Experience, Contradiction, Narrative and Imagination.* Adelaide: Dulwich Centre Publications. Reprinted In S. Gilligan (Ed.), 1994: *Therapeutic Conversations.* New York: W. W. Norton

White, M. (1995a). 'Psychotic experience and discourse.'. In M. White, 1995: *Re-Authoring Lives: Interviews and essays.* Adelaide: Dulwich Centre Publications.

White, M. (1995b). 'Reflecting teamwork as definitional ceremony.'. In M. White, 1995: *Re-Authoring Lives: Interviews and essays.* Adelaide:

Dulwich Centre Publications.

White, M. (1997). *Narratives of Therapists' Lives.* Adelaide: Dulwich Centre Publications.

White, M. (1999). 'Reflecting teamwork as definitional ceremony revisited.'. *Gecko: a journal of deconstruction and narrative ideas in therapeutic practice,* No.1. Reprinted In M. White, 2000: *Reflections on Narrative Practice: Essays and interviews.* Adelaide: Dulwich Centre Publications.

White, M., & Epston, D. (1989). *Literate Means to Therapeutic Ends.* Adelaide: Dulwich Centre Publications. Republished as M. White & D. Epston, 1990: *Narrative Means to Therapeutic Ends.* New York: W. W. Norton.

후주

1) 푸코는 두 가지 의미로 규정되는 규범적 판단과 연관되어 있는 힘의 관계를 인식하였다. 첫 번째로는 단순하게 억압하고 압박하는 체제 그 이상으로, 이러한 힘의 관계는 현대의 '훈육'의 역사를 통하여 구성된 규준에 따른 개인의 정체성과 사람들의 인생 속에 관여하게 된다. 두 번째로는 단순히 금지하고 제한하는 것 이상으로, 이러한 현대적인 힘의 관계는 자아의 '훈육'을 통하여 사람들의 인생 속에서 관여하게 된다. 왜냐하면 현대적인 힘의 구성은 종종 긍정성을 갖기도 하기 때문이다(여기에는 금지와 억압, 강요를 통하여 작용하는 전통적 힘에 대해서 반대적이다.). '긍정성'으로서의 현대적인 힘의 특징은 가치를 판단하는 것이 아니다.

2) 나는 이러한 개념을 브라질의 공동체 교육가이자 활동가인 파울로 피에르(1999)의 이론에서 빌려 왔다. 지난 세기에 피에르는 자기 인생의 절반 시기 동안 크게 영향을 미쳤던 건강 · 복지 · 상담 · 교육의 공동체의 개발 가운데 신 자유주의적인 숙명론의 현상을 설명하였다.

3) 이러한 기술은 우리의 문화 가운데 사회적으로 유래된 지식의 '구성물'이 아닐뿐더

러 힘의 실제를 보여 준다. 지식과 힘의 구분에 관한 푸코(Foucault, 1994a)에 따르면, 하나의 상징적인 체제 안에서 구성된 주제를 말하는 것은 충분하지 않다. 주제의 구성된 상징의 역할을 말하는 것도 아니다. 이것은 진정한 실제 안에서 구성된 것이다. 역사적으로 분석적인 실제이며, 상징적인 체제를 이용하는 가운데 그것을 넘어서 제한적인 자아의 구성이다(Foucault, 1994a).

4) 예를 들면, 우리는 '잘못된 이해' 또는 '기회적 사건'의 범주를 생각해 볼 수 있다. 기회적 사건이란 예상했던 상황이 아닌 사람들의 인생의 발전을 위하여 '우연한' 기초를 제공한다. 이러한 기회적 사건이란 인생에 관하여 의심의 여지가 없는 '사실'을 세상 안에서 존재와 생각의 전형적이고 당연하게 여기는 방식을 가지고 있다. 그리고 이러한 생각은 광범위한 사회적인 관계 상황 속에서 부적합하게 인식되거나 거부되기도 한다.

현대적인 힘의 잘못된 이해는 사람들이 관계와 자아를 인지하는 특별한 방식에 관여할 것을 요구한다는 점이다. 이것 때문에 사람들의 의미를 만들어 내는 활동은 현대적인 힘의 가능성이 된다. 인생의 경험에 의미를 부여하는 특성은 하나의 성취이며, 경험 자체의 '상태'에서 주어지는 어떠한 존재가 아니다. 그리고 이것은 사회적인 것이지, 개인적인 것은 아니다. 성취란 사람들의 공동체 안에서 발생하는 협상의 결과다. '잘못된 이해'의 생성을 위하여 이전에도 존재에 대한 잠재성이 있었다. 내가 여기서 언급하고자 하는 것은 인생의 모든 사건에 대한 해석이 인간들의 행동 안에서 예상할 수 없었던 결과를 가져다 줄 수 있다는 것이다. 이러한 결과는 인간의 발전이라는 거대한 이야기에 적합하지 않다. 그리고 인생을 살아가는 기술과 인생의 대안적인 지식을 생성하기 위한 잠재성을 가지고 있다.

다른 방식을 생각해 보기 위한 의미의 속성은 '코드의 연출과 재해석' 안에서 성취된다. 해석의 많은 부분은 실수가 고려되는 잘못된 이해의 결과에 속하는 것이다. 그러나 인생에는 실수를 연출할 수 있다는 사실과 인생의 기술과 지식의 생성에 기여하는 잠재성을 가진다는 사실은 무엇인가를 기념할 수 있도록 해 준다.

인생의 기본적인 단계에서 코드의 연출과 재해석은 기회의 여지를 남겨 둔다. 이전에는 질병이나 결손 또는 정보의 체제 안에서 혼란과 불안 그리고 실수 같은 것과 같이, 인생은 극심한 상황 속에서 실수를 만들어 낸다(Foucault, 1994c).

5) 서구 문화의 역사를 통하여 인간 주제의 구성에 관한 서술을 제공하는 가운데, 푸코는 하나의 도덕적인 기관으로 자아의 구성에 대한 네 가지 영역 속에서 각각의 유

형을 비교하고 있다. 나는 직접적으로 푸코의 개념을 인용하면서 이러한 예를 제시하고자 한다(Foucault, 1994a).

독립성의 종류와 그것의 사이에는 관계가 있다. 당신은 왜 그런지 잘 이해하고 있다. 만약에 그 목적이 존재에 대한 절대적인 순수함이라면 자아 형성의 활동과 기술의 형태, 당신이 사용하려는 금욕주의적 기술은 당신 자신의 행동에 주인이 되기 위한 노력과 동일한 것은 아니다. 맨 처음의 입장에서 당신은 해석의 기술 또는 순수한 기술로 기울어 갈 수 있다(Foucault, 1994a).

우리는 이러한 사회적인 변화와 함께 진행하는 것에 대해서 아무런 의미가 없다고 말할 수 있다. 전통적인 윤리 속에서 무엇인가 변하고 있다는 것은 스스로에 대한 관계에서 이루어지는 것이다. 그러나 나는 변화란 윤리적 본질에 영향을 주지 않는다고 생각한다. 여전히 성욕을 가지고 있다고 생각한다. 주관성의 유형 안에서 많은 변화가 있었다. 예를 들면, 스토아 학파는 자신 스스로를 보편적인 인간 존재로 인식하였다. 그리고 금욕주의의 매우 중요한 변화가 있었다. 윤리적 객체로서 자신을 구성하거나 인식하기 위하여 당신이 사용하는 기술의 종류는 금욕주의 안에서 매우 중요한 변화가 있는 것이다. 그리고 그 목적 안에서 변화를 가져오는 것이다(Foucault, 1994a).

기독교의 책들에 대해서 나는 기독교에 관한 책이라고 생각한다. 나는 모든 윤리가 변했다는 것을 보여 주기 위하여 시도한다. 왜냐하면 목적은 변하기 때문이다. 목적은 부도덕하거나 순수할 수 있다. 금욕주의는 변하고 있다. 왜냐하면 이제 자신에 대한 검사는 자신을 해석하는 형태를 취하기 때문이다. 주관성의 유형은 이제 신성한 법이다. 나는 심지어 윤리적인 본질이 변한다고 생각한다. 왜냐하면 그것은 성욕이 아니라 욕구와 욕망, 그리고 정욕 등이다(Foucault, 1994a).

6) 고대 그리스 문화를 언급하는 가운데, 푸코는 자신을 돌본다는 것이 윤리적으로 자신과의 관계가 존재론적보다 더 우선이라는 것을 설명하였다. 그가 인식했던 것은, 자신을 돌본다는 것은 또한 다른 사람들과의 관계를 의미하는 것이고, 이러한 전체적인 도덕성의 원리가 자신 스스로를 적절하게 돌봄을 제공하는 사람이라고 인식하였다. 그리고 이러한 방식으로 자신을 '다른 사람을 위하여 그리고 사람과의 관계를 통해서 적절하게 자신을 조절할 수 있는' 사람으로 인식하고 있다는 점이다(Foucault, 1994b). 자신을 돌보는 것에 대해 생각하기 이전에, 존재론적으로 푸코가 가지고 있는 생각에 대한 논의와 다른 사람들에 대한 개인의 관계의 형태 안에서

적용해 볼 수 있는 것은 이 책의 범위를 넘는 주제가 된다. '자아와 관계 형성의 활동'을 언급하기 위하여 내가 선택했던 주장의 논의를 소개하기도 한다.

7) '거절의 행동'에 대한 개념과 연결되어 있는 행동을 위한 제안은 현대적인 '자아 개발'과 연관되어 시간을 두고 흘러간 과거의 많은 실제를 뒤집는 것이다. 게다가 이러한 제안은 '자아의 진리'를 위한 탐구를 확증하는 것보다 hupomnemata(플라톤의 시기에 유행하던 노트나 필기)의 고대 시대에 행했던 방식을 격려한다. 그리고 이것은 오늘날 개인의 인생 가운데서 컴퓨터의 소개로 혼란에 처하게 되었다(Foucault, 1994c). hupomnemata에 관한 푸코의 견해를 빌리자면 다음과 같다.

   그것은 '스스로의 진술'을 구성하지 않는다. 이것의 목적은 빛으로서 신비하고 비밀스러움을 가져오는 것은 아니다. 결과에 대하여 이것을 찾고자 하는 움직임은 지난 과거의 반대 모습이다. 여기서 핵심은, 설명할 수 없는 것을 지향하는 것이 아니고 숨겨져 있는 것을 드러내는 것도 아니며 말하지 않은 것을 말하려고 하는 것도 아니라, 이미 말한 것을 수집하고 들을 수 있고 읽을 수 있는 것을 조합하는 것이다. 그리고 이것은 자아 구성으로의 결말이다(Foucault, 1994c).

8) 이러한 비제도적인 도덕적 사고는 권위와 훈육의 구조를 이루는, 특별하게 사회적이고 종교적이며 법적인 기관에 의하여 강요되는 사고가 아니다. 게다가 이러한 인식에서 유래되는 도덕적 기관의 경험은 푸코가 인생의 '자율적인 윤리'로서 언급했던 것과 연결된다.

9) 워크숍 안에서 실습을 소개하기 전에 참가자는 이번 글의 '실패 대화 지도'에서 주장하는 중요한 요점을 요약한 강의안을 제공받게 된다. 참가자는 실습을 하는 가운데 어떻게 진행이 되는지를 알기 위하여 강의안을 참조할 필요가 있다. 이러한 강의안은 덜위치 센터의 홈피에서 얻을 수 있다. (www.dulwichcentre.com. au)

10) 이러한 지침서는 인정의식 은유에서 내가 하고 있는 실제적인 경우를 보여 준다. 그리고 이와 연관이 있는 인정의 전통을 소개해 준다. 여기서 이러한 실습의 전반적인 내용의 이해를 제공하려는 것은 나의 의도가 아니다. 그리고 실패 대화 지도를 시도해 보는 데 관심을 가지고 있는 이 글을 읽는 독자에게 이 주제에 대해서 예비적인 단계로서 읽어 보라고 제안하는 것도 아니다(White, 1995b, 1999). 나는 다른 지침서에 이러한 은유의 실제적인 내용이 많다는 것을 알고 있다.

찾아보기

인명

내용

저자 소개

마이클 화이트(Michael White)는 덜위치 센터의 공동책임자이며, 이야기치료의 창안자 가운데 한 사람이다. 원래 기계설비 일을 하던 그는 기계적인 사고에 염증을 느끼게되면서 사회사업가로 전환하여 30년간 사람을 돕는 작업을 하였다. 1970년대 후반에 베이슨의 인지적 사고의 측면과 지배적 신념체제의 지배로부터 사람들을 해방시키는 것에 관심을 가진 푸코의 영향을 받아, '문제의 외재화'라는 독특한 방법을 구상해 냈다. 이와 같은 과정을 통하여 1980년대 후반부터 아내인 화이트(C. White)와 동료 엡스턴(D. Epston)과 함께 이야기치료를 확립하였다.

역자 소개

최민수는 서울에서 출생하여 건국대학교와 안양대학교를 졸업하였다. 그리고 총신대학교 신학대학원에서는 신학을, 총신대학교 대학원에서는 목회상담학으로 신학 석사학위를, 미국 미시간 그랜드 래피즈에 있는 칼빈 신학교에서는 목회상담학으로 신학 석사학위를, 남아공 프레토리아 대학교에서는 목회상담학으로 박사학위를 받았다.

현재는 동서대학교 기독교상담심리학과에서 가르치고 있다. 그는 최민수 이야기치료 연구소(www.choinarrative.com)를 설립하여 임상 현장에서 이야기치료를 통하여 많은 사람들의 이야기를 듣고, 이야기치료를 훈련하며 다수의 관련 서적을 번역하고 있다. 현재 한국 이야기치료학회의 자격관리 위원장으로 한국 이야기치료사 전문가이자, 한국 기독교 상담심리치료학회의 수련감독 전문가로 있다.

부부치료와 갈등해결을 위한
이야기치료

Narrative Practice and Exotic Lives:
Resurrecting diversity in everyday life

2012년 10월 5일 1판 1쇄 인쇄
2012년 10월 10일 1판 1쇄 발행

지은이 • Michael White
옮긴이 • 최민수
펴낸이 • 김진환
펴낸곳 • (주) 학지사
121-837 서울시 마포구 서교동 352-29 마인드월드빌딩 5층
대표전화 • 02-330-5114 팩스 • 02-324-2345
등록번호 • 제313-2006-000265호

홈페이지 • http://www.hakjisa.co.kr
커뮤니티 • http://cafe.naver.com/hakjisa

ISBN 978-89-6330-974-3 93180
정가 15,000원